D0934720

ZUR ERKENNTNIS DER DICHTUNG

I

ZUR ERKENNTNIS DER DICHTUNG

Herausgegeben von

GERHART BAUMANN

Band 1

1965

WILHELM FINK VERLAG · MÜNCHEN

GERHARD NEUMANN

KONFIGURATION

Studien zu Goethes ‚Torquato Tasso‘

WILHELM FINK VERLAG · MÜNCHEN

PT
1961
N4

© 1965 Wilhelm Fink Verlag KG, München Allach
Satz und Druck: Buchdruckerei R. Eimannsberger, München
Gedruckt mit Unterstützung des Kultusministeriums
Baden-Württemberg und der Stiftung Volkswagenwerk

INHALT

I. PHYSIOGNOMIE EINER KONFIGURATION . . 7

1. *Formen* 7
   Zeit – Raum – Ich 7
   Figur 11
   Landschaften I 18

2. *Maskierte Form* 33
   Geschichte 33
   Gesellschaft 40
   Individualität 49
   Wissenschaft und Dichtung 53
   Landschaften II 57

3. *Reflexion* 60
   Doppelsinn 60

4. *Konfiguration* 64
   Gruppe und Kaleidoskop 64
   Gartenplatz 67

II. SPRACHE UND KONFIGURATION 80

1. *Wort* 80
   Wortform 80
   Wortsinn 82
   ,golden' 83
       Prinzessin 84
       Tasso 86
       Antonio 89
       Leonore 89

2. *Satzmodell* 92
   Rhythmus 92
   ,Atem' 93

3. *Metapher und Vergleich* 99
    Sonne – Mond 101
        Leonore – Tasso 101
        Tasso – Prinzessin 102
        Prinzessin – Tasso 103
        Metamorphose der Metaphern und Vergleiche . . 104
    Metaphorik 108

4. *‚Bild' (Sprachlandschaften)* 113
    Leonore – Antonio 115
    Prinzessin – Tasso 119
    Tasso – Antonio 123

5. *Monolog* 126
    Raum 126
    Leonore 129
    Tasso 131

6. *Maxime* . . . . , ... 135

7. *‚Klassische' Sprache* 143

III. SPIEGELUNGEN 146

Ende und Anfang 146
Imaginäre Bühne 146
Schiffbruch 149
Artemis und Apollo 162

IV. CHARAKTER UND KONFIGURATION . . . 172

1. *Sprache und Tun* 172

2. *Charakter* 175

ANHANG 187

    Exkurs I: Der königliche Garten zu Aranjuez . . . 187
    Exkurs II: Werther 192
    Exkurs III: West-östlicher Divan 196
    Exkurs IV: Materialien zum Schiffahrtsmotiv . . . 198

LITERATURHINWEISE 204

Erstes Kapitel

PHYSIOGNOMIE EINER KONFIGURATION

1. FORMEN

Zeit – Raum – Ich

GARTENPLATZ,
mit Hermen der epischen Dichter geziert. Vorn an der Szene zur
Rechten Virgil, zur Linken Ariost.

PRINZESSIN. LEONORE

PRINZESSIN Du siehst mich lächelnd an, Eleonore,
Und siehst mich wieder an und lächelst wieder.
Was hast du? Laß es eine Freundin wissen!
Du scheinst bedenklich, doch du scheinst vergnügt.
LEONORE Ja, meine Fürstin, mit Vergnügen seh ich
Uns beide hier so ländlich ausgeschmückt.
Wir scheinen recht beglückte Schäferinnen
Und sind auch wie die Glücklichen beschäftigt.
Wir winden Kränze. Dieser, bunt von Blumen,
Schwillt immer mehr und mehr in meiner Hand;
Du hast mit höherm Sinn und größerm Herzen
Den zarten, schlanken Lorbeer dir gewählt.
PRINZESSIN Die Zweige, die ich in Gedanken flocht,
Sie haben gleich ein würdig Haupt gefunden:
Ich setze sie Virgilen dankbar auf.
Sie kränzt die Herme Virgils.
LEONORE So drück ich meinen vollen, frohen Kranz
Dem Meister Ludwig auf die hohe Stirne –
Sie kränzt Ariostens Herme.
Er, dessen Scherze nie verblühn, habe
Gleich von dem neuen Frühling seinen Teil. (1–20)

Das Gespräch zweier Damen des Hofes von Ferrara findet im
Freien statt. „Eleonore" (1) nennt die Prinzessin ihre Begleiterin.

Diese antwortet: „meine Fürstin" (5). Wohlabgewogen mischen sich Intimität und Distanz der Anrede: Atmosphäre höfischer Zwiesprache. „Du" ist das erste Wort des Dramas. Ein „Ich", ermutigt durch lächelndes Hin- und Widerblicken, sucht Zugang zu seinem Gegenüber. Im Spiel der Pronomen scheinen Pol und Gegenpol feste Umrisse anzunehmen: „Du ... mich ... dich selber ... du ... Du ... du" (1–4). Leonores Antwort aber nimmt diesen Gegensatz zurück in die Sphäre einer Gemeinsamkeit, deren Charakter vorläufig unbestimmt bleibt: „Uns beide ... wir ... wir" (6–9). Gleiches Tun, beinahe gleiches Sein – „wir scheinen" wird umgebogen in „wir sind auch" (7–8) – verbindet beide Figuren. Schon die nächsten Sätze aber leiten von neuem eine trennende Bewegung ein: „dieser" (9) Kranz wird von jenem der Prinzessin geschieden. Das Demonstrativum bereitet vor, was ein in Kontrast gesetztes „Du – ich" vollendet.

Auf engem Raum, mit sparsamen Mitteln gestaltet sich ein pulsierendes Verhältnis von Figuren: Einendes und Trennendes widerstreiten einander. Zwei Figuren lösen sich aus einer schwebenden Atmosphäre, in der das Verhältnis dieser beiden Frauen, die Grenzen ihres Ich und ihrer Gemeinsamkeit sich nicht deutlich abzeichnen. Mit gleichem Recht ließe sich sogar sagen: Die Figuren sind es, durch deren Miteinander diese Atmosphäre da ist. Das Eigentümliche eines solchen Beginns ist eine doppeltgerichtete Bewegung: Figur und Atmosphäre erscheinen untrennbar verknüpft, sie werden zu Korrelaten.

Was Anrede und Pronomen unmittelbar erkennen lassen, verrät sich auch in anderen Wortformen: Einendes und Trennendes sind zugleich da. So erscheint das Zeitwort *lächeln* doppelt: als Partizip Präsens und in der zweiten Person Präsens „lächelnd – lächelst" (1–2). Der Stamm ist identisch, zeigt aber einmal die Form der Dauer, dann die des Augenblicks. Etwas Ähnliches ereignet sich bei den Wortgruppen „du scheinst bedenklich" und „du scheinst vergnügt" (4). Das Verbum ist beidemal das gleiche, das Prädikatsnomen ordnet es verschiedenen Bereichen zu. Das, was im erleuchteten Raum erscheint, verknüpft sich mit disparaten, auf die Innensphäre bezogenen Begriffen (bedenklich – vergnügt). Das Identisch-Äußere birgt Widersprüchlich-Inneres. Ein drittes Beispiel bietet die Doppelung „beglückte Schäferinnen" –

„die Glücklichen": passive und aktive Form, Partizip Perfekt und Adjektiv treten einander gegenüber. Derselbe Wortstamm offenbart gegensätzliche Bezüge. Was sich innerhalb grammatischer Verhältnisse in diesen Beispielen ausspricht, deutet zugleich auf drei für die Betrachtung eines Dramas entscheidende Momente: die Zeit, den Raum, das Verhältnis des dramatischen Ich zu Leiden und Tun (oder, wenn man will, zu Schicksal und Wille). Zugleich weisen alle drei Beispiele darauf hin, daß Zeit, Raum und Ich hier eine unverwechselbare, nur für dieses Drama gültige Struktur haben. Das läßt sich durch folgende Überlegungen andeuten: Der Zeitablauf ist nicht kontinuierlich gedacht: Zwei Wörter treten einander spiegelnd gegenüber (lächelnd – lächelst), die Zeit erscheint an ihnen in zweierlei Form: als Dauer und als Augenblick. Der Raum ist nicht mehr fest umrissen ein bloß Äußeres des Erscheinens: Durch Gegenüberstellung zweier Wortgruppen (du scheinst bedenklich – du scheinst vergnügt) enthüllt sich ein Bezug des „äußeren Raumes" auf verschiedene „Seelen"-Räume. In der Konfrontation von „beglückt" und „glücklich" deutet sich ein Widerspiel äußerer und innerer Kräfte an, das jeder begrifflichen Bestimmung entzogen bleibt. Die „Urworte, Orphisch" nennen es mit der Formel: „Geprägte Form, die lebend sich entwickelt" (Cotta I, 541)[1]. Kein übermächtiges Schicksal, das den Gang des Ich bestimmt, kein Ich, das der Welt seine Gesetze aufzwingt, sondern ein Ich, das sich an der Welt entfaltet, eine Welt, die sich im Ich wiederfindet. Das Glück „fällt nicht zu" und wird nicht ertrotzt. „Beglückt" und „glücklich" erscheint das Miteinander dieser Figuren, zwischen beiden Formen des Wortes, dem „Sein" und dem „Bestimmtwerden", schwebend, zwischen „Unveränderlichkeit des Individuums" (Cotta XV, 518) und „Zufall", Daimon und Tyche, niemals einem der beiden Pole allein zugeordnet, sondern stets an jedem teilhabend[2].

---

[1] Vgl. dazu Georg Simmels Ausführungen in *Goethe,* Leipzig 1913, S. 81 f.

[2] Goethes Rede vom 14. 10. 1771 auf Shakespeare hatte diese Pole deutlich geschieden und von dem Oszillieren jenes Punktes gesprochen, „in dem das Eigentümliche unsres Ich's, die prätendierte Freiheit unsres Wollens, mit dem notwendigen Gang des Ganzen zu-

sammenstößt" (Cotta XV, 31). Goethes Altersdenken dagegen beharrt darauf, daß „derjenige am weitesten geht, der nicht weiß, wohin er geht": „eine Ahnung, die sich im ‚Wilhelm Meister' immer mehr entfaltet, aufklärt und bestätigt, ja sich zuletzt mit klaren Worten ausspricht: ‚Du kommst mir vor wie Saul, der Sohn Kis', der ausgig, seines Vaters Eselinnen zu suchen und ein Königreich fand" (Cotta VIII, 969). Dies war schon eine ‚Islam'-Weisheit (dazu den Brief an Zelter vom 20. 9. 1820) (ferner an Adele Schopenhauer am 19. 9. 1831) der Divan-Zeit:

> Närrisch, daß jeder in seinem Falle
> Seine besondere Meinung preist!
> Wenn *Islam* Gott ergeben heißt,
> In Islam leben und sterben wir alle. (Cotta II, 77)

Beides, Daimon und Tyche, hat Goethe stets zusammengedacht. Aber wenn der junge dem „Eigentümlichen seines Ich" einen leisen Vorzug zu geben scheint, so wird der alte Goethe sich um ein kleines dem heiter entsagenden „Islam" zuneigen. Das läßt sich bis in einzelne Formulierungen hinein verfolgen. Als Beispiel sei auf einen Gedanken hingewiesen, den Goethe zu denken nie aufgehört hat: den, daß er im Grunde seines Wesens einsam sei. Der 23jährige schreibt: „ich binn manchmal sehr allein" (an Hans Buff im April 1773), „und ich binn allein" (an J. C. Kestner am 21. 4. 1773), „Denn ich binn allein, allein, und werd es täglich mehr" (an Sophie La Roche am 12. 5. 1773) und so noch häufiger. Beim alten Goethe klingt das so: „Lange leben, mein theuerster Freund! heißt eigentlich viele erleben und überleben..." (an J. F. H. Schlosser am 17. 5. 1819, ähnlich z. B. auch an Auguste Louise Bernstorff am 17. 4. 1823 und an Zelter am 19. 3. 1827) oder: „Leben Sie zum besten und schönsten und gedenken an den Einsiedler, der, von seiner Klause aus, das Meer doch immer tosen hört" (an S. Boisserée am 16. 7. 1820) oder schließlich an Zelter: „Wenn man bedenkt, daß so viel wichtige Menschen doch am Ende wie Öltropfen auf Wasser hinschwimmen und sich höchstens nur an Einem Puncte berühren, so begreift man, wie man so oft im Leben in die Einsamkeit zurückgewiesen ward." (am 20. 5. 1826.) Der Gedanke ist derselbe geblieben; aber der alte Goethe sagt nur widerwillig „ich", wie der junge es gern und häufig tat; nicht daß das Ich sich verflüchtigt zugunsten eines Umfassenderen, Welthaften, aber es tritt gedämpfter in Erscheinung, es ist überall spürbar, nur drängt es sich nicht auf. Was sich bis in die Elemente des Stils ausprägt, ist nichts anderes als jene unmerkliche Akzentverschiebung vom Intuitiven zum Reflexiven, vom Prometheischen zum Epimetheischen, zu der sich Goethe mit dem Satz vom „stufenweisen Zurücktreten aus der Erscheinung" (Hecker 1348) bekennt. Wie *Torquato Tasso* 1788 in der Mitte seines Lebens hervorgetreten ist, so scheint gerade in diesem Drama das Kräftespiel wahrhaft in der Schwebe. Aber

10

Die Betrachtung hatte sich bisher darauf beschränkt, grammatische Einzelheiten auf Sinnbezüge hin zu untersuchen. Nachträglich zeigt sich jetzt, daß diese Ausdeutung nur möglich war, weil sich in allen diesen Einzelheiten dasselbe Verfahren als wirksam herausstellte: Ähnliche, aber nicht identische Elemente treten in Beziehung zueinander; diese Beziehungen sind es, die den Blick des Verständnisses schärfen. Der Sinn solcher Verknüpfung, der sich nur selten aus dem Sinn der in Beziehung gesetzten Dinge oder Begriffe – z. B. dem „Glück" in den genannten Beispielen – ableiten läßt, erschließt sich erst in der Bemühung, die Eigenart dieser Relationen zu beschreiben, ihren Bedeutungsmöglichkeiten nachzugehen. Goethe hat sich in einem Brief grundsätzlich zu diesem Verfahren bekannt, in Bezügen, nicht aber in einzelnen Gebilden, „Sinn" zu gestalten:

> Da sich gar manches unserer Erfahrungen nicht rund aussprechen und direct mittheilen läßt, so habe ich seit langem das Mittel gewählt, durch einander gegenüber gestellte und sich gleichsam in einander abspiegelnde Gebilde den geheimeren Sinn dem Aufmerkenden zu offenbaren. (an Karl Iken am 27. 9. 1827)

Figur: Dialog – Gebärde – Charakter

Dialog. Der erste Versuch einer Beschreibung des Textes war von der Frage bestimmt: Welche Züge hat die Gemeinsamkeit der Figuren? In welchem Fluidum vollzieht sich ihr Miteinander-Dasein? Die Eigenart dieses Beginns ließ sich dadurch bestimmen, daß die Figuren einer starren Sonderung und entschiedenen Definition entzogen bleiben, ohne doch ihre Geschlossenheit zu verleugnen. Der Bezirk dieses Dramenbeginns – ein Bezirk, der sich weder als Schauplatz bezeichnen läßt, auf dem Figuren zu han-

---

dieses Gleichgewicht ist doppeldeutig. Es ist kein blasser Ausgleich sondern ein Spannungsgefüge, in ständiger Bereitschaft zu polarisieren, ein „Parallelismus im Gegensatz" (an Zelter am 25. 8. 1824). Dieser doppelten Zusammengehörigkeit als „Polarität": Gleichgewicht und Gegensatz, Miteinander und Widerspruch, nachzugehen, hat sich die Interpretation zur Aufgabe gemacht.

deln beginnen, noch als ein Vakuum, in das hinein die Figuren ihre Welt bauen, sondern als ein Drittes, eine Lebensluft, die von Anfang an da ist, Figur und Bühnenwelt umschließend – war gekennzeichnet durch Doppelformen der dramatischen Zeit und des dramatischen Raumes, schließlich durch ein doppeldeutig-schwebendes Verhältnis zwischen Ich und Welt. Ein zweiter Versuch auf dem Weg zum Verständnis des Textes hat die Frage nach diesen Figuren zum Gegenstand: Wie äußern sich an ihnen die für dieses Drama eigentümlichen Formen von Zeit, Raum und Ich? Sprache ist der Zeit zugeordnet, das Tun vollzieht sich im Raum. Beides verbunden erst wird zum Ausdruck einer dramatischen Person. Die Frage nach dem Besonderen der Figuren muß also danach zielen, unter den dramatischen Kategorien des ‚Dialogs‘, der ‚Gebärde‘ und des ‚Charakters‘ die für dieses Drama spezifischen Entsprechungen zu finden und zu beschreiben.

Am Anfang des Dialogs steht Leonores Lächeln. Es bleibt in der Mitte zwischen Ernst und Lachen, ist von diesem und jenem etwas und doch keines von beiden ganz, schwebend zwischen ihnen: „Ihr Lächeln ist das undurchsichtigste und vieldeutigste von der Welt"[3]. Hinzu tritt dreimal das Wort ‚scheinen‘ (4–7), jenen Zustand bezeichnend, der eigentümlich zwischen Sein und Nichts verharrt, lockend, schillernd, trügerisch, und sich dem Begriff verschwistert, der diese Zeilen beherrscht: dem ‚Glück‘ (7–8), jenem zweideutigsten aller Dinge:

> Es gibt ein Glück, allein wir kennens nicht:
> Wir kennens wohl und wissens nicht zu schätzen. (1912–1913)

Doppeldeutig sind die Schlüsselbegriffe, die über den Anfangsversen des Dramas stehen; sie bestätigen den bisherigen Befund. Wie aber wird der Dialog sich darstellen, der sich an ihnen entzündet? Auf den ersten Blick hat er etwas tändelnd Absichtsloses, Zufälliges, beinahe Inkonsequentes. Das eigentlich bestätigende „Ja" (5) Leonores ist nicht die rechte Antwort auf die Alternativ-Frage „bedenklich? vergnügt?" (4). Das „scheinen" (4) wird zwar aufgenommen (7), aber von der eigenen

---

[3] Hofmannsthal, *Unterhaltung über den ‚Tasso‘ von Goethe, Prosa II*, 226 (1951).

Person abgebogen und zu der kollektiven Einheit des „wir" (7) in Bezug gebracht. Doch der naheliegenden und beklemmenden Frage „Sind wir glücklich?", die sich ein Georg Büchner nicht versagt hätte, weicht Goethe aus. „Wir scheinen recht beglückte Schäferinnen", sagt Leonore, und man erwartet konsequent ein „Aber", das den Satz ins Rechte denkt: Wir sind aber Damen des Hofes von Ferrara. Stattdessen erfolgt ein bestätigendes „wir sind auch" – und man darf erwarten: „Wir sind auch wirklich beglückt", aber wieder wird die konsequente Erwartung enttäuscht; Eleonore weicht aus: „Wir sind auch wie die Glücklichen beschäftigt". Alle Entschiedenheit wird in die Zweideutigkeit des Vergleichs zurückgenommen. Ganz versteckt läuft ein Spiel mit den Begriffen „Sein – Scheinen" nebenher; erst scheinen sie beglückte Schäferinnen, dann sind sie auch wie die Glücklichen beschäftigt, doch wiederum nur beinahe und vergleichsweise. Diese scheinbar spielerische Dialogführung schafft eine Atmosphäre des Zwielichts, aus der plötzlich, „wie die Fichte aus dem Nebel"[4], sich in der Erscheinung die Doppelung löst. Die „Doppelherme"[5] Virgil–Ariost, die seit Beginn auf der Bühne steht, enthüllt sich plötzlich als das Ziel, auf das dieser absichtslos assoziierende Dialog zusteuert. Man wird plötzlich gewahr, daß trotz des bestätigenden „Ja" (5), trotz der Wiederaufnahme derselben Begriffe (scheint 4, scheinen 7, vergnügt 4, Vergnügen 5), trotz der sehr ähnlichen Worte bei der Bekränzung (13–15; 16 –17) jede der beiden Frauen etwas anderes meint, daß der Dialog, in beinahe gleicher Aussage, ein halbes Mißverständnis bleibt. Sie gehören zusammen, denn sie reden miteinander, aber sie bleiben getrennt, denn es herrscht ein zartes Mißverstehen. Dieses Verhältnis, das der Dialog offenbart, ist ins Sichtbare gespiegelt durch die beiden Hermen Virgils und Ariosts. Atmosphäre und Bühnenbild[6] suggerieren von Anfang an, was im

---

[4] Hofmannsthal, *Prosa I*, 428 (1950), nach einem Bild Victor Hugos: Comme sort de la brume Un sévère sapin . . .

[5] Goethe an Zelter am 26. 6. 1811: „ . . . komme ich mir in allen diesen Fällen wie eine Doppelherme vor, von welcher die eine Maske dem Prometheus, die andre dem Epimetheus ähnlich . . ."

[6] Goethe richtet am 27. 4. 1789 an J. H. Meyer die Forderung, daß man „ . . . die Gegenstände so ordnet daß man aus ihrer Stellung

Dialog allererst hervortritt, die Spaltung in ein zwar Zusammengehöriges, aber Getrenntes, ein Polares, das sich aber aufeinander bezieht.

Gebärde. Die beiden Frauen winden Kränze; eine Beschäftigung, zu der Leonores Lächeln gut paßt: ein Spiel, ein Zeitvertreib zwischen den Büsten zweier Dichter. Die Atmosphäre des Hofes ist edle Langeweile. Hatten beide Frauen schon beinahe das gleiche gesagt, so scheint ihr Tun schlechthin dasselbe. Es scheint Ausdruck eines dankbaren Gefühls jenen Dichtern gegenüber, deren Hermen links und rechts den Raum begrenzen. Merkwürdig aber wird diese Übereinstimmung, wenn man bedenkt, daß beide Frauen sogar den gleichen Namen tragen: Leonore. Und doch zeigt sich bei einer leichten Verschiebung der Blickrichtung, daß sich hinter den identischen Gebärden ein Verschiedenes birgt. Der Kranz der einen hat bunte Blumen, der der anderen ist aus Lorbeerzweigen geflochten. Die Gebärde des dankbaren Kränzens ist dieselbe; aber die eine kränzt Ariost, „dessen Scherze nie verblühen" (18), die andere „das würdige Haupt" Virgils (14); und endlich haben zwar beide denselben Namen, doch erscheint die eine nur als „Leonore", die andere aber im Schutz eines Ranges als „Prinzessin"[7]. Die Folge von Gebärden vom Beginn des Dramas bis zur Bekränzung der beiden Dichter ist ein Weg aus dem „Seeleninnenraum", dem der Dankbarkeit, in ein Äußeres. Die gleichen Gebärden führen nach zwei verschiedenen, entgegengesetzten Seiten. Ein Grundsatz aus Goethes naturwissenschaftlichem Denken wird Gestalt: „Erscheinung und Entzweien sind synonym" (AGA XVII, 700). Ein gleiches Tun wird Träger verschiedenen Ausdrucks, es bilden sich „zwei entgegengesetzte Enden desselben Wesens" (ebd.): Kristallisationen zweier Welten, allegorisch gegenwärtig als „Dop-

schon ihr Verhältniß erkennen und das Factum wie ein Mährchen daraus abspinnen kann."

[7] Goethe liebt es, das Gleiche im Ungleichen, das Parallele im Gegensätzlichen gerade durch ein Namendoppelspiel anzudeuten. Ein wichtiges Beispiel sind die *Wahlverwandtschaften* (vgl. Cotta VI, 324), wo nicht nur der Hauptmann, sondern auch „Eduard" Otto heißt, letzterer jedoch dem Hauptmann seinen Namen abgetreten hat.

14

pelherme" Virgil–Ariost. Die Gebärde wird zwiefach verräterisch. Sie stellt die beiden Figuren gleich in gleichem Tun; und sie läßt sie auseinandertreten als Zugehörige zweier kontrastierender Geisteswelten. Die Kunst, im Gleichen Verschiedenes zu offenbaren, besteht darin, dieses doppelt Gleiche aufeinander in Bezug zu setzen, es ineinander abzuspiegeln. Es ist Kunst der Konfiguration.

Charakter. Wer sind diese Figuren? Wie steht es mit ihrem Ich und seinem Bezug auf Tun und Leiden, Wille und Schicksal? Es ist die am schwersten zu definierende Frage. Ein harmloser Spaß läßt beide Frauen als Schäferinnen erscheinen, ziellos spielend, vegetativ beinahe, „ländlich ausgeschmückt" (6), mit Blumen beschäftigt, ganz „in Gedanken" (15) Kränze windend. Und doch verrät die Sprache eine zweite Seite ihres Daseins: „Du siehst mich an . . . dich selber an" (1–2), sagt die Prinzessin und spricht von sich selbst objektivierend als „einer Freundin" (3). Leonore gesteht: „Ich sehe uns beide . . ." (5–6). Zu der ziellos verspielten Haltung gesellt sich in der Figur ein vergleichendes, reflektierendes Element. Beide Figuren bleiben „immer eine Nuance außerhalb und über der Situation"[8]. Sie sind nie in unbedenklichem Tun nur „Wille" und damit ungebrochener „Charakter" (Cotta XXI, 835). Handelnd, sich aber bei diesem Tun zugleich zuschauend, gewinnen sie etwas Blasses, Durchscheinendes, stets nur halb Beteiligtes. Ihr szenisches Dasein oszilliert zwischen Spontanem und Reflexivem, Prometheischem und Epimetheischem[9]. In einem weiteren Sinne aber heißt das: Dadurch, daß sie einander gegenübertreten, daß sie nicht nur miteinander handeln, sondern übereinander reflektieren, öffnet sich hinter dem bloßen Dasein und Zusammensein der Figuren eine neue Dimension: die der Bedeutung.

Die von entgegengesetzten Seiten unternommene Annäherung an den Text hatte gezeigt, daß sich alle Merkmale dieses Dra-

---

[8] Hugo von Hofmannsthal – Carl J. Burckhardt, *Briefwechsel,* Frankfurt 1956, S. 98.

[9] Auch darauf scheint bereits die „Doppelherme" der beiden Dichter zu deuten, in der Goethe, wie das schon zitierte Wort aus dem Brief an Zelter vom 26. 6. 1811 beweist, sein eigenes Dasein zu erkennen glaubte.

menbeginns einem Begriff unterordnen lassen: dem der Doppelheit, gleichgültig ob der Deutungsversuch, wie im ersten Ansatz,
von der Atmosphäre[10], der Lebensluft des Beginns ausging oder,

[10] Jenem Unwägbaren, Ungreifbaren, das „doch alles ist". Zum Problem des Atmosphärischen in der Dichtung vgl. Hofmannsthal
Prosa II, 161 (1951), das weit über den Anlaß ‚Shakespeare' hin-
ausgeht. Ein Vorgänger Hofmannsthals ist Joh. Gottfr. Herder mit
seinem *Shakespeare (Sämmtliche Werke,* hg. B. Suphan, Berlin 1877,
Bd. V, 208–231). Ohne das Wort ‚Atmosphäre' zu nennen – das
tut erst Hofmannsthal in seiner Rede – beschreibt Herder sehr
genau das Zugehörige eines bestimmten Ortes (‚Lokal') zu einer
bestimmten Situation, jenes Fluidum, das aus ihrer Bezogenheit erwächst: „ . . . und würd ein Kind, ein Jüngling, ein Verliebter, ein
Mann im Felde der Thaten sich wohl Einen Umstand des Lokals,
des Wie? und Wo? und Wann? wegschneiden lassen, ohne daß die
ganze Vorstellung seiner Seele litte? Da ist nun Shakespear der
gröste Meister . . ." (a. a. O. S. 222). Herder nennt dieses Atmosphärische „die einzelne Hauptempfindung, die also jedes Stück beherrscht, und wie eine Weltseele durchströmt" (S. 224) und bekennt:
„ . . . ich müßte alle, alle Scenen ausschreiben, um das idealisirte
Lokal des unnennbaren Ganzen, der Schicksals-, Königsmords-
und Zauberwelt zu nennen, die als Seele das Stück, bis auf den
kleinsten Umstand von Zeit, Ort, selbst scheinbarer Zwischenver-
wirrung, belebt, Alles in der Seele zu Einem schauderhaften, unzer-
trennlichen Ganzen zu machen – und doch würde ich mit Allem
nichts sagen" (S. 224). Lokal und Figur, Welt und Seele als Einheit
zu begreifen, das war Herders Verdienst, und er hatte dabei
Shakespeare so gut im Auge wie Goethes *Götz von Berlichingen.*
       Dabei ist es verblüffend, wie nahe sich zwei Geister kommen
können, ohne etwas miteinander zu tun zu haben. Baudelaire schreibt
im *Salon de 1859* (Œuvres Complètes, Paris 1954, Pléjade, S. 778):
„Comme un rêve est placé dans une atmosphère qui lui est propre,
de même une conception, devenue composition, a besoin de se
mouvoir dans un milieu coloré qui lui soit particulier. Il y a
évidemment un ton particulier attribué à une partie quelconque du
tableau qui devient clef et qui gouverne les autres." Eine bestimmte Atmosphäre wird zum Schlüssel des Verständnisses, und recht betrachtet ist sie weit schlüssiger als die Begriffe, mit denen der Dialog sich konstituiert: Die Sinnfarbe der Situation, ihr untrenn-
bares Ensemble, wird Träger des Verständnisses.
       Schließlich sei noch auf Goethes Brief an Zelter vom 31. 3. 1822
hingewiesen, wo Goethe in einem Gemälde Tizians Figur und
‚Lokal' in Zusammenhang bringt: „Genug, ob wir gleich diese
Composition erst als collectiv ansprachen, so müssen wir sie zuletzt
als völlig zur Einheit verschlungen betrachten und preisen."

16

wie im zweiten Ansatz, von den Figuren, die sich in dieser Atmosphäre abzeichnen: Doppelheit der Zeit als Verrinnen und Beharren, Doppelheit des Raumes zwischen äußerem und innerem Bezirk; Doppelheit des Ich zwischen Tun und Leiden einerseits – und dann, spiegelverkehrt, in den Korrelaten von Zeit, Raum, „Ich", wie sie sich im Medium der dramatischen Figur ausprägen: Ambivalenz des Dialogs, der Gebärde, des „Charakters"[11].

Gerade dadurch aber, daß man im strengen Sinne nicht von Elementen sprechen kann, die voneinander abzusetzen man die Möglichkeit hätte, daß vielmehr durch die auf allen Stufen nachweisbare Doppeldeutigkeit jedes in sich Gerundete zugleich einen Bezug auf ein Gegenüber erhält, legitimiert sich der Begriff der Einheit. Denn schon dieser Beginn ist eine Einheit: Atmosphäre und Figur sind nicht getrennt, sondern zugleich da, auseinander herauswachsend, zusammengehörig in jenem Grundton der „Ambivalenz", wobei nicht zu entscheiden ist, „ob die Atmosphäre um der Gestalten willen da ist, oder Gestalten um der Atmosphäre willen" (Hofmannsthal, Prosa II, 168 (1951)). Eine Einheit, die von der Vorstellung des „Einerlei" wie von der des „Gleichförmigen" abzuheben ist. Eine späte Briefformel nennt dies einen „Parallelismus im Gegensatz" (an Zelter am 25. 8. 1824). Gerade in solchen „Sprachbildern einer Denkform"[12] wird aber die Schwierigkeit offenbar, sich goethischer Kunstform begrifflich zu bemächtigen, die Schwierigkeit, jeden Begriff in einem Spannungsverhältnis zu seinem Gegenteil zu denken. ‚Einheit' wäre dann nicht ein Ungesondertes, sondern ein Miteinander: ein unlösbares, bewegliches Spannungsgefüge. Ein Spannungsgefüge freilich, dessen ‚Spannungs'-Begriff sich von dem, der sonst auf das Drama Anwendung findet, grundsätzlich unter-

---

[11] Dieser Begriff ist hier enger zu halten als sonst üblich: Es versteht sich nicht von selbst, daß der Charakter die Szene überlebt. Er kann sie überleben, er muß es nicht. Daher ist es vorzuziehen, in Bezug auf das ganze Stück von „Figuren" zu sprechen. Der letzte Begriff ist umfassender und damit blasser. Er postuliert zunächst nur eine formale Einheit der dramatischen Person, die z. B. durch den Namen (ELEONORE) oder Rang (PRINZESSIN) gegeben ist. Er läßt typisierende oder charakterologische Hinsichten außer acht.

[12] Untertitel des Aufsatzes *Pascals Paradox* von H. Friedrich ZrPh 1936, 56. Bd. S. 322 ff.

scheidet: „*Spannung* ist der indifferent scheinende Zustand eines energischen Wesens in völliger Bereitschaft, sich zu manifestieren, zu differenzieren, zu polarisieren." (Hecker 1255)

Landschaften I

Zeit und Landschaft. Das Gespräch der beiden Frauen ist noch nicht zu Ende. „Mein Bruder ist gefällig", fährt die Prinzessin fort,

> Mein Bruder ist gefällig, daß er uns
> In diesen Tagen schon aufs Land gebracht:
> Wir können unser sein und stundenlang
> Uns in die goldne Zeit der Dichter träumen.
> Ich liebe Belriguardo, denn ich habe
> Hier manchen Tag der Jugend froh durchlebt,
> und dieses neue Grün und diese Sonne
> Bringt das Gefühl mir jener Zeit zurück.
> LEONORE   Ja, es umgibt uns eine neue Welt!
> Der Schatten dieser immergrünen Bäume
> Wird schon erfreulich. Schon erquickt uns wieder
> Das Rauschen dieser Brunnen. Schwankend wiegen
> Im Morgenwinde sich die jungen Zweige.
> Die Blumen von den Beeten schauen uns
> Mit ihren Kinderaugen freundlich an.
> Der Gärtner deckt getrost das Winterhaus
> Schon der Zitronen und Orangen ab;
> Der blaue Himmel ruhet über uns,
> Und an dem Horizonte löst der Schnee
> Der fernen Berge sich in leisen Duft. (20–39)

Die ersten zwanzig Verse des Stückes standen in deutlichem Bezug zu den beiden Frauen und ihrem gegenseitigen Verhältnis. Jetzt öffnet sich der Blick auf die Landschaft. Das Atmosphärische des Beginns verdichtet sich zum Jahreszeitlichen. Leonore gibt das Stichwort „Frühling" (19), Stimmung und Zeit werden korrelativ; die Prinzessin nimmt das Wort auf und beginnt, es zu verwandeln.[13] Eine charakteristische Assoziation führt sie in

---

[13] Auch dies ist nur eine Variation des genannten goetheschen Verfahrens der „sich ineinander abspiegelnden Gebilde": Sinnträger ist nicht ein Wort, sondern ein Wortpaar, das sich gegenseitig modifi-

18

die „goldne Zeit" der Dichter (23). Die Demonstrativa, gespiegelte Sprachgebärden, („dieses neue Grün" (26), das die Prinzessin an „jene Zeit" (27) erinnert), öffnen die Perspektive in die von den römischen Dichtern – und, wie sich zeigen wird, auch von Tasso – besungene Vergangenheit.[14] Gegenwärtige „Sonne" und „neues Grün" (26) sind für die Prinzessin ein Anstoß, den Blick auf ihre Jugend zu richten. „Neu" heißt für sie nur „Wiederholung des Vergangenen".

Mit der Antwort Leonores verwandelt sich das Bild. Sie bestätigt freudig „Ja, es umgibt uns eine neue Welt" (28), und doch ist dieses „Ja" ebenso irreführend wie das in Zeile 5. Das Echo aus fast den gleichen Wörtern (Prinzessin: „neues Grün" (26); Leonore: „eine neue Welt" (28), „immergrüne Bäume" (29)) täuscht. Der Spiegel ist nicht ungetrübt. Die sich ineinander abspiegelnden Gebilde – hier sind es Begriffe – geraten in eine Wortlandschaft von neuer Färbung: Ein dreimaliges „schon" (30–36) suggeriert Erwartung; jetzt sind es gerade die Demonstrativa, die das bloße Hier verfestigen: „diese Bäume" (29), „diese Brunnen" (31). Zwar haben auch sie ein Ziel – wie die der Prinzessin –, aber hier ist es ein Hinausdeuten in den Raum, nicht mehr in die Tiefe der Zeit, in einen Raum, dessen Grenze die „fernen Berge" (39) bilden, die zwar räumlich weit, zeitlich aber simultan erscheinen. Der zeitliche Zielpunkt, den diese Demonstrativa der Leonore haben, ist nichts als ein verkapptes Jetzt (71–72):

> ... Oft
> Hab ich mich hingesehnt; nun bin ich da.

Ein dreifaches „hier" (73–74) ist insistierende Rückkehr zum Beginn („dieses Haus" 76). Eine Kreuzung von Stilfiguren,

---

ziert, verwandelt. Vgl. später: Zufall – Zufall (57–58), Enkel – Enkel (82–83), lebhaft – lebhaft (83–84) usw.

[14] Es ist zu beachten, wie dieser Begriff der „goldenen Zeit", wenn man das ganze Drama in Betracht zieht (975–979; 995–998) – und man muß das in jedem Punkt – zugleich auch eine Nuance des Zukünftigen enthält und innerhalb seiner schon das Übergewicht des „Vergangenen" ausbalanciert (1002) in Form einer möglichen Wiederkehr. Dennoch ruht die Gegenwart der Prinzessin in dieser Szene auf einer erinnerten und erlittenen Vergangenheit.

Anapher und Kyklos, unterstreicht diese Bewegung. Ein voll-
gewichtiges Jetzt, zu dem alles Ausgreifen zurückkehrt, wird so
durch die Sprache suggeriert, zugleich getragen von einem starken Gefühl des Glückhaft-Zukünftigen: „Morgenwind" und
„junge Zweige" (32), „Kinderaugen" (34), „getrost" (35). Besonders bezeichnend ist der Reflex aus den Worten der Prinzessin: „neues Grün" (26). Leonore: „Ja, es umgibt uns eine neue
Welt" (28). Sie stimmt zu, meint aber das Gegenteil von dem,
was die Prinzessin sich erhoffte. „Neu"[15] ist hier nicht Wiederholung eines Vergangenen, sondern Ausdruck eines gegenwärtig
Glückhaften und Zukunftsträchtigen. Überall ist „Aufbruch"[16].

---

[15] Dieses Wort gehört in einen Lieblingszusammenhang Goethes, den
der Wiederkehr. Immer wieder hat ihn das Glücken und Mißlingen
der Wiederholung eines Alten und Urältesten in festlicher Ver-
gegenwärtigung fasziniert – wie auch einen seiner Erben: Thomas
Mann. Dieser Gedanke ist der Orgelpunkt des Romanwerks *Joseph
und seine Brüder* –. Vom Knaben, der das Märchen vom „Neuen
Paris" erfindet, bis zum Greis, der „Sankt Joseph den Zweiten"
in die *Wanderjahre* aufnimmt und Helena in magischer Beschwö-
rung zu erneuern sucht, führt eine Reihe von heiteren, ärger-
lichen, parodistischen, hochdramatischen Wiederholungen: der neue
Alcinous, der neue Amadis – nach Wielands Roman, der wiederum
eine „Erneuerung" ist –, der neue Amor, der neue Kopernikus, der
neue Pausias, die neue Melusine; aber ebenso der „neue" Mäcen –
Carl August – und der „neue" Tibull und Properz – Goethe selber –
in den *Venezianischen Epigrammen;* im *West-östlichen Divan*
schließlich ist des „Neuen im Alten" gar kein Ende mehr.
  Es gehört zu Goethes geistiger Konstitution, daß auch die „Gegenstimme" nicht ausbleibt: das „Neue" im verderblichen Sinne,
als aktuelle Neuerung, wie sie der Geheimerat in den *Unterhaltungen* (Cotta VI, 604 ff) weit von sich weist. Hierher gehört auch
jenes späte Briefzeugnis, das sich gegen das „Neue des Tages" ausspricht: „Nach einer schnellen, strengen Resolution, alles Zeitungs-
lesen abgeschafft" (an Zelter am 29. 4. 1830). Es sei schon hier auf
den verfänglichen Aspekt in dem „neuen Hesperien" (179) der
Prinzessin hingewiesen.

[16] Auch hier darf nicht übersehen werden, daß die Korrelate (Landschaft der Prinzessin, Landschaft Leonores) sich zum Ganzen vereinigen: Hier ist *auch* Vergangenheit (67 ff), wie in der „goldenen
Zeit" der Prinzessin *auch* Zukunft war. Aber der Akzent verlagert
sich. Das Ganze ist immer da, aber in verschiedenen Abstufungen,
und gerade darin bestehen Reiz und Aussagekraft der Spiegelung.

Hier bietet sich die Gelegenheit für einen Nachweis, wie Goethe sich der überkommenen Mittel rhetorischer Stilisierung bedient und sie zu spezifischen Ausdruckswerten steigert.[17] Sowohl in der Äußerung der Prinzessin als auch in dem, was Leonore sagt, erscheint dieselbe Stilfigur, ein Hyperbaton:

PRINZESSIN   ... diese Sonne
    Bringt das Gefühl mir jener Zeit zurück. (26–27)
LEONORE   Der Gärtner deckt getrost das Winterhaus
    Schon der Zitronen und Orangen ab; (35–36)

Bei Leonore strebt die Vergangenheit auf ein Jetzt zu, scheint nur um seinetwillen da zu sein – eine produktive Vergangenheit im Sinne Goethes, von der Kanzler von Müller berichtet (4. 11. 1823) –, bei der Prinzessin ist die Bewegung umgekehrt: Das Jetzt öffnet sich auf die Vergangenheit hin.

[17] Dies bezeichnet den Punkt, wo das technisch Erlernbare der Schul-Rhetorik in das übergeht, was „Stil" heißt. Ein instruktives Beispiel dieses Überganges gibt E. R. Curtius anläßlich seiner Interpretation des *Rolandsliedes* (Epexegese – Variation; in *Gesammelte Aufsätze zur romanischen Philologie,* Bern und München 1960, S. 139). Ein früher Zeuge des Bewußtseins von der Vereinbarkeit originellen Ausdruckswillens mit überkommenen rhetorischen Figuren ist Baudelaire. Er sagt im *Salon de 1859:* „Car il est évident que les rhétoriques et les prosodies ne sont pas des tyrannies inventées arbitrairement, mais une collection de règles réclamées par l'organisation même de l'être spirituel. Et jamais les prosodies et les rhétoriques n'ont empêché l'originalité de se produire distinctement. Le contraire, à savoir qu'elles ont aidé l'éclosion de l'originalité, serait infiniment plus vrai" (a. a. O. S. 779). Paul Valéry hat das später unterstrichen (Œuvres, Pléjade, Paris 1960, II, 551).
Daß Goethe sich zeit seines Lebens mit Rhetorik befaßt hat, ist leicht nachzuweisen, obwohl man es ohnehin beinahe bei allen seinen Produktionen merkt. „In rhetorischen Dingen", sagt er in *Dichtung und Wahrheit* (Cotta VIII, 41), „... tat es mir niemand zuvor". Das früheste Zeugnis für dieses rhetorische Interesse ist wahrscheinlich das Briefgedicht an Riese, den Hofrat Moors betreffend (Cotta I, 918). Ein Exkurs in E. R. Curtius' *Europäische Literatur und Lateinisches Mittelalter,* Bern ²1954 (hiernach zitiert als ELLM), S. 416–419, gibt Aufschluß darüber, in welche Tradition sich Goethe mit diesem etwas frivolen Scherz stellt. Ein Zeugnis aus der klassischen Zeit ist der Brief an Charlotte von Stein vom 22. 3. 1782. Später häufen sich die Belege. Wie die Tagebücher zeigen, nimmt er zwischen 1801 und 1816 das *Lexicon technologiae Graecorum (Romanorum) rhetoricae* von Joh. Christ. Gottl. Ernesti

21

Beide Male ist die sprachliche Bewegung (Trennung zusammengehöriger Wörter; dadurch aber: Akzentuierung eines Begriffs) dem von der Gegenwart ausgreifenden Zeitsprung analog: Die Prinzessin bezieht die Vergangenheit mit ein, Leonore die Zukunft. Und beide Male setzt der eingeschobene Wortkeil – durch den ja das Hyperbaton entsteht – zugleich den Sinnakzent: „schon" suggeriert selbst ein Kommendes, Zukünftiges; „mir" schiebt sich zwischen „Gefühl ... jener Zeit" und markiert so den Kern der Aussage: Abkehr von der Gegenwart, Hinwendung zu einem vergangenen Gefühlskomplex. Bis in die äußersten Spitzen sprachlicher Gestaltung bewährt sich Goethes Stilwille, im Identischen – hier der rhetorischen Figur – Gegensätzliches zu verstecken: die Spannung der Gegenwart einmal ins Zukünftige, das andere Mal ins Vergangene.

Jede der beiden Figuren hat teil am Gegenwärtigen, am Vergangenen und am Zukünftigen; nur das Gleichgewicht aller Elemente stellt sich nicht innerhalb der einzelnen Figur her. Der „erfüllte Augenblick" im Sinne Goethes, wo sich Vergangenes und Zukünftiges im Gegenwärtigen rein spiegeln, entsteht erst durch das zarte Mißverstehen und damit ironische Zusammengehören der Figuren[18], wodurch jede mit ihren Worten und der durch sie evozierten Landschaft „ins Rechte denkt", was die andere mit einem zu starken Akzent belegt hatte. Die Aussagekraft der Szene ist nicht von der Figur getragen, sondern von der Konfiguration. Dramatische Spannung entsteht hier nicht aus

---

(1795–1797) immer wieder vor. Vgl. Tagebücher vom 4. 6. 1808; 6. und 12. 4. 1813; 4. 6. 1813. Ferner ist auf eine Äußerung aus den *Tages- und Jahresheften* hinzuweisen (1813): „In Absicht auf allgemeineren Sinn in Begründung ästhetischen Urteils hielt ich mich immerfort an Ernestis ,Technologie griechischer und römischer Redekunst' und bespiegelte mich darinnen scherz- und ernsthaft ..." (Cotta VIII, 1230) und dann im Jahre 1816: „ ... das nicht zu erschöpfende Werk Ernestis ,Technologia rhetorica Graecorum et Romanorum' lag mir immer zur Hand ..." (Cotta VIII, 1246 f.). Auch der Greis kommt immer wieder auf Fragen der Rhetorik zurück: Vgl. z. B. zum Kanzler von Müller am 9. 9. 1827.

[18] Dieser eigentümliche Begriff geht auf Hofmannsthals Deutung seiner *Ariadne auf Naxos* zurück. Der betreffende Abschnitt findet sich in *Prosa III*, 140 (1952).

krassen Gegensätzen, sie entwickelt sich aus unmerklichen Akzentverlagerungen und zarten Gleichgewichtsstörungen. Ein „Fast nicht", ein „Kaum noch" genügt, und anstelle von Identität entsteht erhellende, sprechende Spiegelung. Und noch etwas: War bei den ersten zwanzig Zeilen die Doppelung, das nach zwei Richtungen Auseinandertretende, der Ertrag der zwiefachen Reflexe, so bewirkt dieses Ineinanderspiegeln von Landschaften Totalität. In der Atmosphäre dieses Frühlingstages vereinigen sich die beiden Figuren zu einer „Doppelherme"; komplementäre Welten – ein Hang ins Vergangene einerseits, ein zukunftsträchtiges Jetzt andererseits – durchdringen einander und bilden ein Ganzes. Dieses Ganze hat weder den Charakter eines Konglomerats, noch den einer undifferenzierten Einheit. Es ist durch die komplizierte Eigenart zweier Frauen zart gefärbte Gegenwart.

Raum und Landschaft. Einheit der Zeit, freilich einer Zeit, die für dieses Drama allein Gültigkeit hat, ist ein Kennzeichen dieser Konfiguration, das eigentliche Element aber, aus dem diese zwanzig Verse ihre Kraft ziehen, ist der Raum. Es ist vielversprechend, seiner Eigenart nachzugehen.

Wie es Sache der Interpretation war, die für dieses Drama typische Form der Zeit aus der Sprache zu entwickeln, so sucht sie auch dem Raum dieses Dramas durch eine Sprachuntersuchung Bestimmtheit zu geben. Im weitesten Sinn ist Sprache der Raum des Dramas. Aber brauchbar wird diese Hypothese erst, wenn sich darüber Klarheit gewinnen läßt, daß sehr verschiedene Sprachräume aus dem Reden und Verstummen, der Sprache und Sprachlosigkeit der Figuren, ihrem Alleinesprechen und Miteinanderreden entstehen können. Es ist entscheidend für diese Klärung, ob die Sprache nur sich selbst kennt, ob sie die Sprache eines Ich ist, ob sie bis zu einem Du vordringt, ob neben dem Ich eine Welt aus ihr hervortritt, ob eine Übermacht aus ihr spricht. Jede große Dichtung hat ihren eigenen, unverwechselbaren Sprachraum.

Die erste Szene des *Torquato Tasso* zeigt in der Frühlingslandschaft eine Welt, die, zur Sprache der Figuren geworden, mit diesen in fester Beziehung steht. Der Raum dieser Sprache kennt das Ich der Figuren ebenso wie die Welt der Gartenlandschaft bis zum Horizont der fernen Berge.[19] Leonore gibt ihr Bild der Landschaft in den Versen 28–39; die Prinzessin hat zunächst nur zwei Verse für diesen Augenblick, der sich in ihrem Denken sogleich mit dem unbestimmten Begriff einer „goldenen Zeit" überformt. Gerade dieses Wort aber bildet einen Bezug zum Ende der ersten Szene, wo die Prinzessin dem Doppelspiel von Landschaft und goldener Zeit in der Vision des „neuen Hesperien" nachgeht. Es empfiehlt sich daher, diese Verse (175–181) in die Interpretation einzubeziehen.[20]

Die öffentlichen Gärten von Palermo

Bisher ist die Interpretation ohne literarhistorische Gesichtspunkte ausgekommen; der unmittelbare Eindruck kann für eine erste Orientierung unschätzbar sein. Jetzt ist ein Blick auf die Zeit vor der Fertigstellung des *Torquato Tasso* nicht zu vermeiden. Die Bestimmung des Raumes, den die Sprache schafft, würde nur schwer gelingen, wenn man sich darauf beschränkte, die Vorbilder aufzuspüren, wo die Szene zwischen Leonore und der Prinzessin zu denken wäre: Gartenanlagen in Ferrara, die Goethe allerdings nirgends erwähnt, die öffentlichen Gärten von Palermo, in denen Goethe über dieses Drama nachdachte, die florentinischen Gärten schließlich, wo er an ihm weiterarbeitete. Der Weg zur Klärung des in dieser Szene gebotenen Raumes führt über die Vorstufen dieser Landschaften, wie sie sich in der *Italienischen Reise* und im *Nausikaafragment* als schon Sprache gewordene Räume finden lassen.

---

[19] Um wenigstens eine der Gegenmöglichkeiten zu skizzieren, wie Sprache auf andere Weise Raum eines Dramas wird, ist im Anhang (EXKURS I) eine Interpretation der 1. Szene von Schillers *Don Carlos* angedeutet.

[20] Der Vorgriff wird sich im Laufe der Abhandlung als gerechtfertigt erweisen. Für Goethes Drama ist die Vorstellung der Simultaneität alles Geschehenden viel bedeutsamer als die der abrollenden Handlung. Scheinbar Späteres bezieht sich zwanglos auf das Frühere; der Beginn ordnet sich organisch dem Schluß zu.

Der freie Blick Leonores in die Ferne (28–39), der durch die Vision Hesperiens zart getrübte der Prinzessin (23–27; 175–181) werden sich erst nach einer vorsichtigen Musterung ihrer Voraussetzungen erschließen.[21] Wie die Untersuchungen zur Entstehungsgeschichte des Tasso (zuerst von Scheidemantel, dann von Kazimir Beik) lehren, stammt die erste Szene des ersten Aktes aus dem Februar oder März 1789. In Italien hatte sich Goethe von neuem mit dem Tasso-Stoff auseinandergesetzt, im Oktober 1788 mit der Niederschrift der Endfassung begonnen. Von dem Italien Goethes wird man daher einigen Aufschluß erwarten dürfen.

Ein Wort, das von Anfang an in Goethes Briefen und Berichten aus Italien auftaucht, ist „Solidität" (so am 10. 11. 1786, Cotta IX, 337). Er bringt es in Gegensatz zu „denen Gespenstern" (an Charlotte von Stein am 27. 1. 1787), die ihm in den letzten Weimarer Jahren den Blick getrübt hatten. Dieser neugewonnene, prätentionslose, „solide" Blick sollte sich sogleich an den Landschaften bewähren, denen Goethe begegnete. Aus Terni, nordöstlich von Rom gelegen, schreibt er am 27. 10. 1786 abends:

Mit dem, was man klassischen Boden nennt, hat es eine andere Bewandtnis. Wenn man hier nicht phantastisch verfährt, sondern die Gegend real nimmt, wie sie daliegt, so ist sie doch immer der entscheidende Schauplatz, der die größten Taten bedingt, und so habe ich immer bisher den geologischen und landschaftlichen Blick benutzt, um Einbildungskraft und Empfindung zu unterdrücken und mir ein freies klares Anschauen der Lokalität zu erhalten. (Cotta IX, 322[22])

In diesen Überlegungen ist der Habitus der Landschaften Leonores (real-geologisch-freies und klares Anschauen) und der der

---

[21] Ein methodischer Grundsatz Goethes lautet: „Natur- und Kunstwerke lernt man nicht kennen wenn sie fertig sind; man muß sie im Entstehen aufhaschen, um sie einigermaßen zu begreifen." (an Zelter am 4. 8. 1803).

[22] Goethe fährt fort: „Da schließt sich denn auf eine wunderbare Weise die Geschichte lebendig an ..." (ebd.). Auf diesen Satz sei schon hier aufmerksam gemacht. Er ist bedeutend für die spätere Interpretation, wo aus dem „geologischen und landschaftlichen Blick" Leonores die geschichtliche Lage von Ferrara sich entwickelt (53 ff).

Prinzessin (phantastisch, Einbildungskraft, Empfindung) begrifflich klar gefaßt. Dieser zunächst potentielle Blick aktualisiert sich schon im Dezember desselben Jahres in Rom:

> Man merkt den Winter nicht, die Gärten sind mit immergrünen Bäumen (29!) bepflanzt, die Sonne scheint hell und warm, Schnee (38) sieht man nur auf den entferntesten Bergen (39) gegen Norden. Die Zitronenbäume (36), die in den Gärten (35) an den Wänden gepflanzt sind, werden nun nach und nach mit Decken von Rohr überdeckt (35), die Pomeranzenbäume (36) aber bleiben frei stehen ... (Cotta IX, 354 f)

Das ist schon ganz Leonores Blick. Leicht umgeformt – strenger aufgebaut und der Jahreszeit angepaßt – erscheint diese Landschaft drei Jahre später im Tasso. Sie gibt sogar noch ein Motiv für Tassos Gärtnerdilettantismus ab (3191–3200). Aber noch ist ihre Metamorphose nicht zu Ende. In den öffentlichen Gärten[23] von Palermo beschäftigt sich Goethe unter dem Eindruck seiner Odyssee–Lektüre mit seinem *Nausikaa*-Dramenplan. Daß die dichterische Landschaft des *Torquato Tasso* dabei nicht fern war, bezeugt ein Schema von 1814, wo er sich dieses Augenblicks erinnert: „Poesie Tasso dann Nausikaa" (Cotta IX, 893). Eine Stelle des *Nausikaa*-Fragments aber lautet:

> (NAUSIKAA) Du bist ein Mann, ein zuverlässger Mann,
> Sinn und Zusammenhang hat deine Rede. Schön
> Wie eines Dichters Lied tönt sie dem Ohr
> Und füllt das Herz und reißt es mit sich fort.
> (ULYSS) Ein weißer Glanz ruht über Land und Meer,
> Und duftend schwebt der Äther ohne Wolken
> Und nur die höchsten Nymphen des Gebürgs
> Erfreuen sich des leichtgefallnen Schnees
> Auf kurze Zeit
> Und senden ewig frische Quell(en) (Cotta IV, 853)

Der Bezug auf die Landschaft vom Dezember 1786 ist unverkennbar. Schnee und Berge in der Ferne, das Duftig-Trans-

---

[23] Wie eng die Gartenatmosphäre mit der Konzeption des *Torquato Tasso* verknüpft ist, zeigt eine Vorstudie zur *Italienischen Reise* vom 31. 8. 1817: „... der Gedanke an Tasso ward angeknüpft ... Den größten Teil meines Aufenthalts in Florenz verbrachte ich in den dortigen Lust- und Prachtgärten. Dort schrieb ich die Stellen, die mir noch jetzt jene Zeit, jene Gefühle, unmittelbar zurückrufen" (Cotta IX, 885).

parente ist stärker in den Mittelpunkt gerückt: der weiße Glanz, der Äther oben, das ferne Gebirge, von dem die Quellen kommen, all das ist distanzierte, erhöhte Wirklichkeit. Aber ein neues Element ist hinzugetreten: die mythische Gestalt[24] gibt der genau gesehenen Landschaft einen überwirklichen Hauch. Man geht nicht irre, wenn man darin den Geist Homers erblickt. Goethe selbst schreibt in der *Italienischen Reise* (am 17. 5. 1787, Cotta IX, 558):

Was den Homer betrifft, ist mir wie eine Decke von den Augen gefallen. Die Beschreibungen, die Gleichnisse etc. kommen uns poetisch vor und sind doch unsäglich natürlich, aber freilich mit einer Reinheit und Innigkeit gezeichnet, vor der man erschrickt ...

Genau diese wohlabgewogene Durchdringung des Natürlichen mit dem Mythischen ist in der *Nausikaa*-Stelle gelungen. Beispielhaft hierfür ist die Prägung „die höchste Nymphe des Gebürgs". Es handelt sich um eine bei Goethe seltene Stilfigur: die Hypallage. Diese Vertauschung der sinngemäß aufeinander bezogenen Wörter bezeichnet eben das, was Goethe zu erreichen suchte: Das Adjektiv der Realsphäre („höchst", eigentlich zu „Gebürg" gehörig – von Rom hatte Goethe von den „entferntesten Bergen" geschrieben) tritt zum Substantiv des mythischen Bereichs („Nymphen"). Nicht umsonst heißt es vorher: „wie eines Dichters Lied". Die Landschaft ist „unsäglich natürlich" und doch „gedichtet", hochstilisiert. Das Natürliche ist transparent geworden. In Goethes Terminologie darf diese Landschaft „lieblich"[25] heißen. Der Reflex der Götterwelt fehlt nicht in ihr.

---

[24] Hierzu die Tagebuchstelle vom 16. 11. 1808: „Betrachtungen über den Reflex von oben oder außen gegen das Untere und Innere der Dichtkunst, z. E. die Götter im Homer nur ein Reflex der Helden ... Doppelte Welt, die daraus entsteht, die allein Lieblichkeit hat ..." (Cotta XI, 858).

[25] Vgl. die unter 24 zitierte Tagebuchstelle. Dieser Begriff dient bei Goethe, je älter er wird, desto ausschließlicher dazu, dasjenige zu bezeichnen, was aus der Spiegelung einander gegenübergestellter Bezirke, Dinge, Welten, Figuren usw. entsteht. Paradigmatisch ist das Gedicht „Liebliches" aus dem *Divan* (Cotta II, 18 f.). Vgl. ferner Cotta II, 154, 278. In *Wilhelm Tischbeins Idyllen* wird lieblich gleichfalls zum Schlüsselbegriff (Cotta XVII, 528, 538). Ein wei-

So vorbereitet, kann man den Blick auf die Landschaft Leonores zurücklenken.

> LEONORE Ja, es umgibt uns eine neue Welt!
> Der Schatten dieser immergrünen Bäume
> Wird schon erfreulich. Schon erquickt uns wieder
> Das Rauschen dieser Brunnen. Schwankend wiegen
> Im Morgenwinde sich die jungen Zweige.
> Die Blumen von den Beeten schauen uns
> Mit ihren Kinderaugen freundlich an.
> Der Gärtner deckt getrost das Winterhaus
> Schon der Zitronen und Orangen ab;
> Der blaue Himmel ruhet über uns,
> Und an dem Horizonte löst der Schnee
> Der fernen Berge sich in leisen Duft. (28–39)

Jetzt wird man gewahr, daß dieser letzten Stufe in der Reihe der Landschaftsmetamorphosen wieder etwas zu fehlen scheint. Nur ein Teil der *Nausikaa*-Landschaft ist in diese spätere Spiegelung eingegangen: das genau Wirkliche, in „zarter Empirie" (Hecker 565) Gesehene. Dies allerdings in unübertrefflicher Klarheit. Schrittweise erweitert sich der Horizont, von den Bäumen des Gartens geht es zu den Brunnen, deren Wasser weit her kommt. Der Morgenwind deutet in ein Ferneres; der blaue Himmel ruht darüber, und weit im Hintergrund schließen die Berge den Horizont ab.[26] Auch hier ein Transparentwerden, von der handfesten Wirklichkeit des Gärtners hin zu dem „leisen Duft"

---

terer Beleg in *Sappho, von einem herrschenden Vorurteil befreit,* Cotta XVII, 111. Ähnlich ein Brief an Boisserée „ . . . griechisch lieblicher Mannigfaltigkeit . . ." (10. 1. 1818). Die Deutung wird diesen Begriff noch mehrmals heranziehen müssen.

[26] Dabei ist es ganz der Art Goethes entsprechend, im Individuellen (der Eigenart Leonores) zugleich ein allgemein Gültiges zu verstekken. Diese gestaffelte Landschaft entspricht völlig dem idealen Geschmack der Zeit. Soderini schreibt in seinen Traktaten über Gartenkultur *(I due trattati dell'agricultura):* „Vor den Fenstern der etwas erhöht liegenden Villa soll der Ziergarten sich erstrecken, dahinter der Obstgarten, dann die Fruchtfelder und zu den Seiten die Wiesen und Weiher. Darüber hinaus aber soll dem Blick sich noch eine weite Aussicht über die Ebene zum Meere oder Gebirge öffnen" (zitiert nach Marie Luise Gothein, *Geschichte der Gartenkunst,* Jena 1926, Bd. I, 232).

der Ferne.[27] Aber dieses Transparentwerden ist ein ganz natürlich-organisches, ein atmosphärisches Phänomen, nicht aber ein Durchsichtigwerden auf eine mythische Gestalt hin. Die „höchsten Nymphen des Gebürgs" sind aus Leonores Landschaft verschwunden.[28]

Der klar gegliederten Landschaft Leonores in der ersten Szene tritt etwas ganz anderes in den Versen der Prinzessin gegenüber:

> PRINZESSIN Wir können unser sein und stundenlang
> Uns in die goldne Zeit der Dichter träumen.
> Ich liebe Belriguardo, denn ich habe
> Hier manchen Tag der Jugend froh durchlebt,
> Und dieses neue Grün und diese Sonne
> Bringt das Gefühl mir jener Zeit zurück! (22–27)
> Allein mir scheint auch ihn (Tasso) das Wirkliche
> Gewaltsam anzuziehn und festzuhalten.
> Die schönen Lieder, die an unsern Bäumen

---

[27] Hier ist die einzige Stelle, an der ein unbefangener Leser etwas Auflösendes, Verschwimmendes erblicken könnte, wie man es zuweilen in den Landschaften von Jean Paul findet. Aber gerade der Ferndunst wird für den Morphologen Goethe zu etwas jeder Auflösung, Unbestimmtheit und verschwimmenden Unendlichkeit Entgegengesetztem. Schon am 3. 4. 1787 versucht er das Phänomen durch ein Oxymoron zu benennen: „Mit keinen Worten ist die dunstige Klarheit auszudrücken, die um die Küsten schwebte, als wir am schönsten Nachmittage gegen Palermo anfuhren" (Italienische Reise, Cotta IX, 452). Und dann, vier Tage später, gibt er sich Rechenschaft: „Welche wundersame Ansicht ein solcher Duft entfernteren Gegenständen, Schiffen, Vorgebirgen erteilt, ist für ein malerisches Auge merkwürdig genug, indem die Distanzen genau zu unterscheiden, ja zu messen sind ..." (Cotta IX, 463). Der Duft hat nichts Verunklärendes mehr, er wird zum Maßstab der Entfernung für den prüfenden, abstandnehmenden Blick.
Noch während des zweiten Romaufenthalts genießt Goethe die „duftige Durchsichtigkeit ... der Landschaft" (Cotta IX, 633) und „bläulich duftige Fernen" (Cotta IX, 691).

[28] Einen Menschen dieses sicheren, abstandnehmenden, wirklichkeitsoffenen Blicks, einen Menschen, der „Welt hat" wie die Leonore seines Dramas, schildert Goethe in einem Brief an Charlotte von Stein am 11. 3. 1781: „Diese – nämlich Jeanette von Werthern-Neunheiligen – h a t W e l t oder vielmehr sie hat d i e W e l t, sie weis die W e l t zu b e h a n d e l n (la manier) ... mit einer Delikatesse und Aisance ... Was in jeder Kunst das Genie ist, hat sie in der Kunst des Lebens."

Wir hin und wieder angeheftet finden,
Die, goldnen Äpfeln gleich, ein neu Hesperien
Uns duftend bilden, erkennst du sie nicht alle
Für holde Früchte einer wahren Liebe? (175–181)

Zwar braucht sie die Worte „das Wirkliche" (175) und „wahr"
(181), zwar geht auch sie von dem aus, was ihr zunächst steht,
den Bäumen (26, 177). Dann aber weicht sie aus. Ein mythologischer Raum öffnet sich, die „goldne Zeit der Dichter" (23), „ein
neu Hesperien"[29] (179) tritt an die Stelle einer wohlabgestuften
Landschaft. Man erkennt unschwer den Reflex jener zweiten,
von Leonore ausgesparten Hälfte der Landschaft aus dem *Nausikaa*-Fragment („Nymphen"). Hier ist das „Mythologische" (die
Hesperiden mit den goldenen Äpfeln, das goldene Zeitalter)
wieder in sein Recht eingetreten, aber nicht mehr ausbalanciert
durch eine gegliedert-natürliche Landschaft. Wie hatte Goethe in
jenem Brief aus Terni gewarnt? „Nicht phantastisch zu verfahren" und „Einbildungskraft und Empfindung zu unterdrücken".
Gerade dieses Gebot aber befolgt die Prinzessin nicht. Damit ist
ihr Verhältnis zu der Landschaft Leonores geklärt. Was aus
Odysseus' Munde „wie eines Dichters Lied" zugleich erklungen
war, Reales und Mythisches in einer Landschaft verflochten, ist
hier in ein Doppelspiel auseinandergefaltet, zwei Figuren zugeordnet: gegenübergestellte Sprachlandschaften im Munde zweier
Figuren. Erst die Enthüllung der Vorstufen ließ deutlich werden,
wie sich die Figur zur Konfiguration polarisiert.

Die Verhältnisse dieser mythologisch verschleierten Landschaft
der Prinzessin sind noch weiter zu verfolgen: Erinnerung und
Einbildungskraft beginnen, das Reale zu verwandeln. Ein Stilmittel macht das besonders deutlich: der Vergleich. In der Landschaft Leonores findet sich kein einziger. Hier dagegen dient er
in kunstvoller Steigerung einem Lösungsprozeß. Das Wirkliche
verliert seinen Umriß in doppelt gestufter Verwandlung. Tasso
hat Blätter mit Gedichten an die Bäume geheftet. Metaphorisch
transponiert werden sie für die Prinzessin zu „goldenen Äpfeln"

---

[29] Hier handelt es sich um jene verfängliche Art des „Neuen", das
keine legitime Wieder-holung des Vergangenen ist. Vgl. Anmerkung 15. Die Interpretation wird das Spukhafte dieser Vision erweisen.

(179) eines phantastischen Hesperien. Bevor aber dieser Vergleich
Konsistenz bekommt, wird er erneut transparent: die goldenen
Äpfel sollen zu „Früchten einer wahren Liebe" (181) werden. Die-
se Vergleichsstufung ist nicht klärend. Sie ist sprachliches Zeichen
einer Unsicherheit, die den Wegen der Einbildungskraft folgen
möchte, ohne die Bedingungen des Wirklichen preiszugeben. Der
„Duft" (180) dieser metallischen Äpfel gibt der Landschaft der
Prinzessin eine erlesene Künstlichkeit[30], wie jene silberne Rose

---

[30] Dieser Begriff des verfänglich Goldenen weist voraus auf Tassos
Monolog II, 2, wo dieser das Wort aufnimmt (1194) und in seine
Vision einbezieht. Die Interpretation wird darauf zurückkommen.
Aber noch etwas ist hier bedeutsam: Die Prinzessin erweist sich als
Leserin von Tassos epischem Gedicht. Der Garten, den sie beschreibt,
ist Armidas Zaubergarten. In ihm herrschen nicht Naturgesetze,
sondern Magie hat ihn hervorgebracht.

> Stimi (sí misto il culto è co'l negletto)
> sol naturali e gli ornamenti e i siti.
> Di natura arte par, che per diletto
> l'imitatrice sua scherzando imiti.
> L'aura, non ch'altro, è de la maga effetto,
> l'aura che rende gli alberi fioriti:
> co'fiori eterni eterno il frutto dura,
> e mentre spunta l'un, l'altro matura.
> . . .
> . . .
> pendono a un ramo, un con dorata spoglia,
> l'altro con verde, il novo e'l pomo antico:
> . . .
>
> Torquato Tasso, *Gerusalemme Liberata*

Scrittori d'Italia, Bari 1930, a cura di Luigi Bonfigli, Canto
sedicesimo, 10–11
In der Übersetzung von J. D. Gries:

> Es scheint – so mischt sich Künstliches dem Wilden –
> Als ob Natur den Garten angelegt,
> Und sich bestrebt, der Kunst ihn nachzubilden,
> Die immer sonst ihr nachzustreben pflegt.
> Sogar die Luft, die ewig den Gefilden
> Ihr Grün bewahrt, wird durch Magie erregt.
> Stets sieht man Frücht' und Blüten sich gesellen;
> Die brechen auf, da jene reifend schwellen.
> . . .
> Der Apfelbaum trägt an demselben Zweige
> Der grünen und der goldnen Früchte Last . . .

sie besitzt, der ein Tropfen persischen Rosenöls einen verwirrenden Geruch verleiht.[31] Wirklichkeit und Einbildungskraft sind verflochten, die Einbildungskraft dominiert. Das mythische Element des *Nausikaa*-Fragments, bestimmt, einer wirklichen Landschaft den höchsten Glanz zu verleihen, ist hier emanzipiert. Phantastisches überformt die Wirklichkeit, ohne sie zu tilgen. Die Sprache widerspricht sich selbst. Sie möchte „Wirkliches" (175), eine „wahre Liebe" (181) zum Ausdruck bringen und bedient sich der mythologischen Verkleidung arkadischer Motive. Der Blick der Prinzessin auf die Landschaft ist ein doppelter: das Erträumte wird des Wirklichen nicht völlig Herr, zwei Perspektiven sind ineinander geschoben. Das in diesen Versen wirksame Raumgefühl der Prinzessin ist weit entfernt von der klar gliedernden, auf einen Fluchtpunkt bezogenen Sehweise Leonores. Die Prinzessin macht für einen unscheinbaren Augenblick die Wirklichkeit zum Spuk.[32] Eine solche „Entwirklichung schafft nicht eine Traumwelt außerhalb der Wirklichkeit (das wäre im Sinne Goethes vertretbar), sondern ein Gefühl, das die Wirklichkeit zum Spuk macht. Sie ist Stimmungsphantasie, nicht Bildphantasie":[32a] Nicht gestaltete Wirklichkeit also, auch nicht das Errich-

---

[31] SOPHIE *indem sie an der Rose riecht*
   Hat einen starken Geruch. Wie Rosen, wie lebendige.
   OKTAVIAN
   Ja, ist ein Tropfen persischen Rosenöls darein getan.
   SOPHIE Wie himmlische, nicht irdische, wie Rosen
   vom hochheiligen Paradies. Ist Ihm nicht auch?
                         Hofmannsthal, *Lustspiele I*, 314 (1959)
   Auch hier mischen sich die Vorstellungen des erlesen Künstlichen mit der Erinnerung an den Paradiesgarten; der Abschnitt GARTENPLATZ wird sich eingehend mit dieser Problematik beschäftigen.

[32] Hier sei vor allem an jene „Gespenster" erinnert, von denen in dem Brief aus Italien die Rede war (an Frau von Stein am 27. 1. 1787), und die bewußt jenem neu gewonnenen „soliden" Blick entgegengesetzt waren, den beispielsweise Leonore besitzt. Zu den verschiedenen Möglichkeiten des Begriffes „Gespenst" vgl.: John Hennig, *Zu Goethes Gebrauch des Wortes ‚Gespenst'*, DVjs. 28. Jg. 1954 S. 487–496.

[32a] Harry Graf Kessler in einem Aufsatz *Griechischer Frühling* in der *Neuen Rundschau* 1909, Bd. 2, 723.

32

ten einer durchgeformten, bewältigten Traumwelt außerhalb des Wirklichen – was innerhalb des Dramas Antonio der Geistesart Ariosts zugesteht (711ff) –, sondern ein Belasten des Wirklichen mit Erträumtem. Ihre Bedeutung erhalten diese wenigen Verse erst durch die Spiegelung in dem allzu empfänglichen Geiste Tassos. Was sich hier in maßvoller Sprache andeutet, führt über seine Vision von der „goldenen Zeit" zum erschreckenden Mißverständnis der letzten Szenen.

Hier, in der ersten Szene, wird das anklingende Motiv gefährlicher Wirklichkeitsverfremdung[33] durch das spiegelnde Gegenbild der Leonoren-Landschaft ergänzt und ins Gleichgewicht gesetzt. Damit zeigt sich für den Raum unter dem Gesichtspunkt der Konfiguration dieselbe Spiegelung, wie sie sich zwischen Leonore und der Prinzessin schon in Bezug auf die Zeit dargestellt hatte. Wirklichkeitssinn (ohne die Kraft zur „ideellen Wirklichkeit", wie sie der Brief an Neureuther vom 23. 9. 1828 rühmt) und träumerische Einbildungskraft (ohne eine dem Wirklichen seinen Platz zuweisende Übersicht) sind die beiden Bereiche, die, erst zusammengedacht, ein Ganzes bilden können.

2. Maskierte Form
Geschichte: Folge – Zufall

Stufenweise erschließt sich der Szenenraum: Das Angedeutete erhält festere Konturen, das Bildhafte Tiefe. Das Zwiegespräch der Figuren, Ich und Gegen-Ich zart berührend, die Landschaft behutsam in den Kreis mit einbeziehend, gehorcht dem Gesetz höfischer Konversation: Nur beiläufig und gefällig kommen die Dinge zur Sprache. Keiner insistiert auf seiner Meinung, zwang-

---

[33] Diese bedrohliche Spielart der Verfremdung muß scharf geschieden werden von der souverän-ironischen Verfremdung im *Divan*, jenem „Und wer heiter im Absurden spielt, Dem wird auch wohl das Absurde ziemen" (WA I, 6, 476, Paralipomena III). Vgl. ferner den Brief an Ottilie von Goethe vom 21. 6. 1818: „ . . . dem Gefühl nach in eine gränzenlose Freiheit . . ."

los wird das Thema gewechselt. Das Gespräch hat unversehens einen neuen Gegenstand: die Geschichte.

> LEONORE Groß ist Florenz und herrlich, doch der Wert
> Von allen seinen aufgehäuften Schätzen
> Reicht an Ferraras Edelsteine nicht.
> Das Volk hat jene Stadt zur Stadt gemacht,
> Ferrara ward durch seine Fürsten groß.
> PRINZESSIN Mehr durch die guten Menschen, die sich hier
> Durch Zufall trafen und zum Glück verbanden.
> LEONORE Sehr leicht zerstreut der Zufall, was er sammelt.
> Ein edler Mensch zieht edle Menschen an
> Und weiß sie festzuhalten, wie ihr tut.
> Um deinen Bruder und um dich verbinden
> Gemüter sich, die euer würdig sind,
> Und ihr seid eurer großen Väter wert.
> Hier zündete sich froh das schöne Licht
> Der Wissenschaft, des freien Denkens an,
> Als noch die Barbarei mit schwerer Dämmrung
> Die Welt umher verbarg. Mir klang als Kind
> Der Name Herkules von Este schon,
> Schon Hippolyt von Este voll ins Ohr.
> Ferrara ward mit Rom und mit Florenz
> Von meinem Vater viel gepriesen! Oft
> Hab ich mich hingesehnt; nun bin ich da.
> Hier ward Petrarch bewirtet, hier gepflegt,
> Und Ariost fand seine Muster hier.
> Italien nennt keinen großen Namen,
> Den dieses Haus nicht seinen Gast genannt.
> Und es ist vorteilhaft, den Genius
> Bewirten: gibst du ihm ein Gastgeschenk,
> So läßt er dir ein schöneres zurück.
> Die Stätte, die ein guter Mensch betrat,
> Ist eingeweiht; nach hundert Jahren klingt
> Sein Wort und seine Tat dem Enkel wieder.
> PRINZESSIN Dem Enkel, wenn er lebhaft fühlt wie du.
> Gar oft beneid ich dich um dieses Glück. (51–86)

Folge. Hier scheinen Argument und Gegenargument folgerecht gesetzt. Ein Partner geht auf die Einwürfe des anderen ein, er nimmt die Zentralbegriffe auf (Zufall: 57–58; Enkel: 82–83) und knüpft daran seine eigenen Überlegungen. Zum ersten Mal tut sich im Streit der Meinungen ein klarer Gegensatz auf: Zufall und Folge in der Geschichte. Wie aber kommen die beiden Frauen auf dieses Thema? Die Versuchung liegt nahe, dies als

34

„historische Exposition" zu deuten. Das Drama braucht einen Hintergrund, eine gewordene Welt, in der sich die Konflikte abwickeln lassen. Diese Erklärung ist richtig und oberflächlich.

Eine zweite Möglichkeit der Deutung betrifft die Gesellschaftskultur des Cinquecento. Es entsprach den Gepflogenheiten der gebildeten Hofkreise, Themen der Liebe, der Kunst, Philosophie oder Geschichte spielerisch im Gespräch zu behandeln. Das, was Leonore und die Prinzessin erörtern, gehört zu den Grundthemen der Zeit:

> Ed esaminando le azioni e vita loro, non si vede che quelli avessino altro dalla *fortuna* che la occasione; la quale dette loro materia a potere introdurvi dentro quella forma parse loro; e sanza quella occasione la *virtù* dello animo loro si sarebbe spenta, e sanza quella virtù la occasione sarebbe venuta invano.[34]

Diese Sätze stammen aus dem VI. Kapitel des *Principe*. Es ist wahrscheinlich, daß Goethe sich des Begriffspaares fortuna – virtù erinnert, wenn er die beiden Frauen über Zufall und Folge in der Geschichte diskutieren läßt. Auch hier liegt es Goethe fern, etwas ihm Wesensfremdes zu benutzen. Seine *Urworte. Orphisch* kennen den Doppelbegriff Daimon-Tyche, von dem sich eine Verbindung zu dem historischen virtù-fortuna-Begriff[35] wie zu der im Drama diskutierten Folge-Zufall-Vorstellung denken läßt. Die Beziehung ist selbstverständlich keine streng logische. Man könnte sie eine atmosphärische nennen. Indem

---

[34] „Prüft man ihre Taten und ihr Leben, so sieht man, daß sie dem Glück nur die Gelegenheit verdankten, die ihnen den Stoff bot, in den sie die Form prägten, die ihnen gut schien: ohne diese Gelegenheit hätten ihre Kraft und Tüchtigkeit keine Wirkungsmöglichkeit gehabt, und ohne ihre Kraft und Tüchtigkeit hätte sich die Gelegenheit vergeblich eingefunden."
Der Fürst, Stuttgart 1955, S. 21
übersetzt von Rudolf Zorn

[35] Hofmannsthal hat das bemerkt. In den Notizen für seine Pariser Anrede an die Normaliens 1925 *(Über Goethe oder über die Lebensalter)* sieht er die Vorbedingung „zu den Formen ..., welche aus der Erkenntnis der Gesetze ableitbar sind", in „einer Art virtù im Sinne Machiavells" *(Aufzeichnungen* (1959), S. 207). Daß Goethe Machiavell gelesen hat, ist nachweisbar: WA I, 44, 316, 336 (Anhang zu Benvenuto Cellini). Machiavell im *Egmont* deutet auf frühe Beschäftigung mit dem großen Theoretiker.

Goethe seine Figuren von Folge und Zufall sprechen läßt, ergeben sich assoziative Obertöne, die einmal auf Goethes „poetisch-kompendios" (Cotta XV, 517) vorgetragene Geheimnislehre, gleichzeitig aber auf das Staatsdenken jenes Jahrhunderts hindeuten, in dem das Drama seinen Schauplatz hat. Zwischen beidem, dem Höchstpersönlichen und dem Weltgeschichtlichen, hat Goethes Dichtung ihren Platz.

Eine dritte Möglichkeit der Interpretation zieht die Konsequenz aus jenen beiden Voraussetzungen: Goethe ist nicht in erster Linie traditionsgläubiger Dramatiker, der nicht ohne konventionelle Exposition auskäme, er ist auch nicht Verfechter einer historisch treuen Wirklichkeit im Drama, er ist vor allem Morphologe. Jetzt erinnert man sich jenes Berichtes aus Terni vom 27. 10. 1786: Landschaft, real genommen, sei „doch immer der entscheidende Schauplatz, der die größten Taten bedingt...", und mit dem geologischen und landschaftlichen Blick „schließt sich denn auf eine wunderbare Weise die Geschichte lebendig an ... ich fühle die größte Sehnsucht, den Tacitus in Rom zu lesen." (Cotta IX, 322). Nichts anderes tut Leonore. Geschichte wird der gegliederten Landschaft assoziiert. Gerade dies zeigt, wie konsequent die Figuren gedacht sind, wie wenig es ein Zufall ist, daß Leonore dieses Thema anschneidet, wie wenig „aus der Luft gegriffen" diese Diskussion zu nehmen ist: konsequent, freilich nicht kausal, nicht logisch ableitbar.[36]

„Ferrara ward durch seine Fürsten groß" (55). Leonore läßt es nicht bei dieser Feststellung bewenden. Sie entwickelt, sie läßt entstehen: Zustände[37] – seien sie solche der Geschichte, Kunst,

---

[36] „... solange man im Banne des Dichters ist, denkt man mit ihm ... die Schlüsse, welche man macht, sind die Verknüpfungen der Vorgänge, die man sieht, also tatsächliche Kausalitäten, keine logischen" (Nietzsche I, 413). Diese Bemerkung, daß motivisch-organische Verknüpfung an die Stelle der logisch-kausalen tritt, ist richtungweisend für die Interpretation.

[37] Goethe an Zelter am 3. 6. 1830: „.. ich ... liebe mir das Geschichtliche, denn wer versteht irgend eine Erscheinung, wenn er sich von dem Gang des Herankommens (nicht) penetrirt?" Die größte Gefahr, die der Interpretation von Goethes Texten droht, ist die Absolutsetzung einer solchen Maxime. Hier sieht es so aus, als sei Goethe auf seiten Leonores; wenn aber einige Verse später

Natur – lassen sich nur begreifen in den Prozessen, deren Glied und Summe sie sind.[38] Auch Staaten, sagt Leonore, sind Organismen, sie blühen auf, streben einem Höhepunkt zu wie die Pflanze der Blüte: Bedeutsam ist hier die unscheinbare Metapher der „Dämmerung" (64–66), die zum „schönen Licht der Wissenschaft" wird.[39] „Wissenschaft" (65) und Kunst (73 f) als tragende Pfeiler ferraresischer Kultur, das Individuum („Enkel" 82) inmitten dieser festen Bildungswelt, all das wissend und besitzend. Zusammenhang und Tradition, Individuen, die sich ihrer bemächtigen: Diese historische Landschaft, organisch gewachsen, ist mit demselben Blick gesehen, mit dem Leonore die Frühlingslandschaft erfaßt. Ein Hinweis genügt, um sie einzuordnen: 1796 hatte Goethe mit der Übersetzung der *Lebensgeschichte Benvenuto Cellinis* für Schillers *Horen* begonnen; er „förderte" die Arbeit, die „mehr von Belang" war, als er „anfangs gedacht haben mochte" *(Tag- und Jahreshefte 1802,* Cotta VIII, 1071) und schrieb dazu einen Anhang, wo sich das bedeutende Kapitel „Flüchtige Schilderung florentinischer Zustände" findet. Dort heißt es:

Hätte Lorenz länger leben, und eine fortschreitende, stufenhafte Ausbildung des gegründeten Zustandes Statt haben können, so würde

sich die Prinzessin gegen die Geschichte wendet, so findet man ein Echo in den Paralipomena zu *Dichtung und Wahrheit:* „Die Geschichte ... hat immer etwas Leichenhaftes, den Geruch der Totengruft" (VIII, 953). Gibt Goethe also der Prinzessin recht? Diese Fragestellung ist ungemäß. Es ist Goethes eigentümliche Art, „die Frage von zwei Seiten zu beantworten und so gleichsam die Sache in die Mitte zu nehmen" (Cotta XV, 128). Für seine Dramen sind Meinungen in erster Linie ein Mittel zur Enthüllung der Konfiguration, nicht aber zu dialektischer Destillation der Wahrheit. Sie sind maskierte Form.

[38] Ein repräsentatives Beispiel: Die Beschreibung des Amphitheaters in Verona, *Italienische Reise,* 16. 9. 1786 (Cotta IX, 226).

[39] Ernst Robert Curtius widmet in seinem Essay *Goethe als Kritiker* (in *Kritische Essays zur Europäischen Literatur,* Bern ²1954) einen Abschnitt (S. 35–38) der Lichtmetaphorik in Goethes kritischem Denken. Dort hat sie wertende Kraft. In Goethes Dichtungen verhält es sich anders. Lichtmetaphern bilden im Lauf des Dramas den Schlüssel für die zartesten Geheimnisse der Konfiguration. Sie sind keineswegs mehr positiv oder negativ absolut gesetzt.

die Geschichte von Florenz eins der schönsten Phänomene darstellen; allein wir sollen wohl im Lauf der irdischen Dinge die Erfüllung des schönen Möglichen nur selten erleben. (WA I, 44, 348)

In Leonores Entwurf hat Ferrara diese Möglichkeit vorwegnehmend eingeholt. Staatsgeschichte spiegelt sich zugleich im Leben des Einzelnen: Sie selbst, Leonore, wird stufenweise von Kind an (67) eingeweiht in das Wachstum eines wohlgegründeten Staatswesens. Dieselbe Deutung möchte sie auch der Prinzessin zuschieben, man ist versucht zu sagen: „unterschieben". Die Prinzessin weist diese Zumutung von sich (83–84).

Zufall. Was hat die Prinzessin dieser These Leonores entgegenzusetzen? Sehr wenig, dem Einwurf nach zu schließen. Als Leonore dem Fürstenhaus, dessen Sproß die Prinzessin ist, das Verdienst am Wachstum der Stadt zuspricht, wendet sie ein:

> Mehr durch die guten Menschen, die sich hier
> Durch Zufall trafen und zum Glück verbanden. (56–57)

Dem Gedanken der gewachsenen Ordnung stellt sie ein bedenkliches Wort entgegen: Zufall. Was der Zufall bringt, kann er morgen zerstören. Was er schafft, hat keine Folge. Zwei Schlüsselbegriffe der ersten Verse „Schein" und „Glück", finden hier ihren Reflex und bedrohen die „Solidität" der Blickweise Leonores. Bleibt diese Position noch unentschieden, so fällt jeder Zweifel in der zweiten Antwort der Prinzessin:

> Dem Enkel, wenn er lebhaft fühlt wie du;
> Gar oft beneid ich dich um dieses Glück. (83–84)

Jetzt haben sich die Verhältnisse geklärt. Neid entsteht aus dem Bewußtsein der Nichtzugehörigkeit. Er ist ein Gefühl des Ausgeschlossenen. Die Prinzessin weiß sich jenem Folgeleben der Geschlechter nicht eingeordnet. Sie steht abseits. Und doch ist es nicht ganz so einfach; es macht den Eindruck – man glaubt den Tonfall zu kennen – als sei sie es nicht ganz unzufrieden, als ziehe sie aus dieser Stellung eine eigene Würde, ein eigenes Genügen. Ihr erster Einwurf scheint es anzudeuten: „die guten Menschen" (36). Einzelne sind es, die eine innere Kultur der Welt entgegensetzen, die für den Versuch nicht stark genug sind, ihren inneren Reichtum dieser Welt einzuordnen. Zum erstenmal meint man im Drama das Fluidum einer Epoche, eines Zeitgeistes

38

zu spüren, genauer gesagt: eines doppelten Zeitgefühls: der italienischen Renaissance (Lorenzo il Magnifico 1448–1492) und der siebziger Jahre des 18. Jahrhunderts (Werther[40]). Das Fluidum dieses Zeitgeistes, das in dem Stück unverkennbar bleibt, hat Goethes Zeitgenossen veranlaßt, nach Anspielungen zu forschen, und ihnen zugleich den Blick für das Anachronistische getrübt. Diese beiden Frauen konnten einander nicht wirklich begegnen. Daß sie sich als dramatische Figuren dennoch gegenübertreten, hat seine hohe Berechtigung. Bis zum zweiten *Faust* hin wird Goethe dem Anachronistischen seinen Platz im Spannungsgefüge des Dramas einräumen.

Die siebziger Jahre des 18. Jahrhunderts: Der Name „Werther" ist gefallen. Was setzt die Prinzessin dem Geschichtsbild Leonores entgegen? Die einzelnen „guten Menschen":

Auch schätzt er meinen Verstand und meine Talente mehr als dies Herz, das doch mein einziger Stolz ist, das ganz allein die Quelle von allem ist, aller Kraft, aller Seligkeit und alles Elendes. Ach, was ich weiß, kann jeder wissen – mein Herz habe ich allein. (Werther am 9. 5. 1772, Cotta VI, 211)

Das ist Stolz und Elend des Abseitsstehenden. Liebe oder Gesellschaft, Werther geht an beidem zugrunde. Und beinahe hätte es die Prinzessin sagen können. Beinahe auch Tasso. Leonore nicht; und Antonio nicht. Darum wurde diese Stelle zitiert. Sie ist der Punkt, an dem sich die Figuren scheiden.

Sollte es nicht heißen: Wo sich die Geister scheiden? Nein. Die Diskussion und „geistige Auseinandersetzung" ist ein Mittel, Konfiguration zu offenbaren, nicht letztes Ziel. Gewiß läßt sich

---

[40] Es lag nahe, den kunstliebenden Hof von Ferrara mit dem Weimarer Hof gleichzusetzen. Karl August mochte sich nicht ungern in Alfons wiedererkennen, Leonore mag Züge der Gräfin von Werthern-Neunheiligen tragen (vgl. an Frau von Stein am 11. 3. 1781), ein Antonio ist an jedem Hof denkbar. Bei der Prinzessin liegen die Verhältnisse komplizierter. Sie trägt, wie die Interpretation zu zeigen hofft, wertherische Züge neben ihrer Zugehörigkeit zur Hofatmosphäre Weimars und Ferraras. Eigentlich steht sie so zwischen drei Zeiträumen. Die wertherische Komponente ihres Wesens ist es, die einem Bezirk von Tassos Geisteswelt entspricht. Die Konfiguration bringt diese Verwandtschaft zutage und enthüllt zugleich, wodurch Tasso und die Prinzessin sich dennoch unterscheiden.

das Gesagte auf einen doppelten Nenner bringen: Leonore führt die Begriffe der Notwendigkeit, der Allgemeinheit ins Feld, sie spricht von Gesellschaftsnormen und Staatsgeschichte – die Prinzessin weiß nur von Zufall und Glück, von Intimsphäre und innerer Geschichte des Einzelnen. Aber es wäre absurd, dieser beizupflichten und gegen jene zu argumentieren. Es dient dem Drama ebensowenig, beiden „Recht" zu geben und eine höhere Synthese zu abstrahieren. Der Streit der Meinungen ist maskierte Form. Zu zeigen, wie sich hier Reflexion umsetzt in Geschehen, wie umgekehrt Geschehen als Beziehung der Figuren sich in reflektierendem Gespräch gestaltet, bleibt ein Anliegen der Interpretation. Es gibt in diesem Drama keine Stelle, wo die Diskussion eines oder mehrerer Begriffe sich um dieser Begriffe allein willen entspinnt. Begriffliche Auseinandersetzungen haben zwar ihre Geltung im Zusammenhang der Situation, sie sind aber zugleich und im tiefsten Sinn Vorwand für die Gestaltung der Figuren und ihrer Verhältnisse: So will die Formel „maskierte Form" verstanden sein.

Damit erübrigt sich auch jede Entscheidung, ob die Konfiguration um dieser historischen Exposition willen da ist, oder ob das Streitgespräch der Entfaltung der Konfiguration wegen sich entspinnt. Jede Unterscheidung ist nur erlaubt als Hilfsmittel zur Erkenntnis der dichterischen Mittel. Danach muß sie zurücktreten vor der Einheit des Gestalteten: der „Solidität" und „Welthaftigkeit" Leonores, der „zarten moralischen Grazie"[41] der Prinzessin.

Gesellschaft

LEONORE   Die Stätte, die ein guter Mensch betrat,
         Ist eingeweiht; nach hundert Jahren klingt
         Sein Wort und seine Tat dem Enkel wieder.
PRINZESSIN   Dem Enkel, wenn er lebhaft fühlt wie du.
         Gar oft beneid ich dich um dieses Glück.

---

[41] Goethe in Italien über die Bilder des Guercin; Cento, am 17. 10. 1786 (Cotta IX, 299).

LEONORE   Das du, wie wenig andre, still und rein
Genießest. Drängt mich doch das volle Herz,
Sogleich zu sagen, was ich lebhaft fühle;
Du fühlst es besser, fühlst es tief und – schweigst.
Dich blendet nicht der Schein des Augenblicks,
Der Witz besticht dich nicht, die Schmeichelei
Schmiegt sich vergebens künstlich an dein Ohr:
Fest bleibt dein Sinn und richtig dein Geschmack,
Dein Urteil grad, stets ist dein Anteil groß
Am Großen, das du wie dich selbst erkennst.
PRINZESSIN   Du solltest dieser höchsten Schmeichelei
Nicht das Gewand vertrauter Freundschaft leihen.
LEONORE   Die Freundschaft ist gerecht, sie kann allein
Den ganzen Umfang deines Werts erkennen.
Und laß mich der Gelegenheit, dem Glück
Auch ihren Teil an deiner Bildung geben;
Du hast sie doch und bists am Ende doch,
Und dich mit deiner Schwester ehrt die Welt
Vor allen großen Frauen eurer Zeit. (80–103)

„Leonore ist eben auch eine Tochter Evas", sagt Goethe am
23. 3. 1823 zum Kanzler von Müller, „auf deren Erziehung ich
viel Mühe verwendet habe." Und vor der Entstehung des Tasso
schreibt er an Charlotte von Stein:

Den sogenannten Weltleuten such ich nun abzupassen worinn es
ihnen denn eigentlich sizt? Was sie guten Ton heisen? Worum sich
ihre Ideen drehen, und was sie wollen? Und wo ihr Creisgen sich
zuschliest? Wenn ich sie einmal in der Tasche habe werd ich auch
dieses als Drama verkehren. (am 3. 1. 1780)

Es ist nicht leicht, bei wirklich gebildeten Personen – und die
„Evastochter" Leonore ist eine – die Stelle aufzuspüren, „wo
sich ihr Creisgen zuschliest". Hier, an diesem Punkt des Dramas,
scheint man einen Zipfel des Gewebes in die Hand zu bekommen.
Leonore lenkt ein; so scheint es wenigstens. In Wahrheit versteckt sie den Widerspruch nur in einer mildernden Form gesellschaftlichen Umgangs: der Schmeichelei. Ein oberster Grundsatz diplomatischen Verkehrs lautet: Im Kleinen nachgeben, um
im Großen desto sicherer sich zu behaupten. So Leonore: Sie
schiebt der Prinzessin das Stichwort „Glück" unter, jenes Zustandes, um den diese sie beneidet hatte (84); sie nimmt es später
noch einmal auf und gesteht der Prinzessin zu, daß glücklicher
Zufall ihre Bildung entschied (99 f), gibt ihr also nachträglich –

wider bessere Überzeugung – recht, indem sie sich auf der Prinzessin Einwurf (56–57) bezieht. Damit überspielt sie aber geschickt den eigentlichen Widerspruch: daß nämlich die Prinzessin nicht imstande ist, aus ihrem engen, wirklichkeitsentfremdeten Kreis zur „Welt" durchzustoßen; daß umgekehrt sie selbst – Leonore – nicht gewillt ist, diesen Bezirk der Einbildungskraft zu respektieren. Sie erreicht dies, indem sie die Prinzessin charakterisiert: Plötzlich, in diesem nicht ganz klaren Spiegel, erscheint der Grundwiderspruch ihrer beiden Naturen als bloßer Unterschied der Temperamente: Sie teilt der Prinzessin die Rolle einer „still und rein Genießenden" (85–86) zu, sich selbst das „lebhafte Fühlen" (87). Daß diese Charakteristik um ein Haar richtig ist, bleibt das Bestechende und ist ein Beweis für Leonores Weltklugheit gleichermaßen wie für Goethes Kunst, das alte dramatische Mittel der „Charakterisierung durch die Reden anderer" zu einem Vehikel der Konfiguration umzuschaffen. Das, was Leonore sagt, ist ebenso bezeichnend für ihre eigene, weltkluge Art leiser Verstellung wie für die Prinzessin, die aus ihrem reichen Innenraum stillen und reinen Genießens keinen adäquaten Zugang zu dieser Welt findet: Der höfische Ton als Mittel zartester dichterischer Ironie. Das ist eine Gesellschafts-Psychologie[42], an der der „Menschenprüfer" Nietzsche sich geschult hat.[43]

Für die erste Szene sind diese wenigen Verse von großer Wichtigkeit (80–103): Hier tritt der höfische Raum einer hochkultivierten und feinnervigen Gesellschaft in das Bewußtsein des Lesers, eine Atmosphäre, die allem Gesagten eine Spur Unverbindlichkeit verleiht; eine Aufforderung, diese Sprache nicht un-

---

[42] „Da Sie sich schon in höheren Zirkeln bewegt haben", sagt Goethe zum Kriminalrat Grüner, einem alten Mineralogen-Freund, „was dieses Stück zur gründlichen Beurteilung fordert, so dürfte es bei Ihnen einen guten Eindruck hervorbringen" (am 5. 9. 1825, *Goethes Gespräche* hg. Flodoard von Biedermann, Leipzig 1910, Bd. III, 221, hiernach zitiert als Biedermann).

[43] „Im Zwiegespräche der Gesellschaft werden Dreiviertel aller Fragen gestellt, aller Antworten gegeben, um dem Unterredner ein klein wenig wehzutun; deshalb dürsten viele Menschen so nach Gesellschaft: sie gibt ihnen das Gefühl ihrer Kraft." (Nietzsche I, 486).

besehen beim „Wort" zu nehmen. „Das Gespräch ist ein Symbol der Gesellschaft, es bedeutet die Akustik des geselligen Raumes[44], gleichgültig ob die Geister sich verstellen oder offenbaren."[45] Eine Erkenntnis, die umso wertvoller ist, als sie die Interpretation des Meinungsstreites über Geschichte (51–86) bestätigt und legitimiert.

Leonores Verstellung hat eine doppelte Funktion: Im Hinblick auf die Figur entwirft sie einen „Charakter"; im Hinblick auf die Konfiguration schafft sie den Raum gesellschaftlicher Begegnung, die Möglichkeit oder Bedingung des höfischen Miteinander. Leonore schmeichelt der Prinzessin, sie sucht die Differenzen zu vertuschen. Warum wünscht sie den Ausgleich?

> KLÄRCHEN Verstellt sie sich?
> EGMONT Regentin, und du fragst?
> KLÄRCHEN Verzeiht, ich wollte fragen: ist sie falsch?
> EGMONT Nicht mehr und nicht weniger als jeder, der seine
> Absichten erreichen will. (Cotta IV, 702)

Absichten haben, Absichten erreichen: das ist das Schlüsselwort für jeden höfischen Dialog. Der leichte, beiläufige Ton, Fangfragen, verschleierte Antworten, ausweichend und doppeldeutig; selten gibt es bündige Entscheidung: nur planvolle Absicht oder tändelnden Leerlauf. Man weiß, daß eben diese Seite Leonores Tasso verärgert hat: „So fühlt man Absicht und man ist verstimmt." (969). Gerade diese Absichten aber sind es auch, die

---

[44] Für dieses halb spielerische Diskutieren, das Relative, ja Vertauschbare der Meinungen im Raum der Gesellschaft – „Was ich recht weiß, weiß ich nur mir selbst; ein ausgesprochenes Wort fördert selten, es erregt meistens Widerspruch, Stocken und Stillstehen" (Hecker 720) – ist eine hübsche Anekdote überliefert: Es handelt sich um einen Bericht von J. B. Bertram vom 26. 9. / 9. 10. 1814. Goethe begegnet im Bildersaal der Boisserée dem Homerübersetzer Voß. Er verwickelt ihn in eine Diskussion, bringt „gar manches geistreiche und treffende Wort" vor und behauptet den Vorzug der bildenden Kunst vor der Dichtung. „Voß wußte hierauf nichts zu antworten. Wäre ich an seiner Stelle gewesen, sagte Goethe, indem er dies erzählte, ich würde schon gewußt haben, was ich antworten soll" (Biedermann II, 278).

[45] Max Kommerell, *Jean Paul*, Frankfurt o. J., Zweite Auflage, S. 226.

Leonore versöhnlich machen; sie muß verbergen, was sie erreichen will.[46]

Das Spielerische der Konversation, das Nicht-ganz-Ernstnehmen einerseits, die lächelnde Verstellung andererseits, sind Kennzeichen einer aristokratischen Gesprächskultur. Die Wurzeln eines solchen Dialogs reichen in das 16. Jahrhundert zurück: Baldesar Castigliones *Cortegiano* ist zu einem Grundbuch europäischer Urbanität geworden. Goethe hat ihn spätestens in Italien kennengelernt, aber noch am 25. 7. 1808 und dann wieder am 9. 3. 1815 sprechen die Tagebücher von Castiglione.[47] Doch nicht nur diese direkte Berührung ist als wichtig anzunehmen; auf dem Umweg über die französische Gesellschaftskultur wird der Einfluß doppelt wirksam.[48] Die klassische französische Bühne, mit der Goethe von Jugend auf vertraut war (Cotta VIII, 109 ff), ist ohne diesen gesellschaftlichen Aspekt undenkbar.[49] Der Einfluß Castigliones reicht von dem *Heptaméron* der Marguerite de Navarre – das aus der Konversation einer hochgebildeten Gesellschaft erwächst wie der *Cortegiano* selbst – bis zu dem honnête homme-Ideal in den klassischen Werken des 17. Jahrhunderts. Namen von Theoretikern wie Nicolas Faret (*L'Honnête homme ou l'art de plaire à la Cour*, 1630) und Antoine Gombaud, chevalier de Méré (*Les Conversations* 1668, *Les Dis-*

---

[46] Gerade durch das Motiv der „Absichten" steht Hofmannsthals *Schwieriger* in der Goethe-Nachfolge. Nicht umsonst hat Hofmannsthal den *Tasso* und den *Misanthropen* Molières in Beziehung zueinander gesetzt und beide auf der Grenze zwischen Tragödie und Komödie angesiedelt (*Aufzeichnungen* (1959), S. 185). Aus dem Spiel von Absicht und Gegenabsicht wächst ihr dramatisches Gewebe, und der Reiz des *Schwierigen* besteht in nichts anderem als dem glücklichen Einfall, einen Mann „ohne Absichten" von lauter „Absichtsvollen" zu umstellen; die Komik darin, daß er seine Absichten erreicht, ohne je welche gehabt zu haben; daß er die der anderen vereitelt, indem er sie zu verwirklichen sucht.

[47] Ein Brief an Becker vom 6. 7. 1816 erwähnt einen Münzabdruck des Verfassers des *Cortegiano*.

[48] *Le Parfait Courtisan du Comte Baltasar Castillonnois*, es deux langues, tr. de Gabriel Chapuis, Lyon 1580; die berühmte spanische Übersetzung ist von Juan Boscan; El Cortesano, 1534).

[49] Vgl. Paul Hazard, *Ce que Molière représente pour la France*, in *Molière*, hg. M. Mignon, ²1931.

44

cours 1671–77) sind Stationen auf diesem Weg. Der für den Zusammenhang von Goethes Szenenkunst bedeutsame Gesichtspunkt der Gesprächskultur – der ja innerhalb des höfisch-idealen Kodex nur ein Aspekt unter anderen ist – findet eine repräsentative Behandlung in Montaignes Essay III, 8 „De l'art de conferer", „von der Kunst des Gesprächs":

> Er ist eines seiner kapriziösesten, aufgeräumtesten Stücke, eine Art Brevier der *honnête-homme* Bildung, und auch im 17. Jahrhundert noch als solches gelesen. Er handelt vom Disputierspiel in Gesellschaft, wo die Geister wie in einem Turnier miteinander fechten , . . . und wo es am Ende überhaupt nur auf die gleichsam tänzerische Ordnung ankommt, in der nicht der Besserwissende der Sieger ist, sondern derjenige, der sich am spielgerechtesten gehalten hat . . . Die Gesprächskultur, die er schildert, lebt aus dem skeptischen Grundsatz von der Möglichkeit und dem Recht jeglichen Meinens, des eigenen wie desjenigen der anderen.[49a]

Diese Art des Miteinandersprechens findet ihre gesellschaftliche Ausprägung in den „jeux des proverbes", „jeux des questions d'amour" der preziösen Salons;[50] ihre literarische in den langen Gesprächen der Helden und Heldinnen aus den Romanen von La Calprenède und Mlle de Scudéry, wenn man überhaupt zwischen Gesellschaft und Literatur eine solche Trennung ziehen kann. Im Grunde überschneiden sich zu dieser Zeit beide Bereiche, und es bleibt unausgemacht, was noch Gesellschaft und was schon Literatur ist. Gerade daß solche Produkte auf der Grenze stehen, macht ihren Reiz aus.[51]

[49a] Hugo Friedrich, *Montaigne,* Bern 1949 S. 308 f

[50] Vgl. die Dokumente, die N. Ivanoff, *Mme de Sablé et son Salon,* 1927, und E. de Barthélemy, *Les amis de Mme de Sablé,* 1865, zusammengetragen haben.

[51] La Fontaine gibt eines der hübschesten Beispiele der Verschmelzung beider Bereiche in seinem *Discours à Madame de La Sablière (Fables,* Ende des Buches IX): Indem er ein Bild jener Gesellschaft und ihrer Unterhaltungen gibt, findet er unmerklich den Übergang – zu diesem Problem vgl. Leo Spitzer, *Die Kunst des Übergangs bei La Fontaine* in *Romanische Literaturstudien* 1936–1956, Tübingen 1959, S. 160 ff, besonders 167 ff – zum Erzählen seiner Fabeln, dem spielerischen Diskutieren einer (in diesem Fall philosophischen, die Tiervorstellung Descartes' betreffenden) Frage in Form mehrerer „Exempel". Das literarische Genre wird, indem es sich den Geset-

Wie nahe Goethe noch jenem Ideal Castigliones kommt, hätte dem aufmerksamen Beobachter schon aufgehen müssen, sobald der Vorhang sich hob: Zwei Frauen stehen miteinander in höfischem Gespräch. Daß es Frauen sind, ist hochbedeutsam.

> Voi sete in grande errore – sagt Messer Cesare Gonzaga im 3. Buch des *Cortegiano*[51a] – perché come corte alcuna, per grande che ella sia, non po aver ornamento o splendore in sé, né allegria senza donne ... (S. 340)

Dadurch, daß Goethe zwei Frauen an den Beginn des Dramas stellt, gibt er dem Raum eine bestimmte Färbung: Die Frau wird zum Symbol einer hochkultivierten Sphäre des Gesprächs. Und noch etwas läßt aufhorchen: Die Herzogin in dem von Castiglione geschilderten Gespräch (III, 3) wird durch ein charakteristisches Epitheton ausgezeichnet. Einige Zeilen vor der Antwort Messer Gonzagas heißt es von ihr: „Disse allor la signora Duchessa ridendo" (S. 339): „Du siehst mich lächelnd an Eleonore" hatte die Prinzessin gesagt. Mit diesem unscheinbaren Hinweis ist für den Eingeweihten die Gesprächskultur einer ganzen Epoche evoziert. Durch ihr Lächeln zeigt die donna di palazzo, daß das Gespräch nicht gelehrter Thesenstreit, sondern anmutiges Spiel ist. Alle diese Gesprächspartner in Castigliones *Cortegiano* lächeln oder lachen[52], oft völlig unmotiviert, wie dem heutigen

---

zen gesellschaftlichen Umgangs zu unterwerfen vorgibt, zum Disputierspiel mit den verschiedensten Gegenständen; es wird aber, indem es einen Beitrag zu der Diskussion der Gesellschaft liefert, zugleich mitbestimmend für die Form dieses Umgangs: die literarische Gattung ist Abbild und Vorbild zugleich.

> Propos, agréables commerces,
> Où le hasard fournit cent matières diverses,
> Jusque-là qu'en votre entretien
> La bagatelle a part ...
> La bagatelle, la science,
> Les chimères, le rien, tout est bon; je soutiens
> Qu'il faut de tout aux entretiens:
> C'est un parterre où Flore épand ses biens;
> Sur différentes fleurs l'abeille s'y repose,
> Et fait du miel de toute chose.

[51a] Classici Italiani, Bd. 31, hg. Bruno Maier, Torino 1955

[52] „Allor fra Serafino, a modo suo ridendo ... disse" (93); „il signor Ottavian Fregoso ... in tal modo ridendo incominciò" (96); „Allor

Leser scheinen möchte, und in diesem Lächeln findet jene Haltung ihren Ausdruck, die das schwer übersetzbare Wort ‚sprezzatura‘ in dem von Castiglione geprägten Sinn bezeichnet und zur Norm erhebt.[53]

Damit ist aber nicht logische Folgerichtigkeit höchstes Gesetz eines solchen Dialogs, sondern das Assoziative, vom Augenblick Eingegebene der Gesprächsführung:

> Noi in questi libri non seguiremo un certo ordine o regula di precetti distinti, che ’l più delle volte nell’insegnare qualsivoglia cosa usar si sòle; ma alla foggia di molti antichi[54], rinovando una grata memoria, recitaremo alcuni ragionamenti . . . (S. 80 f)

Aber Goethe übernimmt niemals Traditionen als solche, er macht sie sich zunutze. Das Assoziative dieses Gesprächs erscheint zwar zufällig vom Standpunkt logischer Folgerichtigkeit. Im Laufe der ersten Szene werden Fragen der Geschichte, der Kunst, aber auch Eigenheiten der Landschaft und der Jahreszeit Gegenstand der Unterhaltung. Die Szene erhält dadurch oberflächlich gesehen etwas „Lebenswahres“, beinahe „Realistisches“[55], unter

---

la signora Emilia, ridendo, disse . . .“ (101); „disse ridendo messer Bernardo Bembo . . .“ (113); „quando la signora Emilia ridendo . . . rispose . . .“ (120) usf. *Il Cortegiano*, Classici Italiani, hg. Bruno Maier, Torino 1955.

[53] “. . . e, per dir forse una nova parola, usar in ogni cosa una certa sprezzatura . . .“ (a. a. O. S. 124).

[54] Anspielung auf die Dialoge Platons und Ciceros. Vgl. zu Platons Einfluß auf die Bildung des Gesellschaftsideals: Th. F. Crane, *Italian Social Customs of the 16th Century and their Influence on the Literature of Europe*, New Haven, Yale Univ. Press, 1920; E. F. Meylan, *L’Evolution de la notion d’amour platonique*, Humanisme et Renaissance, 1938.

[55] „Der Fehler, den Sie mit Recht bemerken, kommt aus meiner innersten Natur, aus einem gewissen realistischen Tic, durch den ich meine Existenz, meine Handlungen, meine Schriften den Menschen aus den Augen zu rücken behaglich finde. So werde ich immer gerne *incognito* reisen . . . den unbedeutendern Gegenstand oder doch den weniger bedeutenden Ausdruck vorziehen . . . Es ist keine Frage, daß die scheinbaren, von mir ausgesprochenen Resultate viel beschränkter sind als der Inhalt des Werks, und ich komme mir vor wie einer, der, nachdem er viele und große Zahlen übereinander gestellt, endlich mutwillig selbst Additionsfehler machte, um die

dem sich freilich ein differenziertes Ganze versteckt. In unverbindlich geführtem, assoziierendem Gespräch, wie es Castiglione für die Gesellschaft empfiehlt, und in dem die verschiedensten Dinge träumerisch zur Sprache kommen, integrieren sich unvermerkt zwei höchst komplizierte Persönlichkeiten, Leonore und die Prinzessin, deren geistiger Organismus weder ausdrücklich zur Sprache kommt, noch auch durch folgerechtes Durchraisonnieren zu erschließen wäre. Darauf hat schon der scharfsinnige Schiller aufmerksam gemacht: „Sie knüpfen auf eine so simple und naturgemäße Art das Gleichgültige an das Bedeutende und umgekehrt und verschmelzen die Notwendigkeit mit dem Zufall" (am 3. 7. 1796 an Goethe).

So erweist sich als wohlüberlegt, daß Goethe die Lebensluft der Gesellschaft zum Ort seines Dramas gemacht hat, denn gerade dort ließ sich zwanglos sein kompositorisches Grundgesetz der „beweglichen Ordnung" (Cotta I, 539), des „Parallelismus im Gegensatz" (am 25. 8. 1824 an Zelter) gestalten; die hochkultivierte Gesellschaft zeichnet sich durch das Paradox aus, daß sie einem strengen Kodex gehorcht, ohne daß die Leitbegriffe dieses Kodex sich definieren lassen. Dieser irrationale Faktor innerhalb eines scharf umrissenen Zeremoniells macht das Bestehen in ihr zu einem täglich erneuerten Wagnis.[56]

Kein anderes Milieu ist derart prädestiniert für das Spiel der Figuren innerhalb eines festen Rahmens, der durch beinahe unwägbare Akzentverlagerungen umspielt, verwischt, durchbrochen und wieder respektiert wird. Das naturwissenschaftliche Gesetz von der „beweglichen Ordnung" findet, auf die moralische Welt bezogen, sein Analogon in der urbanen Geselligkeit eines hochkultivierten Hofes.

---

letzte Summe, aus Gott weiß was für einer Grille, zu verringern" (an Schiller am 9. 7. 1796).

[56] Diese merkwürdige Tatsache ist von zwei Gelehrten behandelt worden, und zwar in Bezug auf zwei Blütezeiten europäischer Kultur. E. R. Curtius befaßt sich in einem Exkurs seines Mittelalterbuchs (ELLM S. 506–521) mit dem „Ritterlichen Tugendsystem" und kommt zu dem Schluß: „Den ganzen Umkreis dieser Tugenden und Lebensideale auf ein dürftiges Schema zu bringen und aus einem lateinischen Florileg (dem des Wernher von Elmendorf) ab-

Das Gespräch der beiden Frauen nimmt eine neue Wendung. Wieder distanziert sich die Prinzessin von dem, was Leonore ihr insinuiert:

> LEONORE Und dich mit deiner Schwester ehrt die Welt
> Vor allen großen Frauen eurer Zeit.
> PRINZESSIN Mich kann das, Leonore, wenig rühren,
> Wenn ich bedenke, wie man wenig ist,
> Und was man ist, das blieb man andern schuldig.
> Die Kenntnis alter Sprachen und des Besten,
> Was uns die Vorwelt ließ, dank ich der Mutter;
> Doch war an Wissenschaft, an rechtem Sinn
> Ihr keine beider Töchter jemals gleich;
> Und soll sich eine ja mit ihr vergleichen,
> So hat Lukretia gewiß das Recht.
> Auch, kann ich dir versichern, hab ich nie
> Als Rang und als Besitz betrachtet, was
> Mir die Natur, was mir das Glück verlieh.
> Ich freue mich, wenn kluge Männer sprechen,
> Daß ich verstehen kann, wie sie es meinen.
> Es sei ein Urteil über einen Mann
> Der alten Zeit und seiner Taten Wert,
> Es sei von einer Wissenschaft die Rede,

zuleiten, scheint mir kein Gewinn. Den eigentümlichen Reiz des Ritterethos macht gerade das Schweben zwischen vielen, teils nah verwandten, teils auch polaren Idealen aus. In der Möglichkeit dieses freien Ineinanderschwingens, in der Freiheit, sich innerhalb einer reichen, vielfältigen Güterwelt zu bewegen, lag wohl auch ein innerer Antrieb für die höfischen Dichter" (S. 520).

Zu ähnlichen Resultaten kommt Erich Loos in seinen *Studien zur Tugendauffassung des Cinquecento*, Frankfurt 1955. „Bei den vorgetragenen und vom Hofmann, von der Hofdame oder vom Fürsten zu fordernden Eigenschaften kann in keiner Weise von einem Tugendsystem die Rede sein, also von einer hierarchischen Ordnung der Werte ... Die Dialogform gibt Castiglione immer wieder Gelegenheit, durch geschickte und im Interesse der Lebendigkeit der Darstellung wie des spielerischen Charakters des Gesprächs klug gewählte Schachzüge ein tieferes Eingehen auf grundsätzliche Auseinandersetzungen zu vermeiden.

Dieser Mangel einer strengen und logischen Kontinuität in der Behandlung der Probleme wird auffällig sichtbar in manchen Widersprüchen der Konzeption oder der Darstellung ..." (148 f).

Die, durch Erfahrung weiter ausgebreitet,
Dem Menschen nutzt, indem sie ihn erhebt:
Wohin sich das Gespräch der Edlen lenkt,
Ich folge gern, denn mir wird leicht zu folgen.
Ich höre gern dem Streit der Klugen zu,
Wenn um die Kräfte, die des Menschen Brust
So freundlich und so fürchterlich bewegen,
Mit Grazie die Rednerlippe spielt,
Gern, wenn die fürstliche Begier des Ruhms,
Des ausgebreiteten Besitzes, Stoff
Dem Denker wird, und wenn die feine Klugheit,
von einem klugen Manne zart entwickelt,
Statt uns zu hintergehen, uns belehrt. (102–133)

Die Prinzessin distanziert sich von dem Gesagten. Die „absichtsvolle" Wendung des Gesprächs hat sie auf sich selbst verwiesen. Sie zieht, um sich zu behaupten, die „Summe ihrer Existenz" (Goethe an Schiller am 27. 8. 1794). Gefährlich ist, daß sie es selbst tut und die Deutung ihres Gegenüber zurückweist. Goethe dagegen hat gerade und nur in solchen Spiegelungen sich wiedererkennen wollen, die andere ihm vorhielten[57]: so Schiller in dem Brief vom 23. 8. 1794.

Hiebei bekenn ich, daß mir von jeher die große und so bedeutend klingende Aufgabe: „Erkenne dich selbst!" immer verdächtig vorkam, als eine List geheim verbündeter Priester, die den Menschen durch unerreichbare Forderungen verwirren und von der Tätigkeit gegen die Außenwelt zu einer innern falschen Beschaulichkeit verleiten wollten. (*Bedeutende Fördernis durch ein einziges geistreiches Wort*, Cotta VIII, 1372)

Die Prinzessin bedient sich dieses bedenklichen Verfahrens. Sie gibt Rechenschaft. Dabei ist ein zarter, aber unübersehbarer Bezug auf die Verse 51–55, 58–82 gegeben: Dort hat Leonore, indem sie die Geschichte der Este entwarf, sich selbst als erlebenden Zuschauer, der an der Bildung der Epoche teilnimmt, mit einbezogen.[58] In diesen dreißig Versen findet sich das Pronomen

---

[57] Vgl. den Aufsatz *Wiederholte Spiegelungen* (Cotta VIII, 1375 ff) oder auch das Schema zu den Deutungen von Goethes *Märchen*, Cotta XV, 506 ff).

[58] Dieses zarte Verhältnis der Teilnahme an der Welt in einem wohlausgewogenen Gleichgewicht von Ich und Umwelt hat Goethe hoch geschätzt. An einem Gemälde von Ruisdael (*Ruisdael als Dichter*,

der ersten Person Singular viermal: mir (67), meinem (71), ich mich, ich (72). Zufällig sind es auch gerade dreißig Verse (104–133), die die Prinzessin sich selbst und ihrem Bildungsgang widmet. Hier erscheint dagegen dasselbe Pronomen zwölfmal. Mich (104), ich (105), ich (108), ich, ich (113), mir, mir (115), ich (116), ich (117), ich, mir (124), ich (125). Der Ich-Anteil beträgt hier das Dreifache von dem Eleonores. Statistische Ergebnisse müssen kein Beweis sein, als Stütze der Interpretation sind sie kaum entbehrlich. So auch hier: Es bestätigt sich, was auf dem Weg der Interpretation schon deutlich geworden war. Was aber hatte die Prinzessin in ihrer ichbefangenen Selbstdeutung gesagt? Kenntnis der Sprachen (107), Wissenschaft (109), rasche Auffassungsgabe – wie man heute sagen würde – (124), Staatskunst (129 f: der Name Machiavelli liegt hier sehr nahe) nennt sie als Feld ihrer Interessen[59]; Wissenschaften, die „dem Menschen nutzen, indem sie ihn erheben" (122)[60]. Viermal betont sie, daß sie „klugen Männern" (116; Streit der Klugen 125; feine Klugheit 131; klugen Männern 132) gern zuhöre. Dreimal, daß sie es „gern" tue (124, 125, 129). Gerade der Nachdruck aber verrät, daß auch sie zart die Akzente verschiebt; daß es denn doch

---

Cotta XVII, 270) weiß er zu rühmen, daß der Künstler selbst im Vordergrund des Bildes „als Betrachter, als Repräsentant von allen, welche das Bild künftig beschauen werden, welche sich mit ihm in die Betrachtung der Vergangenheit und Gegenwart, die sich so lieblich – zu diesem Begriff vgl. wiederum Fußnote 25 – durcheinander webt, gern vertiefen mögen."

[59] Auch hier spielen zwei Epochen ineinander: Einmal die gebildeten Frauen der Goethezeit: Es ist bezeugt, daß Goethe mit Frau von Stein Spinoza las, Mathematik trieb, Osteologie, aber auch Quintilian studierte. Andererseits ist an die Frauenbildung der Renaissance gedacht. Vgl. J. Burckhardt, *Die Kultur der Renaissance in Italien*, hg. Walter Rehm, Stuttgart 1960, S. 425 ff. Der historische Tasso ist etwa fünfzig Jahre später zu denken.

[60] Eine Abwandlung des alten Topos vom „Nützlichen und Angenehmen" der auf die sogen. *Ars poetica* des Horaz (343) zurückgeht: Omne tulit punctum qui miscuit utile dulci, und der hier noch als selbstverständlicher Bestandteil gebildeten Gesprächs erscheint. Grabbe macht sich schon darüber lustig: *Scherz, Satire, Ironie und tiefere Bedeutung* beginnt mit den Worten des trinkfreudigen Schulmeisters: „Utile cum dulci, Schnaps und Zucker..."

nicht ihr ureigenstes Gebiet sein mag, dem sie sich ausschließlich widmen möchte. Hatte Leonore sie in eine Rolle drängen wollen, die ihr nicht zusagte, so scheint es jetzt fast, als wollte sie selbst Leonore auf eine falsche Spur locken. Kunst höfischen Gesprächs: Hatte bei Leonore die Absicht ihre Schlingen gestellt, so mag hier eine behutsam verschleiernde Tendenz sich verraten; eine Scheu – wohl auch ein Unvermögen – das Innere preiszugeben. Besonders verhängnisvoll aber wirkt sich aus, daß sie so nachdrücklich auf „klugen Männern" besteht, denen sie „gern zuhöre". Denn als „klug" gilt in der Sprache des Hofes von Ferrara Antonio. Ihm wird dieses Prädikat immer wieder zugeteilt, so nennt er sich selbst[61]; andere sagen es lobend von ihm. Eine solche Anspielung der Prinzessin mußte Leonore verstehen – und mißverstehen. Mißverstehen, weil gerade diese Zuordnung der Prinzessin zu Antonio ihren Wünschen entgegenkommt: Tasso würde dann entschiedener in ihren Bereich gehören. Bis zu diesem Augenblick war das Verhältnis des Hofdichters zu den beiden Damen vollkommen ausgewogen; zu ausgewogen, als daß nicht jede den Wunsch gehabt hätte, die Leonore seiner Gedichte gliche ein wenig mehr ihr selbst als der anderen (197–200). Dieser Vorgriff zeigt, worauf der „Rechenschaftsbericht" der Prinzessin hinauswill. Er setzt sich ab von dem, was Leonore ist, das darin genannte „ich" zieht sich auf sich selbst zurück. Es okkupiert einen Bereich – die Gesellschaft kluger Männer, den Umgang mit Wissenschaften als Schutzwall aufrichtend – für sich, um das zartverletzliche Innere nicht preiszugeben. Jede solche „Zuweisung" ist eine „Zuordnung", ein Hintreten zu anderen Figuren. Indem die Prinzessin von Leonore sich abwendet, tritt sie – muß sie jetzt zu Antonio treten. Um eine Nuance zu stark hatte sie insistiert, sie wollte nur verschleiern – und hatte sich im eigenen Netz gefangen. Was Zuflucht sein sollte, wird Zuordnung. Die höfische Sprache hat ihren Glanz und ihre Fallen. Leonore gebraucht sie virtuos (80–103); die Prinzessin verfängt sich darin. Sie stellt sich zu Antonio, ohne es zu wollen. Leonore hat nichts Eiligeres zu tun, als nachzustoßen.

---

[61] Hierzu sind namentlich die Wortuntersuchungen von Johannes Mantey zu befragen: *Der Sprachstil in Goethes Torquato Tasso*, Berlin 1959.

LEONORE Und dann, nach dieser ernsten Unterhaltung
    Ruht unser Ohr und unser innrer Sinn
    Gar freundlich auf des Dichters Reimen aus,
    Der uns die letzten, lieblichsten Gefühle
    Mit holden Tönen in die Seele flößt.
    Dein hoher Geist umfaßt ein weites Reich,
    Ich halte mich am liebsten auf der Insel
    Der Poesie in Lorbeerhainen auf.
PRINZESSIN In diesem schönen Lande, hat man mir
    Versichern wollen, wächst vor andern Bäumen
    Die Myrte gern. Und wenn der Musen gleich
    Gar viele sind, so sucht man unter ihnen
    Sich seltner eine Freundin und Gespielin,
    Als man dem Dichter gern begegnen mag,
    Der uns zu meiden, ja zu fliehen scheint,
    Etwas zu suchen scheint, das wir nicht kennen
    Und er vielleicht am Ende selbst nicht kennt.
    Da wär es denn ganz artig, wenn er uns
    Zur guten Stunde träfe, schnell entzückt
    Uns für den Schatz erkennte, den er lang
    Vergebens in der weiten Welt gesucht.
LEONORE Ich muß mir deinen Scherz gefallen lassen,
    Er trifft mich zwar, doch trifft er mich nicht tief.
    Ich ehre jeden Mann und sein Verdienst,
    Und ich bin gegen Tasso nur gerecht.
    Sein Auge weilt auf dieser Erde kaum;
    Sein Ohr vernimmt den Einklang der Natur;
    Was die Geschichte reicht, das Leben gibt,
    Sein Busen nimmt es gleich und willig auf:
    Das weit Zerstreute sammelt sein Gemüt,
    Und sein Gefühl belebt das Unbelebte.
    Oft adelt er, was uns gemein erschien,
    Und das Geschätzte wird vor ihm zu nichts.
    In diesem eignen Zauberkreise wandelt
    Der wunderbare Mann und zieht uns an,
    Mit ihm zu wandeln, teil an ihm zu nehmen:
    Er scheint sich uns zu nahn und bleibt uns fern;
    Er scheint uns anzusehn, und Geister mögen
    An unsrer Stelle seltsam ihm erscheinen. (134–172)

Zu Beginn standen die beiden Frauen auf der Bühne einander gegenüber; allmählich löste sich ihre Doppelgestalt schärfer vom Hintergrund ab. Die Landschaft trat hinzu, ihr Verhältnis zueinander und zur Umwelt sprach sich aus; der Raum, die Zeit, in die sie gehören, schufen die imaginäre Bühne. Die am Äußeren sich entfaltende innere Geschichte der Figuren war zugleich eine Offenbarung ihrer gegenseitigen Beziehung; das Fluidum gesellschaftlichen Umgangs, der kühl-ironische Hofton beherrschte die Szene. Gesellschaft aber heißt: Neue Figuren müssen hinzutreten, die Gruppe muß sich erweitern. Jetzt wird man gewahr, wie planmäßig sich das Spiel der Zuordnungen von Anfang an entwickelt hatte: Beide Frauen gaben ihren Kranz an einen Dichter. Sie ordneten sich damit einer geistigen Welt zu. Die Prinzessin reichte Virgil den Lorbeer, Leonore Ariost den Blumenkranz. Der Lorbeerkranz gelangt zuletzt an Tasso, das Blumengebinde wird Antonio zugeordnet.[62] Möglichkeiten der Gruppierung werden vorweggenommen, Figuren, indem sie einander tänzerisch begegnen, schreiten den Raum aus, in dem sich das Drama vollzieht. Im Zeremoniell des Zueinandertretens und sich wieder voneinander Entfernens begibt sich ein Spiel der Figuren, das den Begriff der „Handlung" als unangemessen zurückweist und auf eine sublimierte Form menschlichen Begegnens Anspruch erhebt: „Tanzkunst", schreibt Hugo von Hofmannsthal, „Kunst des Raumes. Das Element des Tanzes in der höheren Tragödie." (*Lustspiele III*, 387 (1956), *Danae*.)

Leonore nimmt die Anspielung der Prinzessin auf (134 ff); hatte diese die Wissenschaft, den Umgang mit „klugen Männern" als Ziel und Aufgabe in Anspruch genommen, so reklamiert Leonore für sich den Bezirk des Dichters. Rokoko-Vorstellungen klingen an. Reimspiel und Gesang, Embarquement pour Cythère und Fêtes Galantes, freilich auch noch etwas anderes, das sich hinter diesem heiteren Bereich verbirgt. Das Adjektiv ‚lieblich' scheint darauf hinzudeuten – von der Sonderstellung dieses Wortes im goetheschen Sprachkosmos war schon die Rede.[25] In entschiedenem Ton faßt Leonore ihre Entgegnung zusammen: Der Prinzessin gehöre das ernste Reich gelehrter Unterhaltung, sie, Leonore, bewege sich vorteilhaft in Gesellschaft der Dichter. Sie weist der Prinzessin eben das zu, was diese bloß vorgeschützt

---

[62] Es sei auf Leonores Landschaft 189 ff verwiesen, von der sich Fäden zu Antonio (709–712; 720–721; 722) knüpfen. Die näheren Zusammenhänge bleiben der späteren Interpretation vorbehalten.

hatte, um einem öffentlichen Bekenntnis zu entgehen. Jetzt aber (142 f) bleibt ihr keine Ausflucht mehr.

Die Prinzessin sieht ihren eigensten, eifersüchtig gehegten Besitz bedroht. Der Lorbeer, der schon zu Beginn als Kranz in ihren Händen war, wird nun von der Freundin beansprucht. Jetzt bleibt ihr keine Wahl mehr. Mit aller Deutlichkeit, die ihr gegeben ist – und sie ist zart bis zur Delikatesse – entscheidet sie sich für „den Dichter". So sagt sie, denn einen Namen auszusprechen, ist sie nicht bereit. Leonore hat sich den Lorbeer zugeeignet, die Prinzessin will diesen nun durch die „Myrte"[63] ersetzt wissen. Das entscheidende Stilmerkmal dieser Verse ist der eigentümliche Plural, dessen sich beide Frauen befleißigen. Leonore: „Ruht unser Ohr und unser Sinn..." (135), Prinzessin: „Als man dem Dichter gern begegnen mag, Der uns zu meiden scheint..." (147–148). Man nennt ihn am besten einen Plural der Exklusivität: Der höchste Stil königlicher Äußerungen kennt etwas Ähnliches. Das Gemeinschaft bezeichnende Pronomen verkehrt sich in sein Gegenteil. Es hebt aus der Gemeinschaft heraus. Der, den es nennt, ist nur mit sich selbst vergleichbar. Die klassische Diktion Goethes, die auf Fülle und Breite verzichtet, weiß sich feinster seeelischer Schwingungen sprachlich auf andere Weise zu bemächtigen. Indem die Figuren „wir" sagen, berufen sie zu-

---

[63] Wie nahe wieder Gesellschaftsspiel und tiefere Bedeutung beieinander wohnen, wie sehr sich das „Bekenntnishafte" im Getändel verstecken kann, zeigt ein „Gelegenheitsgedicht" Goethes:
> Myrt und Lorbeer hatten sich verbunden;
> Mögen sie vielleicht getrennt erscheinen,
> Wollen sie, gedenkend selger Stunden,
> Hoffnungsvoll sich abermals vereinen. (Cotta I, 727)

Dazu gibt Goethe selbst die „aufklärende Bemerkung" (Cotta I, 749): „Dieses Gedicht begleitete einen geschlungenen Lorbeer- und Myrtenkranz zum Symbol eines wie Hatem und Suleika in Liebe und Dichtung wetteifernden Paares" (I, 757). Solche „persönlichen" Symbole sind für die Deutung fruchtbarer als die aus der Antike überlieferten sehr verschiedenen allegorischen Nuancen (Vgl. die entsprechenden Stichwörter in Pauly-Wissowas *Real-Enzyklopädie der klassischen Altertums-Wissenschaft*). Als methodischer Grundsatz gilt, bei Goethe stets beide Stränge zu verfolgen: den persönlicher Bedeutung und den der Überlieferung. Was er benutzt; geht niemals unverändert in seine Produktionen ein.

gleich ihre unverwechselbare Individualität. Indem sie sich zur Gesellschaft bekennen, beharren sie doch auf dem „Eigentümlichen ihres Ich": Konfiguration im goetheschen Sinne ist Miteinander und Fürsichsein zugleich.

Die Antwort Leonores (155 ff) weicht von neuem aus. Das, was sich allzu ernsthaft zuspitzen wollte, möchte sie als „Scherz" (155) gedeutet wissen. Sie versucht eine letzte Schwenkung: das in die persönlichste Sphäre (152 ff) geratene Gespräch ins Allgemeine abzubiegen. Die höfische Diskussion kann „als Problem", „im Allgemeinen" Dinge beim Wort nehmen, die als persönliches Bekenntnis verschwiegen werden müßten. Aus ihrem Munde hören wir den Namen, der seit zwanzig Versen das Gespräch bestimmt: „Tasso" (158). Antithetische Konstruktionen (156), Begriffe wie „ehren", „Verdienst", „gerecht" sollen den Willen zur Objektivität bekunden, zu abwägendem Gespräch über ein unerschöpfliches Thema: den „Dichter". Aber der prätentionslose Blick der ersten Verse der Szene gelingt ihr nicht mehr. „Absicht" und Gesellschaftston haben den reinen Spiegel ihres Inneren getrübt. Ihre Schilderung des „Dichters" ist tendenziös. Sie verleiht ihm ein „weltfremdes", die Wirklichkeit verkennendes Gehaben. Phantasie hat ihm die Realität verwandelt, seine Perspektive wird der Wirklichkeit nicht gerecht (165–166). Seine gedichteten Liebesbekenntnisse sollen wesenlos erscheinen. Leonore bedenkt aber nicht, daß sie gerade dadurch etwas in seinem Wesen aufdeckt, was in der Prinzessin verwandte Saiten anklingen läßt. Der „Zauberkreis" (167), in dem er wandelt, scheint genau jener hesperische Bezirk zu sein (177 ff), den die Prinzessin so innig schildert. Beide, Prinzessin und Leonore, lassen das „Schein"-Thema anklingen: Die erste sagt (148–149): „Der uns zu meiden, ja zu fliehen scheint" – und das Wort offenbart: in Wirklichkeit ist er uns nah. Umgekehrt sagt Leonore: „Er scheint sich uns zu nahn und bleibt uns fern; Er scheint uns anzusehn, und Geister mögen An unsrer Stelle seltsam ihm erscheinen." Hier ist genau das Gegenteil gemeint: Die Wirklichkeit straft diesen Schein Lügen. Wörter werden zu „sich ineinander abspiegelnden Gebilden, die den geheimern Sinn dem Aufmerkenden offenbaren."

56

PRINZESSIN Du hast den Dichter fein und zart geschildert,
Der in den Reichen süßer Träume schwebt.
Allein mir scheint auch ihn das Wirkliche
Gewaltsam anzuziehn und festzuhalten.
Die schönen Lieder, die an unsern Bäumen
Wir hin und wieder angeheftet finden,
Die, goldnen Äpfeln gleich, ein neu Hesperien
Uns duftend bilden, erkennst du sie nicht alle
Für holde Früchte einer wahren Liebe?
LEONORE Ich freue mich der schönen Blätter auch.
Mit mannigfaltgem Geist verherrlicht er
Ein einzig Bild in allen seinen Reimen.
Bald hebt er es in lichter Glorie
Zum Sternenhimmel auf, beugt sich verehrend
Wie Engel über Wolken vor dem Bilde;
Dann schleicht er ihm durch stille Fluren nach,
Und jede Blume windet er zum Kranz.
Entfernt sich die Verehrte, heiligt er
Den Pfad, den leis ihr schöner Fuß betrat.
Versteckt im Busche, gleich der Nachtigall
Füllt er aus einem liebekranken Busen
Mit seiner Klagen Wohllaut Hain und Luft:
Sein reizend Leid, die selge Schwermut lockt
Ein jedes Ohr, und jedes Herz muß nach – (173–196)

Diese vierundzwanzig Verse scheinen eine Wiederholung dessen zu sein, was sich zu Beginn der Szene abgespielt hatte: Die
Landschaft, von der die Prinzessin spricht (175–181), steht in
so enger Beziehung zu den Versen 23–28, daß es nur konsequent
war, sie schon dort bei der Interpretation zu berücksichtigen. Sie
verknüpft beide Bereiche, den des Beginns und den des Szenen-
schlusses, verweist den einen auf den anderen. Hier biegt sich das
Ende der Szene in den Anfang zurück. Vor- und rückdeutend
fließen die Beziehungen.

Zwei Landschaften treten auch hier einander spiegelnd gegenüber. Wieder sind sie den beiden Frauen in den Mund gelegt. Die
Landschaft der Prinzessin hatte sich in der Interpretation als be-
denkliche Verflechtung des Wirklichen mit dem Imaginativen erwiesen; die Struktur der Vergleiche namentlich hatte verraten,
wie schwach die formende Kraft der Imagination dieser Wirk-

lichkeit gegenüberstand. Die Wirklichkeit war nicht wahrhaft eingeformt, reale und phantastische Elemente standen locker neben- und ineinander.

Dem setzt sich die Landschaft Leonores (182–196) entgegen; den „schönen Blättern" (182) haftet nichts Doppeldeutiges an. Es sind die Gedichte Tassos, die er an die Bäume steckt. Klar von dieser Wirklichkeit der Blätter geschieden ist das „Bild" (184)[64], das er in seinen Versen besingt. Wie anders hatte die Prinzessin die „Blätter" als „Früchte einer wahren Liebe" (181) bezeichnet und so die Konturen verschwimmen lassen! Jede Situation zwischen Himmel und Erde ist dem Dichter recht, um sein Idol auf diesen Hintergrund zu projizieren (185–189). Hier bedient sich Leonore ganz offensichtlich vorgeformter Gebilde: Sie hat „An Lida" und „Jägers Abendlied" von Goethe gelesen. Das erste, am 9. 10. 1781 entstanden, enthält folgende Zeilen, denen das Entsprechende aus dem Tasso gegenübergestellt sei:

> Nur ein *leichter Flor,* durch den ich deine Gestalt
> Immerfort wie in *Wolken* erblicke:
> Sie *leuchtet* mir freundlich und treu,
> Wie durch des Nordlichts bewegliche Strahlen
> Ewige *Sterne* schimmern. (Cotta I, 340)

Und Leonore im Tasso:

> Bald hebt er es in *lichter Glorie*
> Zum *Sternenhimmel* auf, beugt sich verehrend
> Wie Engel über *Wolken* vor dem Bilde

Das zweite, vom 6./7. 9. 1780 enthält die Verse:

> Im *Felde schleich* ich *still* und wild
> Gespannt mein Feuerrohr,
> Da *schwebt* so *licht* dein liebes *Bild,*
> Dein süßes *Bild* mir vor.

Und wieder Leonore:

> Bald hebt er es in *lichter* Glorie
> Zum Sternenhimmel auf, beugt sich verehrend
> Wie Engel über Wolken vor dem *Bilde*
> Dann *schleicht* er ihm durch *stille Fluren* nach

---

[64] In diesem „Bild" läßt sich das „göttliche Weib" (Cotta I, 9) der „Zueignung" und alle seine Metamorphosen bis hin zum Helena-Idol wiedererkennen.

Warum verschränkt Goethe hier Reminiszenzen aus eigenen Gedichten? Gewiß nicht, weil ihm keine neuen Verse mehr eingefallen wären. War es eine Huldigung an jene beiden Frauen, Charlotte von Stein und Lili Schönemann, denen die Gedichte gewidmet waren? Vielleicht. Im Zusammenhang der Szene gewinnen sie eine neue Bedeutung: Das schon Gestaltete, schon in der Form erledigte Material dient dazu, den reinen, ganz von allem Wirklichen abgehobenen Kunstcharakter dieses Sprachgebildes, dieser reinen Wort- und Phantasielandschaft zu wahren. Die letzten Verse erweisen Leonore als Schülerin Ariosts, dem sie den Blumenkranz – „Und jede Blume windet er zum Kranz" – gereicht hatte: ein locus amoenus[65] nimmt den Dichter auf, streng sind die Vergleiche als solche gehandhabt („gleich der Nachtigall" 192) und lassen kein Verwischen der Kontur zwischen Phantasie und Realität zu: Es ist im guten Sinne des Wortes eine allegorische Landschaft. – Ganz anders verhielt es sich mit den „Früchten einer wahren Liebe" (181) der Prinzessin. Schließlich häufen sich die seit der antiken Liebeslehre[66] dem „liebeskranken" Dichter angemessenen Oxymora: „Klagen Wohllaut" (194), „reizend Leid" (195), „selge Schwermut" (195). Das ganze Gebilde ist ein in sich stimmiges Kunstprodukt, spielerisch-ironisch sich aller geläufigen Stilmittel und vorgeformten Elemente bedienend, durchrhetorisiert, „aus der Luft gegriffen" im Geiste Ariosts, ein Kind der Phantasie. Daraus ergibt sich auch der Gegensatz zu dem „Hesperien" der Prinzessin. Nicht die Phantasie selbst ist gefährlich, sondern ihre Vermischung mit der Wirklichkeit. Solange sie „heiter im Absurden spielt" (WA I, 6, 476), ist sie gefällig und rein erfreulich: „Ein jedes Ohr, und jedes Herz muß nach –" (196). Der innere und äußere Mensch ist in Übereinstimmung, kein verfremdetes oder verfremdendes Wirkliche tritt dem, was er vernimmt, störend entgegen. Derselbe klare,

---

[65] Zu diesem Begriff vgl. Curtius ELLM, 202 ff, 208 f.

[66] Ovid, dessen Vorstellungsinventar dann auf die französische Dichtung des 12. Jahrhunderts übergeht, aber beinahe in gleichem Maße auf die mhd. Dichtung: Die *Metamorphosen*-Übersetzung des Albrecht von Halberstadt ist aus dem lateinischen Originaltext vorgenommen.

helle Blick[67], mit dem Leonore die Frühlingslandschaft gesehen hatte, bewährt sich auch an dieser geisterzeugt-luftigen, paradiesischen Gegend. Was im Bereich der Natur galt, trifft auch für den der Kunst zu. Leonore ist sich im Grunde ihres Wesens treu geblieben. Ihre Welt hebt sich zart aber entschieden von der der Prinzessin ab.

3. REFLEXION
Doppelsinn

PRINZESSIN   Und wenn er seinen Gegenstand benennt,
So gibt er ihm den Namen Leonore.
LEONORE   Es ist dein Name, wie er meiner ist.
Ich nähm es übel, wenns ein andrer wäre.
Mich freut es, daß er sein Gefühl für dich
In diesem Doppelsinn verbergen kann.
Ich bin zufrieden, daß er meiner auch
Bei dieses Namens holdem Klang gedenkt.
Hier ist die Frage nicht von einer Liebe,
Die sich des Gegenstands bemeistern will,
Ausschließend ihn besitzen, eifersüchtig
Den Anblick jedem andern wehren möchte.
Wenn er in seliger Betrachtung sich
Mit deinem Wert beschäftigt, mag er auch
An meinem leichtern Wesen sich erfreun.
Uns liebt er nicht, – verzeih, daß ich es sage! –
Aus allen Sphären trägt er, was er liebt,
Auf einen Namen nieder, den wir führen,
Und sein Gefühl teilt er uns mit; wir scheinen
Den Mann zu lieben, und wir lieben nur
Mit ihm das Höchste, was wir lieben können.
PRINZESSIN   Du hast dich sehr in diese Wissenschaft
Vertieft, Eleonore, sagst mir Dinge,
Die mir beinahe nur das Ohr berühren
Und in die Seele kaum noch übergehn.
LEONORE   Du, Schülerin des Plato! nicht begreifen,
Was dir ein Neuling vorzuschwatzen wagt?
Es müßte sein, daß ich zu sehr mich irrte;

---

[67] Es ist derselbe Geist Ariosts, der später die „Blumenlandschaft" Antonios (711–733) beherrscht.

Doch irr ich auch nicht ganz, ich weiß es wohl.
Die Liebe zeigt in dieser holden Schule
Sich nicht wie sonst als ein verwöhntes Kind:
Es ist der Jüngling, der mit Psychen sich
Vermählte, der im Rat der Götter Sitz
Und Stimme hat. Er tobt nicht frevelhaft
Von einer Brust zur andern hin und her;
Er heftet sich an Schönheit und Gestalt
Nicht gleich mit süßem Irrtum fest und büßet
Nicht schnellen Rausch mit Ekel und Verdruß.
PRINZESSIN Da kommt mein Bruder! ... (197–235)

Während die Prinzessin ihr Hesperien entwarf (173 ff), hatte
Leonore sich gefaßt: Die Prinzessin verlor immer mehr den Boden
unter den Füßen und schien immer weniger ihren – Leonores –
Argumenten zugänglich. Es war beinahe, als hätte sie gar nicht
zugehört. Zumindest tut sie so, um Leonore den Wind aus den
Segeln zu nehmen:

> Und wenn er seinen Gegenstand benennt,
> So gibt er ihm den Namen Leonore.

Genau das hatte sie schon 152 ff gesagt: Jetzt aber schwingt
Animosität mit, und fast so etwas wie Ironie. Sie tut, als verstehe
es sich mit einemmal von selbst, daß Leonore, die ,andere', gemeint sei. Die Erregung der Frauen ist auf dem Höhepunkt: freilich nur für einen Augenblick: Die gebändigte Sprache läßt dies
kaum ahnen: im ironischen Unterton der Prinzessin, in dem um
eine Nuance zu krassen Vokabular Leonores (234). Da lenkt
Leonore ein. Der „Doppelsinn" (202) des Namens gibt ihr einen
willkommenen Anlaß. Sie entfaltet reflektierend, was der Beginn
der Szene als Atmosphäre vorweggenommen hatte. Die ganze
erste Szene erweist sich damit als eine Doppelherme: Spontanes
und Reflexives, Prometheus und Epimetheus, zwei Gesichter desselben Kopfes blicken nach verschiedenen Seiten. Geistreich, fast
in der Art jener ovidischen *remedia amoris*, sucht Leonore der
Prinzessin ihre Neigung auszureden: Ein Name und zwei, die
ihn tragen; eine Alliebe, die ihr Gefühl auf diesen Namen trägt,
ohne den Gegenstand – den doppelten Gegenstand dieses Namens
zu meinen; zwei Seelen wiederum, die diesen Einen zu lieben
scheinen, das höchste nur in ihm zu lieben scheinen: Die Frauen

haben beinahe ihren leichten Ton wiedergefunden. Gesprächskultur ist das strenge Gesetz dieser Szene, wie sie das Gesetz des ganzen Dramas bleibt. Der Doppelsinn dieses Spiels, dem die Interpretation in seinen versteckten Äußerungen nachgegangen ist, tritt ausdrücklich in das Bewußtsein der Figuren.[68] Das Gemeinsame enthüllt sich als Unterscheidendes im Doppelsinn der Namen, das Differenzierte wiederum wird in verbindlich-scherzhaftem Gespräch verwischt zum Gleich-Gültigen. Wieder sind die Wendungen der Sprache verräterisch:

> ... Dinge
> Die mir beinahe nur das *Ohr* berühren
> Und in die *Seele* kaum noch übergehn

sagt die Prinzessin, und Leonore gesteht, bezaubert von dem Wohllaut der Dichterklage:

> Ein jedes *Ohr,* und jedes *Herz* muß nach –

Ohr und Seele, Ohr und Herz: beinahe ist es dasselbe, und doch doppelsinnig im höchsten Grade. Ein weiter Bogen spannt sich von den „Herzen" des aus der Gesellschaft und für die Geselligkeit geschriebenen *Buches Annette* von 1767 (z. B. Cotta I, 813, 819, 820, 833) bis zu den *Bekenntnissen einer schönen Seele,* jenem „religiosen Buch", von dem Goethe gesteht, es beruhe „auf den edelsten Täuschungen und auf der zartesten Verwechslung des Subjektiven und Objektiven" (an Schiller am 18. 3. 1795). Beide Sinn-Nuancen – „Herz" und „Seele" – schwingen zugleich mit in diesem Zwiegespräch und breiten ein irisierendes Licht über die Szene der beiden Frauen. Indem sie sich unterscheiden, gehören sie zusammen, Doppelsinniges schließt sich zu einem lebendigen Ganzen.

---

[68] Wieder deutet ein Stichwort auf größere Zusammenhänge: „Schülerin des Plato". Platons Definition der Liebe als Sehnsucht nach Schönheit erhebt diese zum höchsten und erlesensten Gegenstand höfischer Diskussion: Pietro Bembos *Asolani* von 1505, Gartengespräche wie dieses hier, sind exemplarisch für unzählige andere. Damit ist aber zugleich ein Maximum an „Doppelsinn" möglich: in dem als Gesprächsstoff nicht nur Legitimierten, sondern sogar Geforderten, als einem zwar allgemeinen Thema, doch ein höchst Persönliches zu verstecken und durchschimmern zu lassen.

Ohr und Herz Leonores waren im Einklang, nichts verstörte den Genuß jener heiteren Landschaft. Der Prinzessin ist dieser Einklang nicht gegeben: „ . . . die mir beinahe nur das Ohr berühren, Und in die Seele kaum noch übergehn." Mit Worten aus dem März 1824:

> Von außen düsterts, wenn es innen glänzt,
> Ein glänzend Äußres deckt ein trüber Blick. (Cotta I, 488)

Kühl stilisiert kommt die Antwort Leonores:

> Es müßte sein, daß ich zu sehr mich irrte;
> Doch irr ich auch nicht ganz, ich weiß es wohl.

Zwei chiastisch parallele Satzglieder bezeugen das doppelte Gesicht der Szene: Irrtum und rechte Erkenntnis, Verstehen und halbes Mißverstehen, Zutrauen und Verstellung: Leonore durchschaut ihr beiderseitiges Verhältnis und spricht es aus. Ein Gleichnis mit dem von Apuleius überlieferten Motiv *Amor und Psyche* – in den *Metamorphosen* IV, 28 – VI, 24 – beschließt die Szene; ein mythologischer Schnörkel, an dem sich Leonores allegorischer Geist – auf Ariost zurück-, auf Antonio vorausdeutend – bewährt. Das (197 einsetzende) Reflektieren der Figuren über die Szene vermag nichts mehr an der Konfiguration zu ändern. Diese hatte sich im Spiel der Zuordnungen während der ganzen Szene kristallisiert. Von der Herme Ariosts läuft eine Linie über den Blumenkranz und die allegorische Landschaft Leonores zu Antonio; von dem Standbild Virgils eine andere über den Lorbeerkranz der Prinzessin und deren hesperische Landschaft zu Tasso. Paarweise treten die Figuren zusammen, die Prinzessin wendet sich von Leonore ab. Der Herzog erscheint auf der Szene. Er ist der Mittelpunkt des Figurenspiels: Um ihn gruppieren sich die Paare im Geviert. Er ist Symbol des Raumes, in dem die anderen ihre Schritte tun. Figuren verbinden sich zur Konfiguration. Diese mündet in eine Figur höherer Ordnung: die des Tanzes.

4. Konfiguration

Gruppe und Kaleidoskop

„Goethe", sagt der Kanzler von Müller am 12. 5. 1815, „hat doch eine eigne Art, zu beobachten und zu sehen, alles gruppiert sich ihm gleich wie von selbst und wird dramatisch." Diese Bemerkung ist scharfsinnig, aber mißverständlich. Die Deutung könnte der Gefahr erliegen, in einer solchen Gruppe etwas Erstarrtes, Kristallisiertes zu sehen.[69] Es muß noch eine zweite Vorstellung hinzutreten. Eine Maxime Goethes lautet: „Alle Kristallisationen sind ein realisiertes Kaleidoskop" (Hecker 1393).[70] Die noch nicht kristallisierte Gruppe müßte ein potentielles Kaleidoskop heißen. Erst wenn der Begriff „Konfiguration" von den beiden Vorstellungen der „bewegten Gruppe" oder des „potentiellen Kaleidoskops" in die Mitte genommen wird[71], gelingt die Annäherung an das von Goethe in dieser Szene Erreichte. Theoretisch wird diese eigenartige Möglichkeit, „Gruppe" zu gestalten, in dem Aufsatz *Über Laokoon* von Goethe erörtert. Ein Oxymoron dient ihm dazu, das zugleich Statische und Dynamische dieser Marmorgruppe zu bezeichnen: Er nennt sie „einen fixierten Blitz" (Cotta XVII, 27) und konstatiert ein Schweben „auf dem Übergange eines Zustandes in den anderen"

---

[69] Dies würde auf die Gestaltungsweise Fr. Max. Klingers seit der *Neuen Arria* zutreffen. Die 6. Szene des 2. Aktes wäre eine solche „fixierte Gruppe". Dazu Friedrich Beißner, *Studien zur Sprache des Sturms und Drangs*, GRM 22 (1934) besonders S. 427.

[70] Mit dem Kaleidoskop wird Goethe 1818 bekannt. Er bittet J. F. H. Schlosser, ihm ein solches Gerät zu schicken (in dem Brief vom 8. 6. 1818). Besonders charakteristisch für Goethes Geheimnislehre ist aber sein späterer Bericht darüber in dem Brief vom 19. 6. 1818 an C. G. von Voigt: „Seebeck ... offenbarte das Geheimniß des wundersamen G u c k - R o h r e s. – Der Mensch ist wohl ein seltsames Wesen! Seitdem ich weiß wie es zugeht, interessiert mich's nicht mehr. Der liebe Gott könnte uns recht in Verlegenheit setzen, wenn er uns die Geheimnisse der Natur sämmtlich offenbarte."

[71] Ganz im Sinne jenes Verfahrens aus dem Aufsatz *Über Wahrheit und Wahrscheinlichkeit der Kunstwerke*, „die Frage von zwei Seiten zu beantworten und so gleichsam die Sache in die Mitte zu fassen" (Cotta XV, 128).

(ebd. S. 29). Aber die Wurzeln dieser Vorstellung, namentlich in bezug auf die dramatische Gruppe, reichen weiter zurück. 1773 veröffentlichte Herder seinen Aufsatz *Shakespeare*, der aber zugleich als Huldigung an den Dichter des *Götz von Berlichingen* zu lesen ist. Er schreibt:

> ... und wie nun die Gruppe, ein Cassio und Rodrich, Othello und Desdemone, in den Charakteren, mit dem Zunder von Empfänglichkeiten seiner Höllenflamme, um ihn stehen muss, und jedes ihm in den Wurf kommt, und er Alles braucht und Alles zum traurigen Ende eilet. – Wenn ein Engel der Vorsehung Menschliche Leidenschaften gegen einander abwog, und Seelen und Charaktere gruppirte ... – so war der Menschliche Geist, der hier entwarf, sann, zeichnete, lenkte.[71a]

Goethes dramatische Konzeptionen sind von Anfang an als „Gruppe" in dem beschriebenen Sinne da: als Ensemble und stets lebendiges Spiel der Beziehungen.[72] Figur und Gegenfigur sind Korrelate, freilich so, daß dieses Verhältnis der Gegenüber sich jeder endgültigen Definition entzieht. Die Interpretation hat versucht, sich diesem Gestaltungsprinzip der Konfiguration mit der doppelten Chiffre „Gruppe-Kaleidoskop" begrifflich anzunähern.[73] Eine solche Gruppe ist mehr als die Summe aller ein-

---

[71a] Herders *Sämtliche Werke*, hg. Bernhard Suphan, Berlin 1877, Bd. V, 222

[72] Anläßlich einer griechischen Vase mit Figuren schreibt Goethe an J. H. Meyer: „Es ist eine kostbare Composition. Oder wie Moritz will, man soll nicht Composition sagen, denn solch ein Werck ist nicht von a u s s e n z u s a m m e n g e s e t z t, es ist von i n n e n e n t - f a l t e t. *Ein* Gedancke in mehreren Figuren verkörpert... Auch bin ich überzeugt daß in dieser symmetrischen Art mehr Mannigfaltigkeit zu zeigen war als in unsrer neueren. Dieß scheint ein tolles Paradox" (Ende Januar 1789). Thomas Mann rühmt dann in den *Wahlverwandtschaften* „ebenmäßig gruppierte und gegeneinander bewegte Schachfiguren einer hohen Gedankenpartie" (*Phantasie über Goethe*, Gesammelte Werke, Berlin 1956, Bd. X, 710).

[73] Goethes Meisterschaft in der Gestaltung der „bewegten Gruppe" beschränkt sich nicht auf das Drama. Dafür ein Beispiel. Vetter Karl in den *Unterhaltungen deutscher Ausgewanderten* steht, obgleich vor ihnen fliehend, mit dem Herzen auf Seiten der französischen Revolutionstruppen: „Friedrich hatte sich schon einigemal mit ihm überworfen und ließ sich in der letzten Zeit gar nicht mehr

zelnen Figuren. Sie ist beinahe wieder ein Individuum. Dies
deutet der Titel an: Physiognomie einer Konfiguration. Physiognomie eines lebendigen Ganzen: „Alles Lebendige", sagt eine
Maxime Goethes (Hecker 435), „bildet eine Atmosphäre um sich
her." Genau das aber hatte Herder an der shakespeareschen
„Gruppe" gerühmt als „Hauptempfindung", „die jedes Stück beherrscht und wie eine Weltseele durchströmt" (a. a. O. S. 224),
und nach ihm hatte Hofmannsthal diesem Begriff der „Atmosphäre", der „ambiance", eine präzise Deutung gegeben.[10] Die
Interpretation ist diesem Grundton der Konfiguration nachgegangen, indem sie die in der Sprache sich ausprägenden Möglichkeiten des Miteinander der Figuren zu beschreiben suchte. Jetzt
bleibt ihr noch die Aufgabe, diese „Ambiance" der Figuren zu
deuten, soweit es den Bühnenraum im eigentlichen Sinne betrifft.
Der erste Auftritt trägt den szenischen Hinweis: *Gartenplatz*.[74]

---

mit ihm ein. Die Baronesse wußte ihn auf eine kluge Weise wenigstens zu augenblicklicher Mäßigung zu leiten. Fräulein Luise machte
ihm am meisten zu schaffen, indem sie, freilich oft ungerechter-
weise, seinen Charakter und seinen Verstand verdächtig zu machen
suchte. Der Hofmeister gab ihm im stillen recht, der Geistliche im
stillen unrecht, und die Kammermädchen, denen seine Gestalt reizend und seine Freigebigkeit respektabel war, hörten ihn gerne
reden, weil sie sich durch seine Gesinnungen berechtigt glaubten,
ihre zärtlichen Augen, die sie bisher vor ihm bescheiden nieder-
geschlagen hatten, nunmehr in Ehren nach ihm aufzuheben." (Cotta
VI, 600). In ein paar Sätzen skizziert Goethe innerhalb einer sozial
nuancierten Gruppe Verhältnis und Gegenverhältnis, Abneigungen,
gestaffelte Beziehungen, Abstufungen des Standes und der Gesinnung, Berechnung und instinktive Neigung: Konfiguration im
höchsten, lebendigsten Sinne.

[74] Gerade in diesem Zusammenhang des „Gartenplatzes" gibt
EXKURS I im Anhang einige klärende Ergänzungen.

66

Der unmittelbare Anlaß, die Szene der beiden Frauen in den Garten zu verlegen, war das Titelblatt von Koppes Übersetzung der *Gerusalemme Liberata* von 1744.[75] Goethe kannte diese Ausgabe von Jugend an (Cotta VIII, 97) und mochte das Bild, ähnlich wie das Tapetenmuster, das später im Knabenmärchen als Landschaft auftauchte, fast ein Menschenalter im Gedächtnis behalten haben.[76]

Dieser Anlaß ist streng zu trennen von der Bedeutung, die der Garten mit den zwei Hermen innerhalb der Dichtung bekommt, in die er versetzt wurde. Jede echte Dekoration ist entworfen aus dem Bewußtsein, „daß es auf der Welt nichts Starres gibt, nichts, was ohne Bezug ist, nichts, was für sich alleine lebt." (Hofmannsthal, *Prosa II*, 75 (1951)). In diesem Fall sind die Bezüge freilich unerwartet vielfältig. Die Interpretation beschränkt sich auf das unmittelbar Fördernde.

Ein erster Hinweis gilt der langen Kette von abendländischen Autoren, die dem Garten ihre Aufmerksamkeit und Liebe geschenkt und ihm prosaische oder dichterische Darstellungen gewidmet haben. Diese Tradition beginnt nicht erst mit den *Georgica*. Vergil – dessen Herme den Gartenplatz ziert – ist selbst

---

[75] Versuch
einer poetischen Übersetzung
des
Tassoischen Heldengedichtes,
genannt
GOTTFRIED
oder das
BEFREYTE JERUSALEM
ausgearbeitet
von
Johann Friedrich Koppen,
Königl. Pohlnischem und Churfürstl. Sächsischem Hof- und
Justitiensecretarius
Leipzig 1744
(Breitkopf)

[76] Vgl. Ernst Beutler, *Von Büchern und Bibliotheken*, Frankfurter Beiträge zum Gutenbergjahr, 1942.

schon Bewahrer der Überlieferung: M. Terentius Varro (116–27 v. Chr.) hat *Rerum rusticorum libri tres* verfaßt und vor ihm war es M. Porcius Cato (der Zensor, 234–149 v. Chr.), der eine Abhandlung *De agri cultura* schrieb. Aber auch griechische Quellen Vergils werden genannt: Cassius Dionysius aus Utica – der wiederum das landwirtschaftskundliche Werk des Karthagers Mago übersetzte – und Diophanes aus Nicaea in Bithynien.[77]

Später ist diese Tradition nie ganz in Vergessenheit geraten. Olivier de Serres (1539–1616) schreibt sein *Théâtre d'agriculture et mesnage des champs (1600)*, La Fontaine dichtet an seinem (zwar nie vollendeten) *Songe de Vaux* (1665–1671), Delille verfaßt seine *Jardins* (1782) und eine Übersetzung der *Georgica*, Rosset schreibt eine *Agriculture* (1774–1782). Im 20. Jahrhundert schließlich gibt Francis Jammes seine *Géorgiques chrétiennes* (1911–1912). Der Zusammenhang, in den das Thema „Garten" gehört[78], ist ein abendländischer. Es soll deutlich werden, daß Goethe sich dieses Motivs wie immer „zu seinen Zwecken zu bedienen weiß" (an Zelter am 15. 2. 1830).

Im 17. Jahrhundert arbeitet der große Gartenbaumeister Le Nôtre (1613–1700), dessen Entwürfe der Parks von Versailles, Vaux und Chantilly exemplarische Bedeutung namentlich für die deutschen Fürsten und ihre Gartengestalter bekamen. Diese geometrisch gegliederten, sogenannten „französischen" Anlagen hatten ihre Vorläufer in den Gärten der italienischen Renaissancevillen[79], diese wiederum mochten bis auf mittelalterliche Gartenformen zurückgehen. Es bedeutete einen tiefen Einschnitt – eine

---

[77] Vergil, *Landleben*, (Tusculum) München ³1958, S. 274 f.

[78] Für den weiteren Zusammenhang besonders Marie Luise Gothein, *Geschichte der Gartenkunst*, Jena 1926 2 Bde.; ferner: Alfred Anger, *Landschaftsstil des Rokoko*, Euphorion 51 (1957), S. 151–191; Rudolf Borchardt, *Der leidenschaftliche Gärtner*, München 1951; Franz Hallbaum, *Der Landschaftsgarten*, München 1927; Paul Ortwin Rave, *Gärten der Goethezeit*, Leipzig 1941; eine ausführliche Bibliographie findet sich bei Gustav Allinger, *Der deutsche Garten*, München 1950. Vgl. neuerdings Dieter Hennebo – Alfred Hofmann, *Geschichte der deutschen Gartenkunst*, Hamburg 1962 ff (3 Bde. geplant).

[79] Vgl. dazu Rudolf Borchardt, *Villa*, in *Gesammelte Werke* in Einzelbänden, *Prosa III*, 38 ff (1960).

Gartenrevolution im eigentlichen Sinne – als Ende des 17. Jahrhunderts die Kunde von einem unregelmäßigen Gartenstil, dem chinesischen, nach England gelangte. Ein erstes Zeugnis ist Sir William Temples Essay *The Gardens of Epicurus* (1688), Addison und Saftesbury greifen den Gedanken einer freien Gartengestaltung auf. Diese Ideen springen alsbald auf Frankreich über, Rousseaus köstlich verwilderter Garten, in dem Julie Saint-Preux spazieren führt (im 10. Buch des 4. Teils), gewinnt einen kaum abzuschätzenden Einfluß auf das neue Garten- und Landschaftsgefühl.

In Deutschland haben B. H. Brockes, Salomon von Gessner, Gleim und Ewald von Kleist den poetischen Reiz der offenen Landschaft entdeckt und so die Ideen des neuen Gartenstils vorbereitet. Von entscheidender Bedeutung aber wird ein Theoretiker: der Kieler Philosophieprofessor C. C. L. Hirschfeld, der 1773 *Anmerkungen über die Gartenkunst* und 1779 eine fünfbändige *Geschichte und Theorie der Gartenkunst* verfaßt hat[80]. Besonders wertvoll an diesem Werk sind die eingehenden Schilderungen einer Reihe von vorbildlichen englischen, französischen und deutschen Gartenanlagen.

Der Vollender des Landschaftsgartens in Deutschland schließlich ist der Gartenbaumeister Friedrich Ludwig von Sckell (1750 bis 1823); der Besitzer des vielleicht im höchsten Sinne klassischen Landschaftsgartens wird der Fürst Hermann von Pückler-Muskau (1785–1871), der seinem genialen Gärtnerdilettantismus ein ganzes Vermögen geopfert hat[81].

Welchen tieferen Sinn aber hatte diese Revolution der Gartenkunst, oder besser: Welchen wußte man ihr unterzulegen? Warum gab man der offenen, sogenannten „englischen" Form den

---

[80] Wieland rühmt sie in einer Anzeige als „Ein Werk, welches für die Gartenkunst ungefehr das wäre, was Lavaters Fragmente für die Physiognomik ..." (Wielands *Werke,* I. Abt. Bd. XXI, 187, hg. Wilhelm Kurrelmeyer, Berlin 1939).

[81] Er hat Goethe 1810 besucht und stand mit ihm in brieflichem Verkehr. Vgl. Goethes Dank an den Fürsten am 5. 1. 1832 für dessen *Briefe eines Verstorbenen* (München 1830), die Goethe auch rezensiert hatte. Pücklers *Andeutungen über Landschaftsgärtnerei* erschienen 1834.

Vorzug vor der (italienisch-) „französischen"? Schon in seiner *Theorie der Gartenkunst* formuliert Hirschfeld folgenden „Grundsatz: Bewege durch den Garten stark die Einbildungs-kraft und die Empfindung, stärker als eine bloß natürlich schöne Gegend bewegen kann."[82]

Und über 40 Jahre später noch schreibt Friedrich Ludwig von Sckell über die Volksgärten, eine Mischung zwischen fürstlichem Prunkgarten und Park:

> ... ihr vorzüglicher Charakter sollte sich eher den Parks, nämlich der großen Natur nähern ... Allein es dürfen in solchen Anlagen nicht immer feierliche Wälder, nicht immer durchsichtige Pflanzungen im Geiste der Haine angewendet werden ... Daher muß ein Volks-garten, wo nicht alle, doch die größte Zahl seiner Lustwandler und ihren verschiedenen Geschmack zu befriedigen vermögen. Menschen, die die Welt noch nie betrübte und die ein beständiger Frohsinn be-glückt, sehnen sich vorzugsweise nach den lieblichen Bildern der Natur; sie suchen jene Wege auf, die am Rande ausgedehnter Wiesen im Blütenduft schön blühender Gruppen, zwischen Rosen und Jas-min umherführen, während andere, die des Schicksals harte Laune empfinden mußten, die bald die Hoffnung, bald die Freundschaft oder die Liebe täuschte, sich aus den frohen Zirkeln zu entfernen suchen, diese mit den schönen Kindern der Flora, der Rose, die ihre Dornen verbarg, fliehen, und eher in düstere Wälder, in heilige Haine, wo Ruhe, Einsamkeit und hoher Ernst wohnen, hineilen. Hier ist ihre Stimmung in Einklang mit dieser Natur; hier weilen sie im Schatten bei einer ehrwürdigen Eiche, am murmelnden Bache, mit dem sie ihre Klagen vereinigen.[83]

Bei Hirschfeld und Sckell handelt es sich um den gleichen Gedan-ken: Der Garten ist nicht mehr beliebiger Fest-Ort, wie im Ba-rock, nicht mehr nur Rahmen für gesellschaftliche Repräsenta-tion, sondern Stimmungskatalysator. Eine Folge von Raum-momenten[84] gibt dem Einzelnen in jedem Augenblick seiner

---

[82] Zitiert nach Gustav Allinger, *Der deutsche Garten*, München 1950, S. 76 f

[83] *Beiträge zur bildenden Gartenkunst* 1818, zitiert nach Allinger, a. a. O. S. 81

[84] Vgl. zu diesem Begriff Adam Heinrich Müller, *Etwas über Land-schaftsmalerei*, in *Phöbus*, ein Journal für die Kunst, 1808, 1. Jg. 4. und 5. Stück, Dresden, S. 71–73. Photomechanischer Nachdruck Darmstadt 1961.

inneren Verfassung die Möglichkeit der Selbstbegegnung. Statt eines streng gegliederten Raumes im Dienste höfischer Lustbarkeiten wird der Garten zum Spiegel dessen, der sich in ihm ergeht; und je vielfältiger die Spiegelungsmöglichkeiten sind, desto besser. Der Garten wird „idealisierte" wirkliche Landschaft; das heißt aber: Er ist weder eigenständige Natur noch auch etwas zur Staffage Erniedrigtes. Er wird in einem neuen Sinne auf den Menschen bezogen. Hier läßt sich die Brücke zu Goethe schlagen. In einem Schema zu *Dichtung und Wahrheit,* die Zeit vor der italienischen Reise betreffend, finden sich folgende Stichworte:

> Jagdlust. Forstordnung. Überhaupt Forstkultur in Deutschland. Harpke.[85] Parkanlagen. Italienische Architektur, Tempel pp. Dilettantism durch beides in Garten- und Baukunst. Hirschfeld.[86] Tendenz nach der Natur. Landschaftliche.
> Engländer vorausgegangen. Parkanlagen.
> Dessau. Gotha: wann der Park?
> Anstoß bei uns.
> Gelegenheit, dem Natursinne zu folgen.
> Umgekehrte Wirkung auf die Kunst. Die wirkliche Landschaft wird idealisiert. In der Kunst verlangt man Veduten. (Cotta VIII, 932)

Alles, was bisher zu skizzieren versucht wurde, ist in diesen wenigen Stichworten Goethes enthalten. Zugleich finden sich Andeutungen über sein persönliches Verhältnis zu diesem Gegenstand. Diesen Andeutungen ist nachzugehen. Über Goethes frühe Berührung mit den Gärten vor dem Eschenheimer, Friedheimer und Bockenheimer Tor, schließlich mit dem Garten der Großeltern unterrichtet in einer Übersicht das *Goethe-Handbuch.*[87] Ebenso findet man Aufschluß über jenes Stichwort des Schemas: „An-

---

[85] Harbke ist, wie das Register der Cottaschen Ausgabe (Bd. X) ausweist, ein „Dorf- und Rittergut bei Helmstädt" (S. 888, Spalte a). Dort, wo „Hirschfeld" (S. 894, b zwischen ‚Hippokrates' und ‚Hirschsprung') zu erwarten wäre, läßt es leider den Leser im Stich.

[86] Auf der Reise in die Schweiz am 9. 9. 1797 liest Goethe Hirschfelds „Gartenkalender" (Cotta X, 162) und noch am 14. 1. 1831 erwähnt Goethe die „friedliche Zeit" von Hirschfeld und anderen Gartenfreunden, „wo ein tiefer Friede den Menschen Mittel und Muße gab, mit ihrer Umgebung zu spielen" (Tagebücher).

[87] I, 643 ff (Stuttgart 1916, Stichwort „Garten").

stoß bei uns": die Entstehung der Weimarer Parkanlagen seit dem Luisenfest vom 9. Juli 1778.[88]

Entscheidend für den hier behandelten Zusammenhang aber sind die beiden in dem Schema genannten Einflüsse: Hirschfelds Werk und der Dessauer Park (1769–73 nach englischem Vorbild vom Herzog Franz von Dessau bei seiner Residenz in Wörlitz angelegt). Ein wichtiges *Schema zu einem Aufsatze die Pflanzen-cultur im Großherzogtum Weimar darzustellen* (WA II, 6, 228 ff) gibt hier nähere Hinweise. Dort bekennt Goethe, daß „die Neigung zu ästhetischen Parkanlagen überhaupt durch Hirschfeld auf's höchste gesteigert ward" (230) und fügt hinzu: „Der Park in Dessau, als einer der ersten und vorzüglichsten berühmt und besucht, erweckte Lust der Nacheiferung..." (a. a. O. S. 229). Das Glück will es, daß auch ein unmittelbares Zeugnis dafür existiert, wie Goethe diesen Wörlitzer Park erlebte. Ein Brief an Charlotte von Stein berichtet:

> Hier ists ietz unendlich schön. Mich hats gestern Abend wie wir durch die Seen Canäle und Wäldgen schlichen sehr gerührt wie die Götter dem Fürsten erlaubt haben einen Traum um sich herum zu schaffen. Es ist wenn man so durchzieht wie ein Mährgen das einem vorgetragen wird und hat ganz den Charackter der Elisischen Felder in der sachtesten Mannigfaltigkeit fliest eins in das andre, keine Höhe zieht das Aug und das Verlangen auf einen einzigen Punckt, man streicht herum ohne zu fragen wo man ausgegangen ist und hinkommt. Das Buschwerk ist in seiner schönsten Jugend, und das ganze hat die reinste Lieblichkeit ... ich scheine dem Ziele dramatischen Wesens immer näher zu kommen ... (am 14. 5. 1778)

Die Interpretation hatte schon mehrfach auf den Begriff des „Lieblichen" zu verweisen.[25] Er deutet stets auf das spiegelnde Ineinander von gegensätzlichen Welten und wird in diesem Sinne auch hier bedeutsam; er ist das ästhetische Kennwort für ein Grundgesetz der Gestaltung, das Goethe „Parallelismus im

---

[88] In dem wichtigen Aufsatz *Der Verfasser teilt die Geschichte seiner botanischen Studien mit* (AGA 17, 64) nennt Goethe als Bedingung für dieses Interesse, daß „der edle Weimarische Kreis ihn günstig aufnahm; wo außer anderen unschätzbaren Vorteilen ihn der Gewinn beglückte, Stuben- und Stadtluft mit Land-, Wald- und Gartenatmosphäre zu vertauschen."
(a. a. O. III, 94 ff, Stichwort „Park".)

Gegensatz" (an Zelter am 25. 8. 1824) nennt. Gerade der Bericht an Charlotte von Stein zeigt, wie sehr die Begriffe „Park und Garten" unter einem doppelten Aspekt zu sehen sind. Traumhaftes und Wirkliches durchdringen einander, mannigfaltige Möglichkeiten breiten sich aus, Gedachtes und Natürliches sind zugleich gegenwärtig, Mythisches und Reales überlagern sich.

Für den „Gartenplatz" in der ersten Szene des *Torquato Tasso* werden die Verhältnisse noch schwieriger: Zwar gibt Goethe keinen näheren Hinweis, wie dieser Garten vorzustellen sei, aber die Bindung an den Hof von Ferrara läßt nur eine Deutung zu: Er ist im geometrischen, italienisch-(„französischen") Stil zu denken. Andererseits ist es ebenso gewiß, daß die Art, wie die Figuren diesen Garten erleben, wie sie die Landschaft in ihn einbeziehen, wie sie sich in dieser gestalteten Natur spiegeln, modern ist: So haben Goethes Zeitgenossen sich in einem Garten bewegt, mit solchen Augen sieht Goethe den Wörlitzer Park. Doppeldeutig ist dieser Gartenplatz im Tasso, er hat zwei Gesichter wie alles in diesem Drama: Ebensosehr ein Renaissancegarten, mit den Blicken Werthers[89] angeschaut, wie ein Landschaftsgarten englischen Geschmacks, in dem sich die ferraresische Gesellschaft ergeht: Ein Anachronismus auch hier, versteckter zwar, aber nicht minder wirksam als jenes Ineinander von italienischer Renaissance und Wertherton in Sprache und sozialem Gehaben, dessen eigenartige Wirkung schon Gegenstand der Deutung war. Ambivalenz der Sprache, Ambivalenz der gesellschaftlichen Zustände, Ambivalenz schließlich des „idealen Lokals" dieser Szene: Die einzelnen Untersuchungen schließen sich zu einem Ganzen und bestätigen einander.

Das Gartenmotiv ordnet sich in die bisher aufgedeckten Zusammenhänge ein. Unter beiden Formen der Anschauung, der

---

[89] „Das bewog den verstorbenen Grafen von M. ., einen Garten auf einem der Hügel anzulegen, die mit der schönsten Mannigfaltigkeit der Natur sich kreuzen und die lieblichsten Täler bilden. Der Garten ist einfach, und man fühlt gleich bei dem Eintritte, daß nicht ein wissenschaftlicher Gärtner, sondern ein fühlendes Herz den Plan bezeichnet, das sein selbst hier genießen wollte" (Cotta VI, 10). Derselbe Grundgedanke erscheint in den oben zitierten Texten von Hirschfeld und Sckell.

der Zeit und der des Raumes, erhält der „Gartenplatz" eine doppelte Dimension. Bezeugt wird dies durch jenen Bericht über die öffentlichen Gärten von Palermo, der als Vorstufe der Landschaften in der ersten Szene schon seine Bedeutung erhielt. Dort heißt es: „Regelmäßig angelegt, scheint er uns doch feenhaft; vor nicht gar langer Zeit gepflanzt, versetzt er ins Altertum..." (Cotta IX, 462). Der geometrisch gegliederte Raum wird durchsichtig auf einen mythischen Ort hin: Arkadien oder Elysium. Die Zeit ist kein bloßes Jetzt, die Geschichte ist mit in sie eingegangen.

Und noch ein Stichwort jenes Schemas zu *Dichtung und Wahrheit* ist zu berücksichtigen: Dilettantism. Dieser Begriff vereinigt wie kein anderer für Goethe Bedeutendes und Bedrohliches. Er ist ambivalent wie kein anderer.[90] Das Doppelspiel von gefährlichen und heilenden Kräften im Gärtnerdilettantismus[91] wird nirgends deutlicher sichtbar als in den Wahlverwandtschaften: Die Nachbarskinder überleben den Wassersturz in freier Landschaft, das Kind Eduards ertrinkt im Gartenteich.[92]

So wird dieser „Gartenplatz" zum Kreuzungspunkt vieler Möglichkeiten, doch so, daß jede dieser Möglichkeiten in sich eine doppelte Valenz trägt: Er ist der fürstliche Lustort, den schon die adligen Damen und Herren Boccaccios für ihre Unterhaltungen bevorzugen, wohin auch Pietro Bembo – wie schon der

---

[90] Vgl. Gerhart Baumann, Euphorion 46 (1952), S. 348–369: *Goethe: Über den Dilettantismus;* vollständiges Schema WA I, 47, 299–326.

[91] Auch Tasso erliegt dieser bedenklichen Wunschvorstellung: 3191–3203.

[92] Das Gartenmotiv findet sich bei Goethe in zahllosen Spielarten: parodistisch im *Triumph der Empfindsamkeit* (Cotta III, 674 ff), in *Lila* (Cotta III, 376 ff), ganz zuletzt noch im zweiten *Faust,* wo die Beziehung zwischen Ziergarten und offener Landschaft (Cotta V, 553 ff) bedeutsam wird; auch der Novellenkranz der Wanderjahre (,Wer ist der Verräter?') gehört hierher, die *Pandora* nicht weniger als die Gärtnerinnen der Mummenschanzszene in *Faust II.*
Zu einem Randphänomen des Gartenmotivs, dem „Gartenraum", vgl. Eva Höllinger, *Das Motiv des Gartenraums in Goethes Dichtung.* DVjs. 35. Jg. 1961, S. 184 ff.

Rosenroman – seine Liebesgespräche, die *Asolani*[93], verlegt, er ist aber zugleich jenes Elysium, jene „gestaltete Sehnsucht"[94], die der Garten für die Wertherzeit darstellte; er ist idealisierte Landschaft, gegliederter Freiraum[95], und zugleich Betätigungsfeld des Dilettanten, der sich seiner eigenen Unzulänglichkeit an ihm bewußt wird; er ist der Ort einer gelockerten Hofatmosphäre, der dem Individuellen zwar Spielraum gibt, der ihm aber zugleich gefährlich wird, weil er der Einbildungskraft entgegenkommt[96]: Tassos Elysium-Vision (558 ff), der Prinzessin Hesperien (179) sind aus ihr geboren. Die Regeln der Gesellschaft sind für alle Figuren verbindlich; vom Garten darf sich jeder sein eigenes Bild machen; die Landschaften Leonores (28–39), der Prinzessin (175–181), Tassos (979–994) und Antonios (711–733) sind vier Formen möglicher Begegnung.

Der Garten schafft eine im Wortverstande paradiesische Situation, schön und gefährlich, wie jener Garten Eden, „in dem der Herr ging, da der Tag kühl geworden war" (1. Mose 3, 8). Dieses Zwielicht, in das der „Gartenplatz" der ersten Szene getaucht erscheint, wird man nicht ohne weiteres gewahr. Losgelöst von dem Übrigen, hat dieser Dramenbeginn nichts Verfängliches. Selbst das Stichwort vom „neuen Hesperien"[97] scheint bei-

---

[93] Pietro Bembo, *Opere in volgare*, Firenze 1961, a cura di Mario Marti, ‚Degli Asolani di M. Pietro Bembo ne'quali si ragiona d'amore', p. 3–183.

[94] Dazu Josef Kroll, *Elysium*, in Arbeitsgemeinschaft für Forschung des Landes Nordrhein-Westfalen, Geisteswissenschaften, Heft 2, 1953, S. 8. Jetzt W. Veit, *Studien zur Geschichte des Topos der Goldenen Zeit*, Diss. phil. Köln 1961; dort Lit. Verz. besonders die Arbeiten von Klingner, L. Blumenthal, Snell, Petriconi.

[95] Zwischen Natur und Kunst in der Schwebe: Vgl. Schiller, „Über den (Hirschfeldischen) Gartenkalender auf das Jahr 1795", *Sämtliche Werke*, München ²1960, Bd. V, 884 ff.

[96] Vgl. Schiller, a. a. O. Bd. V, 1048: *Schema über den Dilettantismus*: Unter der Rubrik „Gartenkunst" findet sich hinter dem Gesichtspunkt „Nutzen": „Geselliges Lokal", hinter dem des „Schadens": „Vorliebnehmen mit dem Schein. Vermischung von Kunst und Natur."

[97] Der gewissenhafte Leser Goethes weiß allerdings, daß für ihn das „Neue" stets auch ein Ambivalentes ist: Es hat einen belebenden

läufige Reminiszenz. Erst vom Schluß her erscheint es in einem
besonderen Licht, erst wer das Ganze zugleich im Sinn hat, versteht das Einzelne in Goethes Dichtung: In der letzten Szene
stehen Tassos Verse:

> Die Maske fällt; Armiden seh ich nun
> Entblößt von allen Reizen – ja, du bists!
> Von dir hat ahnungsvoll mein Lied gesungen! (3349–3351)

Zwar hat dieser gehässige, aus dem Augenblick geborene Vorwurf nicht wahrhaft mit der Prinzessin zu tun, auf die er ge-
münzt ist: Tasso wird ihn 3392 widerrufen. Aber die Bemerkung Tassos, ebenso wie jenes Wort vom „neuen Hesperien" der
Prinzessin aus der ersten Szene haben einen gemeinsamen Be-
zugspunkt: Tassos *Gerusalemme Liberata*. Wenn Tasso auch
Alfons das Gedicht vorenthielt, den Frauen hat er zweifellos
daraus vorgelesen. Sie kennen Armidas Zaubergarten, der auf
einer der Glückseligen Inseln entstanden ist, ein „neu Hesperien"
im bedenklichsten Sinne:

> Ecco altre isole insieme, altre pendici
> scopríano al fin, men erte ed elevate;
> ed eran queste l'isole Felici:
> cosí le nominò la prisca etate,
> a cui tanto stimava i cieli amici,
> che credea volontarie e non arate
> quivi produr le terre, e'n piú graditi
> frutti non culte germogliar le viti.
> Qui non fallaci mai fiorir gli olivi,
> e l'mèl dicea stillar da l'elci cave,
> e scender giú da lor montagne i rivi
> con acque dolci e mormorío soave;
> e zefiri e rugiade i raggi estivi
> temprarvi si, che nullo ardor v'è grave;
> e qui gli elisi campi, e le famose
> stanze de le beate anime pose.
> A queste or vien la donna; ed: – Omai sète
> dal fin del corso (lor dicea) non lunge.
> L'isole di Fortuna ora vedete,
> di cui gran fama a voi, ma incerta giunge.
> Ben son elle feconde a vaghe e liete;

---

und einen spukhaft verfänglichen Aspekt: Vgl. Anmerkung Nr. 15
und 29.

ma pur molto di falso al ver s'aggiunge. –
Cosí parlando, assai presso si fece
a quella che la prima è de le diece.[98]

Dieses „neue Hesperien" ist das von Untieren bewachte, durch Zauber entstandene Reich Armidas. Erst dadurch, daß man die Prinzessin und Tasso als gemeinsame Leser des Heldenepos vom *Befreiten Jerusalem* supponiert – um dessentwillen sich ja dieses ganze Drama entspinnt – bekommt das Hesperien-Motiv seine spezifisch-verfängliche, magisch-gespenstische Bedeutung.

So wird der „Gartenplatz", die Szene dieses Dramenbeginns, zu einem Grenzbereich zwischen den Welten, zwischen geschlossenem Raum und offener Landschaft. In diesem gelockerten Bezirk vermögen die Beziehungen zwischen den Figuren sich zu knüpfen: Konfiguration enthüllt sich als das Fest der „Wege und Begegnungen". Die mittleren Akte, SAAL der 2., der 3., „ortlose", als Achse des Stücks, ZIMMER der 4., tragen ins Innere,

---

[98] In der Übersetzung von Gries:
Manch andres Eiland ließ sich nun gewahren
Und minder steile Höhn an manchem Strand;
Und dies sind der beglückten Inseln Schaaren,
Die schon die graue Vorzeit so genannt,
Weil, hieß es, sie so lieb dem Himmel waren,
Daß dort von selbst das unbebaute Land
Die Frucht gebär', und daß die wilde Rebe
Dort ungepflegt die süßern Trauben gebe.
Dort, sprach man, täuscht kein Ölbaum das Vertrauen,
Und Honig beut der Eichen Höhlung dar;
Und von den Höh'n, sanft murmelnd durch die Auen,
Ergießen sich die Bäche süß und klar.
Die Weste wehn, die Morgenwolken thauen,
Und Sommerhitze wird man kaum gewahr.
Dort wähnte man Elysiums Gefilde,
Der Sel'gen Aufenthalt in ew'ger Milde.
Da steu'rt die Jungfrau hin: Dem Ziel entgegen,
Beginnt sie jetzt, eilt unser Meereszug.
Des Glückes Inseln seht ihr dort gelegen,
Auch euch, zwar nicht genau, bekannt genug.
Wol sind sie lieblich, hold und reich an Segen,
Doch mischt sich in die Wahrheit mancher Trug.
So redet sie; und in der Nähe sehen
Läßt sich bereits die erste von den zehen.

was im Äußeren schon seit je da war. Das Ende, „Garten" wie
der Anfang, nimmt spiegelnd bezug auf den Beginn und vollendet das tänzerische Spiel der Figuren, das Zueinandertreten und
sich Verkennen, das Auseinandergehen und sich Verstehn. Der
„Gartenplatz" wird zum Zwischenraum, der jedes Spannungsverhältnis von Figuren erst ermöglicht.

Das Phänomen des Gesellschaftlichen, als einer Ordnung ohne
Starre, eines geregelten Ganzen ohne definitive Gesetze, wie es
die Interpretation als Ort goethescher Konfiguration beschrieb,
findet ein Analogon, seine physische Entsprechung, in diesem
Gartenraum, der gegliedert ist ohne Starre, auf die Landschaft
geöffnet, ohne seinen geschlossenen Charakter ganz zu verleugnen. Der Kunstgriff, durch den Goethe den einfachen „Gegenstand" Garten mit doppelter Bedeutung belädt, ist die Einführung des Anachronistischen: der „geometrische" Garten wird mit
den Augen „englischen" Gartengefühls angeschaut. Zwei Epochen
sind ineinandergespiegelt. Damit öffnet sich der Raum zum
Spielraum, das Mögliche wird in das Wirkliche mit einbezogen.
Nur in einem solchen Bezirk konnte die Konfiguration das lei-
sten, was die Interpretation zu beschreiben suchte: eine Fülle der
einzelnen Figur, die diese nicht haben könnte, wenn sie isoliert
stünde.[99] Sie spiegelt sich, und mit der Spiegelung im höchsten

---

[99] Der Grund für dieses Verfahren Goethes liegt in seinem Mißtrauen
der Sprache gegenüber: „Die Worte sind gut, sie sind aber nicht
das Beste. Das Beste wird nicht deutlich durch Worte" (Cotta VII,
575 Lehrbrief); „Was ich recht weiß, weiß ich nur mir selbst; ein
ausgesprochenes Wort fördert selten, es erregt meistens Widerspruch, Stocken und Stillstehen" (Hecker 720). „Individuum est
ineffabile" (an Lavater ca. am 20. 9. 1780). „Denn daß niemand
den andern versteht, daß keiner bei denselben Worten dasselbe,
was der andere, denkt, daß ein Gespräch, eine Lektüre bei verschiedenen Personen verschiedene Gedankenfolgen aufregt, hatte
ich schon allzu deutlich eingesehen..." (Cotta VIII, 783). Die
Konfiguration ist ein Weg, diesem Dilemma auszuweichen. Sie
steigert und klärt die Aussage durch Spiegelung. Schon im *Egmont*
bemüht Goethe sich um die Nuancierung der Figurenverhält-
nisse: „...ob ich gleich gestehe, daß aus Notdurft des dramatischen Pappen- und Lattenwerks die Schattierungen, die ich oben
hererzähle, vielleicht zu abgesetzt und unverbunden, oder vielmehr
durch zu leise Andeutungen verbunden sind..." (Cotta IX, 689).

Sinne verbindet sich bei Goethe stets eine Steigerung *(Polarität und Steigerung,* Cotta XVIII, 104 ff; *Wiederholte Spiegelungen,* Cotta VIII, 1375 ff). Nur aus der Beziehung der Frauen zueinander, nur aus dem wechselnden Sich-Beziehen auf Welt und Umwelt erhält die erste Szene eine Totalität der Motive und Gestalten, die manches ganze Theaterstück nicht hat. Im Grunde umschließt die Szene das Drama. Nur die Schatten können sich noch vertiefen. Die Figuren sind da, das Kaleidoskop der Situation enthält sie ganz. Die Konfiguration ist durchprobiert, jede Figur jeder zugeordnet; freilich nur erst als Möglichkeit. Aber dieses Mögliche hat die Vollkommenheit des Wirklichen.

Es ist hochinteressant, eine andere Stimme, die Schillers, danebenzusetzen: Er schreibt an Goethe am 27. 2. 1798: „... denn die Sprache hat eine der Individualität ganz entgegengesetzte Tendenz, und solche Naturen, die sich zur allgemeinen Mitteilung ausbilden, büßen gewöhnlich soviel von ihrer Individualität ein und verlieren also sehr oft von jener sinnlichen Qualität zum Auffassen der Erscheinungen. Überhaupt ist mir das Verhältnis der allgemeinen Begriffe und der auf diesen erbauten Sprache zu den Sachen und Fällen und Intuitionen ein Abgrund, in den ich nicht ohne Schwindeln schauen kann." Schillers Figuren streben danach, sich auszusprechen (vgl. Georg Simmel, *Goethe,* Leipzig 1913, S. 158). An dem, was sie sagen, formen sie sich zum Charakter; die Goethes an dem, was sie verschweigen: Gerade aus der Tatsache, daß Denken und Sprache sich nicht decken, zieht er die zartesten Wirkungen. Beide Autoren haben die Problematik gesehen, die Schiller oben formuliert. Jeder hat sie anders gelöst. Goethe durch die Mittel der Konfiguration, Schiller geht einen anderen Weg. Sein Sprachstil ist durch ein Wort bezeichnet: hyperbolisch. Die Sprache bleibt so zwar Aussage, sie wird aber zugleich Anspruch. Ihre Vehemenz, der rasche Ablauf – darin ist sie der Sprache Voltaires verwandt (vgl. Erich Auerbach, *Mimesis,* Bern ²1959, S. 376 ff) – trägt darüber hinweg, daß dieser Anspruch nicht immer gedeckt ist. Das Hyperbolische lenkt von der Aussage ab und gibt dem Gesagten eine Richtung auf etwas noch nicht Gesagtes. Man wartet auf das Eigentliche, das jeden Augenblick gesagt werden muß; und in den höchsten Augenblicken dieser Sprache ist es, als sei es tatsächlich schon gesagt. Der höchste Anspruch ist beinahe schon Erfüllung.

Zweites Kapitel

SPRACHE UND KONFIGURATION

Die Interpretation der ersten Szene des ersten Aktes war ein Versuch, eine Grundlage für die Betrachtung des ganzen Dramas zu schaffen. Alle Fäden laufen in ihr zusammen; oder auch: In ihr werden alle Fäden angeknüpft, die sich bis zum Ende des Dramas spannen lassen. Diese Interpretation hat die Richtungen vorgezeichnet für den weiteren Gang der Deutung, die einem im Grunde sehr einfachen Leitfaden folgt, der Frage nämlich: Wie dient die Sprache dem, was die Deutung der ersten Szene als ,Konfiguration' bezeichnet hatte.

1. WORT

Wortform – Wortsinn

Wortform

„Goethe hatte zu jedem Worte, das er niederschrieb, ein geistiges Verhältnis, besonders in seiner klassischen und typischen Periode ... Nicht, daß er etwa diese Worte vorzieht, jene verwirft, nein, er weiß jedes Wort zu gebrauchen. Er läßt sich nicht tragen von den Worten, sondern geleitet seinen Sinn an ihnen wie auf Stufen empor. Goethe ist auserlesen in Stellungen und Beziehungen und läßt äußerlich doch alles an den Worten, niemals über oder unter ihnen geschehen ...[1]

Wörter sind stets Form und Sinn, Baustein und Sinnträger. Ihre dichterischen Wirkungen kommen bald von der einen, bald von der anderen Seite. Scharf trennen lassen sich die beiden Möglichkeiten nicht: Aber Akzentverschiebungen gibt es unbestreitbar. Wenn die französische Tragödie aus dem Tausch der Pronomina – z. B. *Phèdre* II, 5, wo Phèdre vom ,vous' zu ,tu' überwechselt:

---

[1] Rudolf Kassner, *Die Mystik, die Künstler und das Leben*, Leipzig 1900, S. 279

„Ah! cruel! tu m'as trop entendue!" – die stärksten Wirkungen zieht, so wird man diese als ein Resultat der Form und Umformung des Wortkörpers und nicht des Sinnes ‚mein Gegenüber' ansehen. Der berühmte Refrain „Mais où sont les neiges d'antan?" in der *Ballade des dames du temps jadis* des Villon dagegen wirkt durch den Sinnwandel, der sich an ihm vollzieht, sobald er in den Motivkreis einer neuen Strophe gerät. Beide Möglichkeiten des Wortes dienen Goethe im Spiel der Konfiguration.

Ein Beispiel für den ersten Fall mag genügen: In der bloßen Metamorphose des Personalpronomens spiegelt sich der ganze Wandel des Verhältnisses von Prinzessin und Tasso; Zueinandertreten, Gemeinsamkeit, Trennung. In der zweiten Szene des zweiten Aufzuges erinnert sich die Prinzessin ihrer Begegnung mit Tasso. Die ersten blassen Farben des Lebens traten wieder an sie heran:

> Da hofft ich viel für dich und mich (866)

Gleichberechtigt treten die Pronomen einander gegenüber, zart verbunden und distanziert in dem ‚und'. In derselben Szene wird sie gewahr, daß auch Tasso jenem hesperischen Bezirk der Einsamkeit und phantastisch verzerrten Wirklichkeit gefährlich nahesteht, den die Prinzessin selbst in der ersten Szene beschworen hatte (177 ff): Sie erkennt nach Leonores Schilderung in der ersten Szene den Dichter in seinem „Zauberkreise" (187) und fühlt sich zu ihm hingezogen. Die Pronomina verraten es:

> Auf diesem Wege werden wir wohl nie
> Gesellschaft finden, Tasso! . . . (970–971)

„Wir" sagt sie, und nicht mehr „du und ich". In der vorletzten Szene aber, wo sich der Bruch vorbereitet und vollzieht, heißt es:

> Ich finde keinen Rat in meinem Busen,
> Und finde keinen Trost für dich und – uns. (3212–3213)

Das „du" der ersten Stelle, das „wir" der zweiten: Und doch hat sich das Verhältnis umgekehrt. Das „und" ist trennend, der Bindestrich besiegelt den Bruch. „Uns" ist Hof und Gesellschaft, der Bereich der Prinzessin, trotz allem und unwiderruflich: „du" ist Tasso – allein. Die Sprache weiß schon hier, was sich erst

siebzig Verse später ereignen wird. Des Tuns hätte es kaum noch
bedurft: Sprache des Dramas als „formgewordenes Tun".[2]

Wortsinn

Die Interpretation der ersten Szene war den Assoziationsketten
auf der Spur, die von einem ausgesprochenen Wort sich nach verschiedenen Richtungen fortpflanzten – z. B. „neu" 26–28, einmal
in die Vergangenheit, einmal in die Zukunft weisend –; Wortsinn, der durch Spiegelung seiner Umgebung aus seinem Zentrum gelockt und in die verschiedensten Bereiche getragen wird;
ein Verfahren[3], das Nietzsche schon an Horaz rühmt: „Dies
Mosaik von Worten, wo jedes Wort als Klang, als Ort, als Begriff, nach rechts und links und über das Ganze hin seine Kraft
ausströmt" (II, 1027). Robert Musil, ein fleißiger Nietzscheleser,
spricht später vom „irrationalen Simultaneffekt sich gegenseitig
bestrahlender Worte" (III, 676). Das schon 1901 erschienene
Buch von Ewald A. Boucke, *Wort und Bedeutung in Goethes
Sprache*, ist als erstes der „Erschließung jener intimen Bezüge, die

---

[2] Hofmannsthal, Unterhaltung über den ‚Tasso' von Goethe, *Prosa II*, 220 (1951).

[3] Den Weg von Goethe bis in die Moderne mögen folgende Zitate
belegen: „Daß ein Gespräch, eine Lektüre bei verschiedenen Personen verschiedene Gedankenfolgen aufregt, hatte ich schon allzu
deutlich eingesehen..." (Cotta VIII, 783). Ferner aus demselben
Geiste, wenn auch auf verschiedene Sprachen bezogen: „Worte
haben öfters in der einen Sprache ganz andere Bezüge zu den Gegenständen und unter sich selbst als in der anderen..." (Cotta
XV, 237). In höchster Verfeinerung dieses Gedankens stellt Marcel
Proust fest: „Ne prouvait-il pas combien un souvenir ne se pro-
longe que dans une direction divergente de l'impression avec laquelle il a coïncidé d'abord et de laquelle il s'éloigne de plus en
plus?" (*A la Recherche du Temps Perdu*, Paris 1927, tome XV, 62,
hiernach zitiert als ‚Proust, Recherche'.) Hier ist das Ganze gar
nicht mehr bis in die Sprache vorgedrungen: ein subtiler innerer
Vorgang, bei dem Anstoß einer Erinnerung und diese selbst allmählich sich voneinander entfernen und in die Nähe anderer er-
innerter Komplexe treiben.

sich wie ein feiner Duft um das Wort legen und gleichsam die Atmosphäre desselben bilden" (S. 291), nachgegangen. In diesem Geiste sei auch hier der Versuch gemacht, einem Wort als Sinnträger nachzugehen, soweit es für die Konfiguration von Belang ist.

,golden'

Die Wahl fällt auf das Wort ,golden' – ,Glück', ,Schein', ,Zufall', ,kennen', ,ewig' und viele andere hätten sich vielleicht ebenso gut geeignet –, weil es für die spätere Interpretation in anderem Zusammenhang noch einmal Bedeutung gewinnt[4]. Das Wort kommt dreizehnmal[5] im Tasso vor. Man findet es sechsmal im Text der Prinzessin (23, 179, 975, 995, 998, 1047), fünfmal in dem Tassos (979, 1118, 1157, 1194, 1265). Daraus läßt sich schon etwas entnehmen: Bis zu der großen Diskussion über die „goldene Zeit" (975) ist es die Prinzessin, der dieses Wort „gehört"; danach ist es Tasso zugeordnet, der es vorher nicht gebraucht hatte. Die Arkadien-Diskussion bildet ein Zentrum des Dramas (auch die BILD- und die MAXIMEN-Interpretation wird in sie münden): Hier vollzieht sich eine entscheidende Wendung. Tasso übernimmt die Rolle, die bisher die Prinzessin gespielt hatte. Das Wort ,golden' deutet darauf hin.

---

[4] Die Interpretation des Begriffs beschränkt sich auf den *Torquato Tasso*. Das „Goldene" ist ein Schlüssel für das ganze Werk Goethes. Eine Monographie dieses Begriffs würde bei dem frühen Gedicht ,Auf dem See' (vom 15. 6. 1775) – Weg du Traum, so gold du bist – ansetzen und dann stufenweise – alle Möglichkeiten „goldener Zeiten" von der klassischen der *Alexis und Dora*-Idylle (Brief an Schiller vom 7. 7. 1796) bis zur frivolen der *Römischen Elegien* (Übergangenes, Cotta I, 1230 f) berührend – bis zum zweiten *Faust* aufsteigen müssen. Das Werk von Wilhelm Emrich, *Die Symbolik von Faust II*, Berlin 1943, gibt für diese späte Dichtung Goethes wertvolle Hinweise.

[5] „Gold" Zeile 2326 kommt nicht in Betracht, da es im Sinne von ,Geld', ,Besitz' gebraucht wird.

Antonio und Leonore gebrauchen das Wort ‚golden' nur je
einmal (Antonio 729; Leonore 2036). Auch das ist ein Indiz.
Schon dieses „quantitative" Moment ordnet die beiden Figuren
einander zu. An diesem Schlüsselwort läßt sich die Konfiguration
ablesen: Tasso und die Prinzessin gehören zusammen (sogar über
ihr gegenseitiges Verhältnis sagt die Statistik etwas aus) – Antonio und Leonore werden aufeinander verwiesen; und selbst diesen beiden Belegen kommt für die Verknüpfung der Figuren Bedeutung zu: Als Antonio von der „goldenen Wolke" (729)
spricht, antwortet er Leonore; und als Leonore das Wort in den
Mund nimmt („goldnen Schein" 2035), geschieht es im Gespräch
mit Antonio. Zufall? Doch wohl kaum. Das ‚Gold' des einen
Paares hat mit dem des anderen nichts zu tun.

Dieses vorläufige Schema gilt es zu ergänzen.

Prinzessin. Es entspricht ganz dem bisher erörterten, daß die
Interpretation wiederum an die erste Szene anknüpft. Spielerisch und unverfänglich scheint der Wunsch der Prinzessin, sich
„in die goldne Zeit der Dichter zu träumen" (23). Das Thema
ist angeschlagen, ‚golden' assoziiert sich dem Traum. Das hatte
schon das Gedicht ‚Auf dem See' vom Juni 1775 vorweggenommen. – Der nächste Reflex (177 ff) ist schon bedenklicher: Die
Sphäre des Traums beginnt, das Wirkliche zu verfremden. Die
„goldenen Äpfel" (179) Hesperiens deuten glitzernd bald auf
Wirkliches (Tassos Gedichtblätter), bald auf Mythologisches (das
Hesperien der Dichter). Aus der Gegenüberstellung der Leonoren-Landschaft erhellte schon die Gefährdung der Prinzessin durch
die Einbildungskraft. Das „Goldene" erhielt die Bedeutungsnuance
phantastischer Wirklichkeitsverfremdung. Welche Färbung wird
es in einer neuen Konfiguration annehmen?

Das Wort taucht für die Prinzessin erst wieder auf, als sie
Tasso allein gegenübertritt. Dies geschieht in der berühmten
ersten Szene des zweiten Aktes. Wieder gebraucht die Prinzessin
das Wort zuerst:

> ... mehr
> Und mehr verwöhnt sich das Gemüt und strebt,
> Die goldne Zeit, die ihm von außen mangelt,
> In seinem Innern wieder herzustellen,
> So wenig der Versuch gelingen will. (973–977)

84

Plötzlich steht das Wort ‚golden‘ in einer ganz anderen Nachbarschaft: In der ersten Szene hatte die Prinzessin in den „goldenen Äpfeln" „das Wirkliche" erkennen wollen; hier ist ihr Verhältnis zu dem Wort ‚golden‘ ein anderes. Das Bedrohliche[6] einer Verkennung der Wirklichkeit, das Leonore ihr selbst vergeblich vorgestellt hatte, ist nun ihr Argument gegen Tasso. Die „Guten", ein Wort, das in der ersten Szene auf resignierende Isolation hindeutete, wird plötzlich zum Träger einer neuen „goldenen Zeit" (995, 998), wird zum Begriff der Gemeinschaft einer wohlgesinnten Elite umgeformt, wie sie mancher gebildete Hof wohl darstellen mochte. Diese neue, wenn auch nicht wirkliche, so doch jederzeit mögliche „goldene Zeit" (1047) bleibt das letzte Wort der Prinzessin in diesem Zusammenhang.

---

[6] Daß hier wirklich diese Nuance gemeint ist, die das Wort ‚golden‘ plötzlich erhält, bestätigt die Passage 971–973, die in einer Nebenassoziation auf eine Stelle aus der *Harzreise im Winter* von 1777 deutet:

> Dieser Pfad
> Verleitet uns, durch einsames Gebüsch
> Durch stille Täler fortzuwandern . . .
> Durch stille Täler fortzuwandern . . . (971–973)
> Aber abseits, wer ists?
> Ins Gebüsch verliert sich sein Pfad,
> Hinter ihm schlagen
> Die Sträucher zusammen,
> Das Gras steht wieder auf,
> Die Öde verschlingt ihn . . . (Cotta I, 309)

Indem die Prinzessin das „Goldene" mit der Vorstellung des „einsamen Gebüschs" verschwistert, enthüllt sich unversehens die „Werther-Komponente" ihres Wesens, verkappt als Vorwurf, den sie Tasso macht. Denn Goethe selbst hat in diesem Zusammenhang der „Harzreise" auf Plessing verwiesen, jenen „einsamen, menschen- und lebensfeindlichen Jüngling" (Cotta XV, 532), der so sehr dem Phänomen Werther verfallen war. Hier scheint die Prinzessin nicht mehr selbst unmittelbar diesem Bereich zugeordnet; vielmehr übernimmt sie die Rolle jenes teilnehmenden Wilhelm, dessen kritische Stimme sich in jedem Brief Werthers spiegelt, Werthers, der sich in „träumender Resignation" „die Wände, zwischen denen er gefangen sitzt, mit bunten Gestalten und lichten Aussichten bemalt" (Cotta VI, 140). Hierin erkennt man den Tasso der letzten Szene, der sich mit den Wahnbildern seiner „Feinde" umstellt.

Tasso. Aber auch Tasso spiegelt sich selbst und sein Verhältnis zur Umwelt in diesem einen Wort ‚golden‘. Die Prinzessin gibt es an ihn weiter, er übernimmt es freudig und verwandelt es auf seine Weise: „Die goldne Zeit, wohin ist sie geflohen . . .“ Für ihn bleibt sie unwiederbringlicher Besitz, ein verlorenes Sehnsuchtsziel, dem er nachtrauert, ohne sich seiner entledigen zu können. Bereits das Arkadien Vergils in den *Eklogen* war nicht das „echte“ Griechenland: Es wurde vielmehr zu einer sentimental-weltflüchtigen, zart ironisch gefärbten Ansicht einer griechischen Ideallandschaft, „car les vrais paradis sont les paradis qu’on a perdus“ (Proust, Recherche XV, 12), einer Landschaft von subjektiv-vergilischer Färbung[7]. Sehnsucht und Kritik in einem: Gerade so aber verhält es sich mit dem Arkadien Tassos, dem die Prinzessin ein Gegenbild vorhält. Es ist ebenso wenig „wirkliches“ Griechenland, wie jene patriarchalische Landschaft, die Werther aus „seinem Homer“ herausliest. Die Art, wie Werther sich dieses idealen Gegenstandes „Griechenland“ bemächtigt, wirft auf ihn selbst ein kritisches Licht. In jedem Augenblick wird spürbar, daß sein unsichtbarer Briefpartner ihm mißbilligend dabei zusieht. Eben dieses Verhältnis aber gestaltet die Bühne des Tasso: Der Prinzessin „goldene Zeit“ ist in diesem Augenblick[8] ein kritisches Korrektiv jener gefährlichen Aneignung Arkadiens, wie Tasso sie betreibt. Kritik ist ein Element dieser Szene; Sehnsucht das andere. Tassos Möglichkeit der Ausdeutung, um ein kleines anders als die beiden Versionen der Prinzessin (Wirklichkeitsverfremdung – Möglichkeit einer Verwirklichung), läßt sich am besten durch ein kritisches Wort des alten Goethe charakterisieren:

> Ich statuiere keine Erinnerung in eurem Sinne, das ist nur eine unbeholfene Art sich auszudrücken. Was uns irgend Großes, Schönes, Bedeutendes begegnet, muß nicht erst von außen her wieder e r - i n n e r t, gleichsam er-jagt werden, es muß sich vielmehr gleich vom Anfang her in unser Inneres verweben, mit ihm eins werden, ein

---

[7] Vgl. Bruno Snell, *Die Entdeckung des Geistes.* Hamburg 1955. Vgl. Anm. 94, Kap. I.

[8] Sie hat „umgelost“ (Cotta II, 18), wie ein Wort des *Divan* sagt. Das „Goldene“ der ersten Szene, der Konfiguration mit Leonore, ist dem „Goldenen“ der Konfiguration mit Tasso entgegengesetzt.

neueres beßres Ich in uns erzeugen und so ewig bildend in uns fortleben und schaffen. (zum Kanzler Müller am 4. 11. 1823)

Die „goldene Zeit" wie sie die Prinzessin in diesem Augenblick Tasso entgegenhält, jenes

> Und war sie je, so war sie nur gewiß,
> Wie sie uns immer wieder werden kann (1001–1002)

ist durch ein Moment bedeutsam: das der Zeit. Vergangenes und Zukünftiges vereinigen sich zu einer erhöhten Gegenwart. Es ist der klassische „Augenblick"[9] Goethes schlechthin, der seine höchste Form und seinen prägnantesten Ausdruck vielleicht in der Elegie *Alexis und Dora* findet. Auch dort hat Goethe jenes „einfache goldne Alter" (an Schiller am 7. 7. 1796) berufen, das die Prinzessin Tasso in dieser ersten Szene des zweiten Aktes entgegenhält, und in dem jeder Augenblick den „Gehalt eines ganzen Lebens" (Schiller an Goethe am 18. 6. 1796) zu umfassen imstande ist. Aber Tasso bleibt diesem Argument unzugänglich. Ihm verwandelt sich das exzentrische Sehnsuchtsziel in ein nahes, erreichbares „Glück", das „auf goldnen Strahlen herrlich niedersteigt". Eine „goldne Zeit", die er zu leben hofft. Die Prinzessin sieht, welche Gefahr sie heraufbeschworen hat; aber sie vermag Tasso nicht zu beruhigen, so wenig dies Leonore in der ersten Szene mit der Prinzessin gelungen war. Tasso trägt den geraubten „goldenen" Schatz davon. Im folgenden Monolog nimmt er das Wort wieder auf, möchte „die goldne Leier" (1157) schlagen; und gleich darauf taucht der Begriff in charakteristischer Umgebung auf:

> . . . O Witterung des Glücks,
> Begünstge diese Pflanze doch einmal!
> Sie strebt gen Himmel, tausend Zweige dringen
> Aus ihr hervor, entfalten sich zu Blüten.
> O daß sie Frucht, o daß sie Freude bringe!
> Daß eine liebe Hand den goldnen Schmuck
> Aus ihren frischen, reichen Ästen breche! (1189–1195)

---

[9] Vgl. dazu die Abschnitte ‚Antikes' und ‚Schönheit' in *Winckelmann und sein Jahrhundert* (besonders Cotta XVI, 233–235; 238–239); ferner *Der Tänzerin Grab*, besonders Cotta XVII, 57; zu dem ganzen Zusammenhang Emil Staiger, *Die Zeit als Einbildungskraft des Dichters*, Zürich ²1953, S. 109–160.

Hier glaubt man zunächst, sich völlig in Goethes morphologischen Vorstellungen zu bewegen: Äußere Bedingungen – die Witterung – und innere Anlagen – der Typus, die „Entelechie", wenn es sich um den Menschen handelt – sollen zusammenstimmen, daß eine geregelte Metamorphose möglich wird. Das Blatt ist der einzige Ur-Baustein, der zu Blüten werden kann, diese wiederum verwandeln sich in Früchte. Das wichtige Begriffspaar der „Disposition" und „Determination" trifft zusammen,[10] von beiden begünstigt, vermag die Pflanze sich voll zu entfalten. Erst die vorletzte Zeile zerstört diese Illusion. In diesem organischen Gebilde erscheinen plötzlich goldene Früchte, einem künstlich-phantastischen Bereich entstammend, dem Hesperien der Prinzessin in der ersten Szene.[11] Tasso hat die „geraubten" Äpfel freventlich in den natürlich-organischen Bereich verpflanzt. Es ist der Augenblick, wo er seine Liebe, die eine gesungene Liebe des Dichters war, ermutigt durch die Prinzessin und ihr mißverstandenes Hesperien, in die Wirklichkeit zu verkehren sucht. Eine verhängnisvolle Verengung, gleich dem Bedrohlichwerden der unscheinbarsten Zufälle und Nichtigkeiten in den *Wahlverwandtschaften*[12], offenbart sich an diesem einzigen Wort ‚golden‘, das gleißend und vieldeutig durch die Konfiguration taumelt, Beziehungen knüpfend und offenbarend, Seelenwelten aufschließend. Das verfängliche Spiel der Prinzessin mit diesem Wort, das

---

[10] Vgl. den Brief an den Grafen Reinhard vom 24. 12. 1819

[11] Auch hier wird die magische Verfremdung erst deutlich durch einen Bezug auf Tassos Heldengedicht, jene zehnte Strophe des sechzehnten Gesanges:
L'aura, non ch'altro, è de la maga effetto,
l'aura che rende gli alberi fioriti:
co'fiori eterni eterno il frutto dura,
e mentre spunta l'un, l'altro matura.
zu deutsch (J. D. Gries):
Sogar die Luft, die ewig den Gefilden
Ihr Grün bewahrt, wird durch Magie erregt.
Stets sieht man Frücht' und Blüten sich gesellen;
Die brechen auf, da jene reifend schwellen.
Vgl. hierzu auch Anm. zu Kap. I, Nr. 30.

[12] Vgl. dazu Walter Benjamin, Goethes Wahlverwandtschaften, in *Illuminationen*, Frankfurt 1961, S. 70 ff.

Weiterreichen an Tasso, ihr Bemühen, seinen Überschwang zu dämpfen, sein Entfliehen mit dem Geraubten, das er verblendet in die Wirklichkeit zu tragen hofft: Alles das spiegelt sich in einem Wort. Ein letztes Mal noch gebraucht Tasso den Begriff: 1265 im Gespräch mit Antonio. Hier bekommt das Wort eine neue Funktion: In dieser „goldnen" Wolke offenbart sich das Verhältnis Tasso – Antonio.

Antonio. Wirft man nämlich jetzt einen Blick auf das „Goldne" in der Sprache Antonios, so erkennt man plötzlich, daß Tasso zuletzt Antonio zitiert. In der vierten Szene des ersten Aktes hatte der Weltmann seine wohlstilisierte Landschaft im Geschmack Ariosts entworfen (711–733). Allegorische Gestalten bevölkern den Rasen, die Stimme der Weisheit ertönt „von Zeit zu Zeit", sie regiert besonnen die ganze Szene und thront auf einer „goldenen" Wolke (729). Diese Wolke ist geschmackvolle Kulisse, Theaterhimmel. Antonio ist in der Tradition zu Hause, er weiß die Topoi zu handhaben. Eine Interpretation dieser Landschaft wird das erweisen. Der Spielcharakter seines Tuns ist ihm stets gegenwärtig. Ganz anders Tasso, der ihn zitiert. Seine „goldne Wolke" (1265) ist „wörtlich" gemeint, er ist jung und sieht nach seinem hesperischen Apfelraub die Zukunft in rosigsten Farben. Tassos Verfahren beim „Wolken"- wie beim „Apfel"-Raub ist dasselbe. Auch hier, in der „goldenen" Wolke", wird Entliehenes ins Reale umgedeutet, entsprechend den von der Prinzessin „geborgten" Äpfeln, die er unbedenklich ins Wirkliche verpflanzt. Antonio, der im Hofton geschulte Dilettant – und das Wort hat hier noch etwas von dem anerkennenden Renaissanceklang[13] – weiß seine Gleichnisse überlegen zu setzen; Tasso, wenn er mehr sein will als Dichter, wenn er sich zum „Lebenskünstler" umstilisiert, vergreift sich. Ein Wort, „goldene Wolke", genügt, um im Reflex das Verhältnis beider Männer zu offenbaren.

Leonore. Wann benützt Leonore das Wort ‚golden'? Ein einziges Mal nur, wie Antonio, und bezeichnenderweise im Gespräch

---

[13] Über das Doppeldeutige des Begriffs ‚Dilettant' vgl. G. Baumann a. a. O. Anmerkung zu Kap. I, Anm. Nr. 90. Die Interpretation von Antonios Landschaft (711–733) wird seinen Dilettantismus erweisen: S. 115 ff der vorliegenden Darstellung.

mit ihm. Es überrascht nicht, daß sie es in verächtlichem Tone
gebraucht. Ihr ist der ganze Bereich fremd, mag er im Sinne der
Prinzessin oder Tassos sich darstellen. Sie redet Antonio ins Gewissen:

> ... Du mißgönnst
> Dem Bild des Märtyrers den goldnen Schein
> Ums kahle Haupt wohl schwerlich; und gewiß,
> Der Lorbeerkranz ist, wo er dir erscheint,
> Ein Zeichen mehr des Leidens als des Glücks. (2035–2039)

Ein „unfruchtbarer Zweig" (2031) sagt sie vorher: und dann
„unfruchtbare Neigung" (2032); das ist ihr Urteil über Tassos
Leidenschaft, über seine und der Prinzessin goldene Äpfel, über
alles „Goldene". Was für Antonio noch brauchbares poetisches
Bild war, ist für sie wesenlos: Schein, „goldener Schein" (2035). Die
„höchsten Nymphen des Gebürgs" aus dem *Nausikaa*-Fragment
sind ihrer Landschaft ferngeblieben: Sie hat den Blick nicht, sie
zu sehen.

Am kleinsten Sinn-Element der Sprache, dem Wort, vermag
sich Konfiguration zu offenbaren. Entscheidend für die Interpretation war, dieses Wort (‚golden') nicht von vornherein auf
einen Begriff zu impfen. Schon durch die Häufigkeit seines Vor-
kommens stiftet es – unabhängig von seiner Bedeutung – Beziehungen: Tasso und die Prinzessin sagen es fünf- und sechsmal,
Antonio und Leonore nur je einmal. Vor aller Bedeutung hat
dieses eine Wort, je nach der Umgebung, in die es gesetzt ist, eine
Richtung. Es ist gezielt. Es deutet hin, bevor es bedeutet. Diese
Bedeutung selbst aber erschließt sich nicht durch begriffliche Definition a priori, sondern durch vorsichtige Beschreibung der Richtung, die das Wort nimmt, der Bereiche, denen es sich nähert. Je
nach der Sphäre, in die das Wort ‚golden' gerät, weicht es von
seiner ursprünglichen Zielrichtung ab, divergiert nach der einen
oder anderen Seite: Bei der Prinzessin der ersten Szene des
zweiten Aktes weist es auf den „goldenen Augenblick" der Idyl-
len-Szenerie von *Alexis und Dora,* auf Tasso bezogen, erhält es
die Färbung jener Werther-Situation des „Pfades durch einsames
Gebüsch", den die *Harzreise im Winter* beschwört. Im Munde
Leonores wird es zum Epitheton des „Märtyrers mit kahlem
Scheitel", jene Welt der Mönche und Kreuzigungen bezeichnend,

der Goethe seit je mit Unwillen gegenüberstand[14]. Bei Antonio schließlich bekommt das Wort, indem es in den Kreis überlieferter poetischer Versatzstücke gestellt wird, die seit der Antike geläufige Vorstellung eines ‚den höchsten Grad bezeichnenden‘ Epithetons und verliert damit weitgehend seine qualifizierende Kraft[15], ein ‚epitheton ornans‘, das Antonios Landschaft (711–733) erlesenen Glanz und nachdrückliche Bedeutung verleihen soll.

Ein solches Verfahren sprachlicher Gestaltung, von der Interpretation an dem einen Wort ‚golden‘ nachgewiesen, war zukunftweisend. R. Musil wird es an Büchner rühmen (II, 604) und es in seinem Aufsatz *Literat und Literatur* von 1931 so beschreiben:

> Das Wort ist nicht gar so sehr Träger eines Begriffs, wie man, bestochen davon, daß sich der Begriffsinhalt unter Umständen definieren läßt, gewöhnlich annimmt, sondern es ist, wenn es nicht definitorisch zu einem Fachwort eingeengt wird, bloß das Siegel auf einem lockeren Pack von Vorstellungen ... Man kann aber ... den Worten ihre Freiheit wiedergeben, und auch dann werden diese sich nicht einfach nach Laune verbinden; denn die Worte sind dann zwar vieldeutig, aber diese Bedeutungen sind untereinander verwandt ... anstatt der Gesetze, die den logischen Gedankenablauf regeln, herrscht hier ein Gesetz des Reizes ... (Musil III, 707)

---

[14] Vgl. z. B. *West-östlicher Divan* „Jammerbild am Holze“ (Cotta II, 168), ferner ‚Übergangenes‘ aus den *Venezianischen Epigrammen,* Cotta I, 1233 ff; den Bericht von E. Förster aus dem Jahre 1826 (AGA 23, 462 ff), die Abneigung gegen das „Sternbaldisieren und Klosterbrudrisieren“ (Cotta XVII, 488; vgl. 516), den Brief an Jacobi vom 7. 3. 1808 gegen Zacharias Werner.

[15] Auf eine ähnliche Problematik macht schon Gottfried Keller aufmerksam: *Sämtliche Werke,* München 1958 III, 1020–1023: ‚Das goldene Grün bei Goethe und Schiller‘. Vgl. ferner den Aufsatz ‚Fleur et rose‘ von Leo Spitzer in *Romanische Literaturstudien* 1936–1956, Tübingen 1959, S. 811 ff (darin auch über das afz. ‚gemme, or‘). Schließlich gehört in diesen Zusammenhang auch Goethes Anrede an Frau von Stein „Gold“, z. B. im Brief vom 13./ 17. 9. 1777.

Rhythmus. Es ist unbestreitbar, daß die Sprache des *Torquato Tasso* „einheitlich" ist bis zum Unpersönlichen, auf den ersten – und wohl auch noch auf den zweiten Blick. Der Vers leistet dem Vorschub, und die Hofatmosphäre rechtfertigt dies vollends. „Die bunten Farben Des Lebens, blaß, doch angenehm": das ist „klassische Dämpfung" (Leo Spitzer), die das Grobe, Allzuindividuelle, Unmäßige von selbst ausschließt. „Seinen Lippen ist im größten Zorne Kein sittenloses Wort entflohn" (1615–1616) sagt Antonio von Tasso. Gezügelte Sprache ist Selbstverständlichkeit, es gibt kein Ausbrechen. Der Herzog, Antonio, Leonore halten sich bis in die feinsten Spielarten des Ausdrucks an dieses einheitliche Idiom. Am Tonfall wird man nie sagen können, wer von ihnen gerade spricht. Daß der Wortgebrauch dagegen zum Indiz werden kann, hat sich schon herausgestellt.

Tasso und die Prinzessin stehen beide um ein kleines außerhalb dieser höfischen Sphäre: Dieses Beiseitestehen ist durch die „wertherische" Komponente ihres Wesens bedingt. Die Interpretation hatte zu zeigen versucht, wie Goethe sich des Anachronistischen zu diesem Zwecke zu bedienen wußte. Zwar sind die Gesetze höfischen Umgangs Tasso und der Prinzessin zur zweiten Natur geworden, aber die Krankheit der einen, das „Exzentrische"[16] des anderen haben einen leisen Widerstand wachsen lassen, stark genug, so ist anzunehmen, daß er sich im Tonfall offenbaren könnte.

Wie sagt Tasso, als eine Annäherung ihm nicht gelingen will:

> Und fühlte so mich stets im Augenblick
> Wenn ich mich nahen wollte, *fern und ferner.* (916–917)

und dann, als er seine Leidenschaft nicht mehr zu zügeln weiß:

> ... Diese Leidenschaft
> Gedacht ich zu bekämpfen, *stritt und stritt* (3261–3262)

---

[16] Der Goethe der ersten Schweizerreise erscheint dem an *Dichtung und Wahrheit* schreibenden so: „... ob ich gleich meinem Naturell nach auf exzentrische Bahn zu verlocken war..." (Cotta VIII, 962).

Entsprechend aber findet sich im Text der Prinzessin:

> Erst sagt ich mir: entferne dich von ihm!
> *Ich wich und wich,* und kam nur immer näher (1891–1892)

und dann: Tassos Lied locke sie:

> Es lockt uns *nach,* und *nach,* wir *hören* zu,
> Wir *hören,* und wir glauben zu *verstehen,*
> Was wir *verstehn,* das können wir nicht tadeln (1111–1113)

Unverkennbar: Hier ist ein eigener Tonfall, ein korrespondierender Rhythmus, der leise zu verwandten Ohren spricht. Der gemessene Takt höfischen Sprechens und wohlgepflegter Perioden wird für Augenblicke von einer andersgearteten, pulsierenden Sprachbewegung verdrängt, die freilich so schwach ist, daß sie gröberen Organen entgehen muß: Nutzen und Nachteil höfischer Sprache; sie dient in vollkommener Weise den Belangen dieser Gesellschaft, aber nur dieser. Gesellschaftsfremde Impulse vermag sie nicht zu artikulieren. Sie müssen sich anders Ausdruck verschaffen: In einem Stocken der Stimme, in einem kaum wahrnehmbaren Rascherwerden des Atems: Nur Obertöne in der Akustik geselligen Raums.

,Atem'. Ein solcher Befund ermutigt dazu, noch andere Passagen des Textes abzuhorchen; gerade an dem Gegensatz mag manches heller hervortreten. Es stellt sich also zunächst umgekehrt die Frage: Wo spricht Tasso in „offiziellem" Ton? Wo ist er ganz Hofmann, wo will er es sein? Unstreitig in einer Gipfelszene höfischen Zeremoniells, einem Staatsakt: der Überreichung seines Buches; denn indem er dichtet, ist er im höchsten Sinne Diener des Staates.

> PRINZESSIN Genieße nun des Werks, das uns erfreut!
> ALFONS Erfreue dich des Beifalls jedes Guten!
> LEONORE Des allgemeinen Ruhms erfreue dich!
> TASSO Mir ist an diesem Augenblick genug.
> An euch nur dacht ich, wenn ich sann und schrieb:
> Euch zu gefallen war mein höchster Wunsch,
> Euch zu ergetzen war mein letzter Zweck.
> Wer nicht die Welt in seinen Freunden sieht,
> Verdient nicht, daß die Welt von ihm erfahre.
> Hier ist mein Vaterland, hier ist der Kreis,
> In dem sich meine Seele gern verweilt.

Hier horch ich auf, hier acht ich jeden Wink,
Hier spricht Erfahrung, Wissenschaft, Geschmack;
Ja, Welt und Nachwelt seh ich vor mir stehn.
Die Menge macht den Künstler irr und scheu:
Nur wer euch ähnlich ist, versteht und fühlt,
Nur der allein soll richten und belohnen! (440–456)

Der beherrschende Begriff dieser Verse ist der „Augenblick"
(443), der festliche, erhöhte Augenblick. Daß Tasso ihn hier
weniger als je besitzt, beweisen die Verse 257–561; aber gerade
das ist ein Indiz: Der „Augenblick" ist ihm nur ein Vorwand zu
rhetorischer Entfaltung, zur ‚declamatio'. Ein Zeremoniell – die
Dichterkrönung – bereitet sich vor, ihm muß er sich in höfischer
Sprache gewachsen zeigen. Das gegebene Thema stilvoll zu behandeln, war seit je Gepflogenheit der Prunkrede.[17] Tasso stellt
sich das Thema „Augenblick" und behandelt es kunstgerecht;
wie er selbst dazu steht, ist nicht von Belang.

Prinzessin, Herzog und Leonore geben in strenger Rangfolge
ihren Glückwunsch in je einem Vers (440–442). Genuß des Wer-
kes – das Wort ‚Genuß' hatte noch zur Goethezeit einen umfassenderen und zugleich innigeren Sinn – empfiehlt die Prinzessin
und verweist ihn auf die Sphäre eines reichen und bereichernden
Innen. Alfons möchte ihn in den Kreis der Hofelite ziehen, jener
„goldenen Welt", die der Prinzessin dann als Möglichkeit vor-
schweben wird (vgl. 1047). Leonore schließlich verweist ihn auf
den Ruhm der Welt. Drei Sätze Tassos, anaphorisch markiert
(Euch 444–446), antworten diesem dreimaligen Zuspruch. Die
Sprache der Konfiguration erweitert sich zur Tanzfigur: Dreimaliges Neigen und Wider-Neigen gruppiert sich um den höfischen „Augenblick" (443). Eine Antithese (das Begriffsspiel Welt
– Welt 447–448) schließt sich an, symmetrisch in zwei Verse
geordnet. Anaphorisches „Hier" akzentuiert zwei Halbverse
(449), denen sogleich ein paralleles Gebilde antwortet (Hier –
hier 451). Ein fünftes „Hier" leitet die klassische Dreiteilung der
Begriffe ein: Erfahrung, Wissenschaft, Geschmack. Zwei abermals
anaphorische Parallelverse riegeln das Gebilde ab, schließen es
zum rhetorischen Kunstwerk.

---

[17] Vgl. Curtius ELLM, S. 164 ff.

Das Ganze ist streng durchdacht[18]: innere Welt – kleiner Kreis – ganze gebildete Welt werden Tasso als Begriffe zugespielt. Er dankt dreimal, greift dann den Begriff auf und sucht ihn zu einer pointierten Antithese zu formen:

> Wer nicht die Welt in seinen Freunden sieht,
> Verdient nicht, daß die Welt von ihm erfahre.

Eine Maxime vereinigt innere und äußere Welt. Aber das letzte Ziel ist die „Synthese" beider Extreme, der höfische Kreis. Ein fünffaches „Hier" weist auf ihn hin. Drei Disziplinen werden hier gepflegt: Geschichte, Naturwissenschaft, Kunst. Welt und Nachwelt sind in den Gönnern des Dichters gegenwärtig.

Man sieht, daß Tasso seinen höfischen Ton virtuos beherrscht. Seine Stegreifrede könnte in jedes florilegium aufgenommen werden. Doch man vergleiche diese Rede mit der ähnlich durchrhetorisierten Antonios in der vierten Szene des ersten Aktes (711–733), die der Interpretation noch vorbehalten bleibt. Was dort mit leichter Hand arrangiert ist, hat hier etwas Starres, Überformtes. So virtuos es scheint, Tasso tut sich Zwang an. Er bedient sich dieser Form ohne rechte Überzeugung. Die Art, in der er den Begriff der „Welt" in seiner doppelten Bedeutung zusammenzwingt, hat etwas höchst Bedenkliches. Er reproduziert Angeeignetes. Die Form wird zur Formel. Seine Rede ist Maske.

Der offizielle Ton Tassos schärft das Ohr für andere Sprachaugenblicke dieser Figur. Er ist mit der Prinzessin allein, er sucht sich ihr zu öffnen. „Da hofft ich viel für dich und mich", hatte die Prinzessin gesagt; Tasso erkennt seinen eigenen Tonfall in diesem Spiegel wieder. Jetzt verfällt er in die unmittelbare Sprache seines Wesens:

> Und ich, der ich, betäubt von dem Gewimmel
> Des drängenden Gewühls, von so viel Glanz
> Geblendet und von mancher Leidenschaft
> Bewegt, durch stille Gänge des Palasts
> An deiner Schwester Seite schweigend ging,
> Dann in das Zimmer trat, wo du uns bald,

---

[18] Auch die folgerechte Entwicklung eines Gedankens – unabhängig von seinem Bezug auf aktuellen Anlaß – gehört zur Form: ‚dispositio' der antiken Rhetorik.

Auf deine Fraun gelehnt, erschienest – mir
Welch ein Moment war dieser! ... (868–875)

Das ist rhythmisierte Prosa: Enjambement – in der eben zitierten Prunk-Stelle gab es kein einziges! –, stufenweise auf einen Höhepunkt zueilende Sätze, ein Innehalten – und Ausklingen. Dieser Atem ist hier nicht zum erstenmal vernehmbar; übersteigerter zwar, eruptiver, in weiter geschwungenen Bögen damals, aber noch hier unverkennbar: der Werthertonⁿ[19]. Eine Vorstufe solcher Sprachbewegung findet sich in dem Brief Goethes vom 27. 6. 1770 (an Katharina Fabricius?):

> Wie ich so rechter Hand über die grüne Tiefe hinaussah und der Fluß in der Dämmerung so graulich und still floß, und lincker Hand die schweere Finsterniß des Buchenwaldes vom Berg über mich herabhing, wie um die dunckeln Felsen durchs Gebüsch die leuchtenden Vögelgen still und geheimnißvoll zogen; da wurds in meinem Herzen so still wie in der Gegend ...

Paradigmatisch[20] aber ist dann Werthers Brief vom 10. 5. 1771:

> Wenn das liebe Tal um mich dampft und die hohe Sonne an der Oberfläche der undurchdringlichen Finsternis meines Waldes ruht und nur einzelne Strahlen sich in das innere Heiligtum stehlen, ich dann im hohen Grase am fallenden Bache liege und näher an der Erde tausend mannigfaltige Gräschen mir merkwürdig werden, wenn ich das Wimmeln der kleinen Welt zwischen Halmen, die unzähligen, unergründlichen Gestalten der Würmchen, der Mückchen näher an meinem Herzen fühle und fühle die Gegenwart des Allmächtigen, der uns nach seinem Bilde schuf, das Wehen des Alliebenden, der uns in ewiger Wonne schwebend trägt und erhält – mein Freund, wenns dann um meine Augen dämmert und die Welt um mich her und der Himmel ganz in meiner Seele ruhn wie die Gestalt einer Geliebten, dann sehne ich mich oft und denke: „Ach, könntest du das wieder ausdrücken, könntest du dem Papiere das einhauchen, was so voll, so warm in dir lebt, daß es würde der Spiegel deiner Seele, wie deine Seele ist der Spiegel des unendlichen Gottes!" (Cotta VI, 135)

---

[19] Den schönsten Aufschluß über die Werthersprache verdanken wir Ernst Beutler in seiner Einführung zum ersten Briefband der Goethe-Ausgabe im Artemis-Verlag Zürich 1951.

[20] Vgl. auch den 'Werther-Atem', das Aufstauen der Sätze auf einen lösenden Schluß hin im Brief vom 13. 2. 1775 an Auguste von Stolberg.

Mit „wenn" oder „wie" eingeleitete Vordersätze steigern sich bis zu einem Höhepunkt, dann ist ein Innehalten, und die Satzmelodie fällt wieder. Dieselbe Bewegung, nur gemäßigter, ist oben in Tassos Sprache nachgezeichnet. In immer neuen Ansätzen steigert sich die Spannung, ein Innehalten auf dem Höhepunkt – dieses durch den charakteristischen Bindestrich, jener durch die ungewöhnliche Wortstellung des „mir" bezeichnet, und ein rasches Entladen der Spannung. Das Neue an dieser späten Spiegelung ist nicht so sehr das Fehlen jener – logisch stets suggerierten – „wie" oder „wenn", auch nicht das ins Enge Gezogene dieser Periode, sondern das, worein sie mündet. Werthers Resignation am Ende des Briefes ist tödlich: „Ich gehe darüber zugrunde" (Cotta VI, 135), der Augenblick hat ihn erschöpft, die Kraft ist verbraucht[21]. Tasso dagegen fängt sich wieder. Ein Vergleich schließt sich an (876 ff), wohlausgewogene Kola tragen ihn. Und dann kommt etwas sehr Bezeichnendes: Er korrigiert die „Wenn-Periode" Werthers in ein klassisches Gebilde. Er setzt neu an, und jetzt gelingt es ihm so, wie der Hofton es verlangt:

> Wenn unerfahren die Begierde sich
> Nach tausend Gegenständen sonst verlor,
> Trat ich beschämt zuerst in mich zurück
> Und lernte nun das Wünschenswerte kennen. (881–884)

Vordersatz und Nachsatz sind im Gleichgewicht: Sie bestehen aus je zwei Versen. Welche Sinnesfülle im Werthersatz, bis zu den „Würmchen" und „Gräschen", welche Übersteigerung; und hier maximenhaft gebändigt, Begriffe, entsinnlicht, „blaß doch angenehm".

Daß Tasso den Atem Werthers noch zuweilen besitzt: das unterscheidet ihn von Antonio und Leonore; daß er sich korrigiert, wenn er sich dieses Tones bewußt wird: das hebt ihn von Werther ab. Werther war unverbesserlich.

Und die Prinzessin? Bei ihr ist mit noch feineren Abstufungen zu rechnen. Daß sie diesen Tonfall versteht, ist schon spürbar ge-

---

[21] Man vergleiche eine beliebige Szene des Sturm- und Drangdramas, sie ist nach demselben Prinzip des seelischen Aufwands bis zur Entkräftung, der Kraftäußerung um ihrer selbst willen, konzipiert, z. B. Friedrich Maximilian Klinger, *Die Zwillinge* (III, 3) (oder IV, 4). Vgl. dazu Beissner, a. a. O., GRM 22 (1934).

worden. Wie aber wird sie reagieren? In derselben Szene noch sagt sie:

> Wenns Männer gäbe, die ein weiblich Herz
> Zu schätzen wüßten, die erkennen möchten,
> Welch einen holden Schatz von Treu und Liebe
> Der Busen einer Frau bewahren kann,
> Wenn das Gedächtnis einzig schöner Stunden
> In euren Seelen lebhaft bleiben wollte,
> Wenn euer Blick, der sonst durchdringend ist,
> Auch durch den Schleier dringen könnte, den
> Uns Alter oder Krankheit überwirft,
> Wenn der Besitz, der ruhig machen soll,
> Nach fremden Gütern euch nicht lüstern machte:
> Dann wär uns wohl ein schöner Tag erschienen,
> Wir feierten dann unsre goldne Zeit. (1035–1047)

Wüßte man nicht von dem Wertherton Tassos, so klänge diese Passage ganz unverfänglich. Ein mäßiges Enjambement, vier „Wenn" leiten anaphorisch steigernd vier Vordersätze ein, zwei „dann" antworten im Nachsatz. Der höfische Ton ist nicht zu verkennen; die Prinzessin vermag ihn nicht abzulegen. Aber gerade durch das scheinbar Maßvolle, Gegliederte verrät sie sich; verrät sich der Bezug zu Tassos frühem Satz: im Mißverhältnis nämlich von elf Versen Vorder- und nur zwei Versen Nachsatz. In der Atemführung ist das noch näher an Werther als an Tasso; in der rhetorischen Gliederung steht es ganz im Einflußbereich höfischer Sprache. Daß unter der Sprache der Atem ihrer Seele sich offenbart, dagegen vermag sie kaum etwas; eine bewußtere Stufe aber gibt es für sie nicht; die Prinzessin bedient sich der Hofsprache oder – sie schweigt.

Wo der Sprache enge Grenzen gesetzt sind, wo Vers und „klassische Dämpfung" das Vielfältige beschneiden, wo alle Figuren auf ein gemeinsames Medium des Hoftons angewiesen sind, bedient sich Goethe des „Atems" – man kann beinahe sagen: sogar im biologischen Sinne –, um die Nuancen der Konfiguration hervortreten zu lassen. Dieses Drama ist weit davon entfernt, jede Figur naturalistisch durch einen bestimmten, klar abgegrenzten Jargon zu charakterisieren. Die beiden Elemente des Höfisch-Gemessenen und des Gefühlhaft-Exzentrischen, der Form und der Unform: Hofton und Wertheratem, offenbaren

sich im Wechsel der Sprachbewegungen. Das Widerspiel beider
Möglichkeiten innerhalb der Figuren, Tassos und der Prinzessin,
macht sie allererst zu der lebendigen Einheit, die sie sind. Daß in
ihrer Sprache zweierlei ist, gebändigte Form und möglicher Ausbruch, durchdachter Periodenbau und pulsierendes Aufbegehren,
ein Wechselverhältnis gegensätzlicher Kräfte, gerade das wird
zum Indiz der Grenzen und Gemeinsamkeiten dieser Figuren.
Nur im ,Rhythmus' ihrer Sprache, dem ,Atem', der die Sätze
trägt, spiegelt sich ihr Miteinanderdasein, „wie der Rhythmus
überhaupt die einfachste Form ist, die Entgegengesetztheit von
Akzenten als Einheit zu begreifen und sein Geheimnis darin hat,
daß in seiner Wechselgestalt ein Höheres, in keinem seiner Elemente Aufgehendes, lebt".[22]

3. Metapher und Vergleich

Goethes Metaphern sind unscheinbar. Häufig ist kaum zu entscheiden, wo die Grenze zwischen Bedeutetem und Bedeutendem,
zwischen Ding und Metapher oder Vergleich verläuft. Die klassische Sprache ist arm an metaphorischen Wendungen. Es ist zu
vermuten, daß sie diesen Mangel durch ein erhöhtes Spiel von
Beziehungen und Bedeutungsnuancen ausgeglichen hat. Es empfiehlt sich daher auch hier, ein Beispiel durch das Kaleidoskop
der Konfiguration zu verfolgen und zu beobachten, wie sich an
ihm Gemeinsamkeit und Auseinandertreten der Figuren bewähren. Beispielhaft hierfür ist die Lichtmetaphorik und ihre Metamorphose in das Welle-Fels-Gleichnis, an das die spätere Interpretation anknüpfen soll: der Abschnitt SCHIFFBRUCH.
Schon der erste Auftritt gibt den Schlüssel in die Hand: Zunächst sei an die Worte erinnert, mit denen die beiden Frauen
einander zu charakterisieren suchen: Die Prinzessin weiß „ein
lebhaft Fühlen" (83) an Leonore zu rühmen; diese stimmt zu:
„...was ich lebhaft fühle" (87). Umgekehrt erkennt Leonore
an der Prinzessin eine Abwendung von allem Scheinhaft-Glän-

---

[22] Georg Simmel, *Goethe,* Leipzig 1913, S. 87.

zenden (89), etwas Stilles (85), Gedämpftes; sie schweigt und verschweigt (88). In die Charakterdefinition mischen sich Lichtwerte: Der kritische Punkt, an dem sich das Wesen beider Frauen offenbart, ist der „Glanz des Augenblicks" (89). Leonore gibt sich ihm hin, die Prinzessin wendet sich von ihm ab. Dazu fügt sich, daß Leonore vom „schönen Licht" (64) der Wissenschaft, von „schwerer Dämmerung" (66) der Barbarei spricht.[23] Besonders interessant ist jedoch der Beginn: Da spricht die Prinzessin beglückt von der „Sonne" (26), während Leonore die „Schatten" (29) „erfreulich" (30) findet. Das Verhältnis ist umgekehrt: Hier scheint das Sonnenlicht zur Prinzessin zu gehören, die gedämpften Helligkeitswerte zu Leonore. Eine Handhabe zur Auflösung dieses Widerspruchs bietet die erste Szene nicht. Es ist also geraten, sich mit den Folgerungen zu begnügen, die sich ziehen lassen.

Dreierlei wird dabei entscheidend: Einmal zeigt sich, daß die Lichtwerte einen Bezug zu den Figuren haben. Aus dem Tausch der Lichtwerte ist zu schließen, daß sie auch auf die Beziehung der Figuren untereinander deuten. Innen und Außen sind in Goethes Gestaltungsweise korrelativ: „Licht und Geist, jenes im Physischen, dieser im Sittlichen herrschend, sind die höchsten denkbaren unteilbaren Energien" (Hecker 1299). Die innere Welt der Figuren, die äußere des Lichts bilden zusammen den Raum der Konfiguration. Ferner aber ist einzuschränken: Die Lichtmetaphern bzw. Lichtabtönungen stellen keine eindeutigen Wertungen dar. Sie sind ethisch indifferent; sonst könnten sie nicht innerhalb einer Szene vertauscht werden[24]. Endlich aber: Sie

---

[23] „Wir finden bei Goethe eine Lichtpoetik, die Göttliches und Menschliches, Westliches und Östliches, Vergangenes und Gegenwärtiges umgreift" (E. R. Curtius, *Kritische Essays zur europäischen Literatur*, Bern ²1954, S. 55). Es wird sich erweisen, wie glücklich diese Parataxe der Begriffe von Curtius gewählt ist, wie treffend dieses „Umgreifen". Licht und Dunkel sind wertungsindifferent. Weder *Sonnengesang* (Laudes creaturarum) des Franz von Assisi, noch *Hymnen an die Nacht* von Novalis.

[24] Dazu Goethe:
Zugegeben, daß der Tag, von dem Urquell des Lichts ausgehend, weil er uns erquickt, belebt, erfreut, alle Verehrung verdiene, so folgt noch nicht, daß die Finsternis, weil sie uns

haften nicht ausschließlich an einer Figur, sondern scheinen auf überindividuelle Bezirke und Konstellationen hinzudeuten (vgl. 2346–2348; 2408–2411).

Die folgenden Analysen haben zu erweisen, wie diese in der ersten Szene angedeuteten Verhältnisse sich vertiefen. Der Bezug der Lichtmetaphern und Helligkeitswerte auf Figur und Konfiguration wird in zunehmendem Maße hervortreten. Es ist Aufgabe der Interpretation, diesen Metamorphosen nachzugehen.

Sonne – Mond

Leonore – Tasso. Leonore in ihrem großen Monolog (III, 3) wägt Vor- und Nachteil ihres Tuns in Bezug auf die Prinzessin ab:

> ... ihr nimmst du nichts:
> Denn ihre Neigung zu dem werten Manne
> Ist ihren andern Leidenschaften gleich.
> Sie leuchten, wie der stille Schein des Monds
> Dem Wandrer spärlich auf dem Pfad zu Nacht:
> Sie wärmen nicht und gießen keine Lust
> Noch Lebensfreud umher ... (1954–1959)

Hier, aus dem Blickpunkt der Figur, wird der Mond und sein stiller Schein (vgl. 85) charakteristisch für die Prinzessin. Als

---

unheimlich macht, abkühlt, einschläfert, sogleich als böses Prinzip angesprochen und verabscheut werden müsse; wir sehen vielmehr in einem solchen Verfahren die Kennzeichen düstersinnlicher, von den Erscheinungen beherrschter Geschöpfe" (AGA 17, 777).

Und dies ins Positive wendend, rühmt Goethe an der *Daphnis und Chloe*-Übersetzung von Paul Louis Courier (Vgl. zu diesem die Würdigung von Erich Auerbach in *Vier Untersuchungen zur Geschichte der französischen Bildung*, Bern 1951) die „höchste Milde" der Darstellung: „aller Schatten wird Reflex"; „welcher Künstler überhaupt das noch verstünde" (Cotta XIII, 909, Tagebuch vom 19. 3. 1831). Licht und Schatten sind, einander gegenseitig deutend, gegenübergestellt; sie sind zwar auch Kontrast, aber vor allem Reflex. Hell und Dunkel erscheinen als Korrelate: ein Gedanke, der nicht nur Goethes Art zu gestalten beherrscht, sondern auf dem auch seine Farbenlehre beruht.

primäre Setzung – und damit Voraussetzung dieser Sicht – erscheint die Sonne, der glanzreiche Tag (1944), den Leonore für sich erhofft. Hier liegen ihre Kräfte, hierher setzt sie den Hauptakzent. Ein leicht verächtlicher Unterton dem Mondreich gegenüber, der in der ersten Szene nicht hörbar wurde, ist nicht zu verkennen.

Im nächsten Akt steht ein Gespräch zwischen Leonore und Tasso (IV, 2). Hier ist er es, der Mond und Tageshelle zur Sprache bringt:

> Wohl hast du recht, ich bin nicht mehr ich selbst,
> Und bins doch noch so gut, als wie ichs war.
> Es scheint ein Rätsel, und doch ist es keins.
> Der stille Mond, der dich bei Nacht erfreut,
> Dein Auge, dein Gemüt mit seinem Schein
> Unwiderstehlich lockt, er schwebt am Tage
> Ein unbedeutend blasses Wölkchen hin.
> Ich bin vom Glanz des Tages überschienen,
> Ihr kennt mich, ich kenne mich nicht mehr. (2254–2262)

Tasso, im Gegensatz zu Leonore, sieht sich hier auf der Mondseite des Lebens. Die Nacht trägt und erhöht seinen zarten Lichtwert, die Sonne, der „Glanz des Tages" läßt ihn verschwinden (vgl. 798–800). War bei Leonore aus der „Sonnenwelt", von der „Tageseite" her, ein Blick auf den blassen, „spärlich" erhellten Raum des Mondes gefallen – wobei dieser sich zugleich als der Prinzessin zugehörig erwies –, so erscheint hier, von der Nachtseite aus gesehen, dieses Licht des klaren Tages als störendes, als „verdunkelndes" Element. Die Mondwelt scheint Tasso in ihrer Zartheit und Stille seinem Wesen besonders adäquat.

An der Mondmetapher konstituieren sich die Verhältnisse der Figuren: Leonore und Tasso. An Mond und hellem Tag scheiden sich die Wesen: Feindlich stehen einander beide Welten gegenüber. Für Leonore ist der Mond das Blasse, Kühle, Lebensfremde; für Tasso bedeutet der helle Tagesglanz Gefährdung und drohenden Selbstverlust. Wie werden sich Tasso und die Prinzessin an dieser Metapher bewähren?

Tasso – Prinzessin. Mit folgenden Versen nähert sich Tasso der Prinzessin unter dem Doppelgestirn des Tages und der Nacht: „Doch werf ich", sagt er in der ersten Szene des zweiten Aktes

> Doch werf ich einen Blick auf dich, vernimmt
> Mein horchend Ohr ein Wort von deiner Lippe,
> So wird ein neuer Tag um mich herum ... (756–758)

und dann, am Ende derselben Szene:

> Welch einen Himmel öffnest du vor mir,
> O Fürstin! Macht mich dieser Glanz nicht blind,
> So seh ich unverhofft ein ewig Glück
> Auf goldnen Strahlen herrlich niedersteigen. (1115–1118)

und wieder, in dem darauf folgenden Monolog:

> ... Es erhebt
> Die Sonne sich des neuen Lebenstages,
> Der mit den vorigen sich nicht vergleicht. (1129–1131)

und endlich im vorletzten Auftritt:

> Mit jedem Wort erhöhest du mein Glück
> Mit jedem Worte glänzt dein Auge heller.
> ... ja, du machst
> Mich ganz dir eigen. Nichts gehöret mehr
> Von meinem ganzen Ich mir künftig an.
> Es trübt mein Auge sich in Glück und Licht ...
> (3269–3278)

Aus Tassos Welt gesehen erscheint die Prinzessin als Sonne, von der er, der dem Mondlicht Zugeordnete, einen Glanz empfängt, der durchaus nicht mehr als störender Einbruch gefaßt wird: „Erblickt ich sie, da ward das helle Licht des Tags mir trüb" (2800–2801). Nichts mehr von Mond und Blässe: Wie der Schmetterling des *West-östlichen Divan* „sehnt er sich nach Flammentod". Diese Sonne kann ihm nicht genug scheinen; er empfindet sich als Abglanz ihres Daseins.

Prinzessin – Tasso. Und noch einmal sei der Standort gewechselt: Wie blickt die Prinzessin auf Tasso? Wie ordnet sie selbst sich ein?

> Mit breiten Flügeln schwebte mir das Bild
> Des Todes vor den Augen, deckte mir
> Die Aussicht in die immer neue Welt.
> Nur nach und nach entfernt' es sich und ließ
> Mich wie durch einen Flor die bunten Farben
> Des Lebens, blaß, doch angenehm, erblicken. (853–858)

103

In dem matten Glanz mittelbaren Lichts steht sie der Welt gegenüber: „blaß, doch angenehm". In dem Augenblick aber, da sich ihre Gedanken Tasso zuwenden, den sie zu verlieren droht, geht ihr eine Lichtwelt auf:

> Die Sonne hebt von meinen Augenlidern
> Nicht mehr sein schön verklärtes Traumbild auf;
> Die Hoffnung, ihn zu sehen, füllt nicht mehr
> Den kaum erwachten Geist mit froher Sehnsucht...
> (1857–1860)
> Der Sonne Pracht, das fröhliche Gefühl
> Des hohen Tags, der tausendfachen Welt
> Glanzreiche Gegenwart ist öd und tief
> Im Nebel eingehüllt, der mich umgibt... (1870–1873)

Da ist das ganze Vokabular der Lichtfülle noch einmal aufgeboten: Sonne, der Sonne Pracht, der hohe Tag, glanzreiche Gegenwart. Jede der beiden Figuren, Tasso und die Prinzessin, empfinden sich einer blassen Welt angehörig, einem Mondreich, dessen Licht nichts ist als Reflex der Sonnenwelt der anderen Figur.

Überblickt man das bisher Dargestellte, so zeigt sich: Die Andeutungen der ersten Szene haben sich bestätigt und präzisiert. Ein Metaphernpaar (Mond – Sonne) wurde zum Katalysator der Konfiguration; an ihm verdeutlichten sich die wechselnden Beziehungen der Figuren. In dem Verhältnis Tasso – Leonore offenbaren sich widerstreitende Kräfte, eine Welt ist der anderen lästig, ja störend; ein entschiedener Gegensatz tut sich auf. Umgekehrt in der Konfiguration Prinzessin – Tasso: An denselben Metaphern Mond – Sonne bestätigt sich die Zusammengehörigkeit der Figuren. Nicht mehr feindliche Welten, sondern ergänzende Spiegelung. Spiegelverkehrt einer als des anderen Sonne, spiegelverkehrt einer des anderen Licht zurückwerfend: Sonne und Mond als einander supplierende Welten. Die sachlichen, sozusagen physikalischen Verhältnisse innerhalb der Metaphern und Vergleiche sind dieselben geblieben: Sonne und Mond stehen einander gegenüber, nach wie vor. An ihnen aber schließen sich die seelischen Sphären auf: in ihrer Widersprüchlichkeit und in ihrem Zusammengehören.

Goethes Metaphernkunst im *Torquato Tasso* gehorcht klassischen Gesetzen: Seine Metaphern und Vergleiche bestechen weder durch Extravaganz noch durch sinnliche Fülle. Sie sind konventionell und widersprechen nirgends der Welt des natürlich Erfahrbaren. Sie ziehen ihre Kraft aus dem Reflex. Erst indem sie, aus dem Munde verschiedener Figuren kommend, einander konfrontiert werden, offenbaren sie am scheinbar Selben – dem Verhältnis Sonne – Mond – das Unterschiedene. Metaphern und Vergleiche deuten auf das Miteinander der Figuren; die Figuren spiegeln sich in deren wechselnder Konstellation. Goethes klassische Ökonomie[25] verzichtet auf die äußere Fülle und gewinnt ihre Wirkung aus der Magie der Zusammenstellungen. Gehäufte Metaphern werden blasser in dem Maße, wie ihr Schwall zunimmt. Ein unscheinbares Metaphernpaar in stets variierten, erlesenen Stellungen nimmt zu an Leuchtkraft und Fülle. Es vermag sich auszuleben im Raum der Verhältnisse und Bedeutungen. *Metamorphose der Metaphern und Vergleiche.* Aber die Metamorphose der Lichtgleichnisse ist noch nicht zu Ende. Die Konfrontation zweier Stellen im Zusammenhang wird das erweisen: Hier bestätigt sich das Erreichte und deutet auf Ferneres. Der Text der Prinzessin steht im zweiten Auftritt des dritten Aktes, der Tassos im ersten Auftritt des zweiten Aktes:

> PRINZESSIN Die *Sonne* hebt von meinen *Augenlidern*
> Nicht mehr sein schön verklärtes Traumbild auf
> (1857–1858)
> Mein erster Blick hinab in unsre Gärten
> Sucht ihn vergebens in dem *Tau* der *Schatten* (1861–1862)
> Welch eine *Dämmrung* fällt nun vor mir ein!
> Der *Sonne* Pracht, das fröhliche Gefühl
> Des *hohen* Tags, der tausendfachen Welt
> *Glanzreiche Gegenwart* ist öd und tief
> In *Nebel* eingehüllt, der mich umgibt.
> Sonst war mir jeder Tag ein ganzes Leben (1869–1874)
> Und, glücklich *eingeschifft,* trug uns der Strom
> Auf *leichten Wellen* ohne Ruder hin:
> Nun überfällt in trüber Gegenwart

---

[25] Ein Schlüsselbegriff von Goethes Ästhetik, so Cotta XV, 735: „Ökonomie des Stücks". Vgl. auch: „Denn wie in einem Stück zu viel geschehen kann, so kann darin auch zu viel Empfundnes ausgesprochen werden" (Cotta XV, 600).

Der Zukunft Schrecken heimlich meine Brust. (1876–1879)
TASSO   Das göttlichste erfuhr ich nur in dir.
So unterscheiden sich die Erdengötter
Vor andern Menschen . . .
. . . Vieles lassen sie,
Wenn wir gewaltig *Wog auf Woge* sehn,
Vor ihren Füßen rauschen, hören nicht
Den Sturm, der uns umsaust und niederwirft (1070–1078)
Du hast mich oft, o Göttliche, geduldet,
Und wie die *Sonne* trocknete dein Blick
Den *Tau* von meinen *Augenlidern* ab . . . (1082–1084)

Das Spiel der Helligkeitswerte (Sonne, Sonne, hoher Tag,
Glanzreiche Gegenwart – Schatten, Dämmerung, Nebel, trübe
Gegenwart bei der Prinzessin; Sturm – Sonne bei Tasso) ist nichts
Neues mehr; in wie gefährliche Nähe die beiden Figuren aber
geraten, mag noch durch ein anderes dargestellt werden. Sie bedienen sich nicht nur derselben Vergleiche, sie assoziieren auch
dieselben Bildinhalte:

TASSO   Und wie die *Sonne* trocknete dein Blick
Den *Tau* von meinen *Augenlidern* ab (1083 f)
PRINZESSIN   Die *Sonne* hebt von meinen *Augenlidern* (1857)
Sucht ihn vergebens in dem *Tau* der Schatten (1862)

Die Interpretation hatte auf das Assoziative der Dialogführung hingewiesen, wie es in der ersten Szene in bezug auf Wort
und Begriff sichtbar geworden war. In der hier beschriebenen
Bildassoziation tritt eine neue Ergänzung hinzu: Sonne, Tau und
Augenlider haben „logisch und kausal" wenig miteinander zu
tun. Aber es fällt nicht besonders auf, wenn sie zusammen genannt werden. Würde nur eine der beiden Figuren diese drei
Vorstellungen assoziieren, so hätte es nichts zu bedeuten. Daß
aber beide es tun und parallel assoziierend ihre innere Nähe
verraten, wie die divergente Assoziation Leonores und der Prinzessin auf zwei verschiedene geistige Welten gedeutet hatte, das
ist Goethes Kunst der Konfiguration: Er läßt „nichts geschehen . . ., was nicht seelisch von Wert ist" (Musil III, 812).
Und noch etwas ist aufschlußreich: Wieder ist das scheinbar
Gleiche nicht identisch. Denn während die Prinzessin mit „Sonne,
Tau und Augenlidern" auf die morgendliche Wirklichkeit des
Gartens deutet, faßt Tassos Geist die gleichen Wörter als Ver-

106

gleich auf: Seine Tränen, die unter den Blicken der Prinzessin trocknen. Der Vorgang ist analog jenem „Apfel"- und „Wolken"-Raub, der schon Gegenstand der Darstellung geworden ist.

Die tiefste Bedeutung der oben im Zusammenhang zitierten Texte liegt aber in etwas anderem: Es deutet sich eine neue Bildersphäre an, die der Lichtmetaphorik drohend gegenübertritt; unscheinbarer in den Worten der Prinzessin:

> Und glücklich eingeschifft, trug uns der Strom
> Auf leichten Wellen ohne Ruder hin[26]

weit stärker aber bei Tasso, der die „leichten Wellen" (1076) zu

> Wog auf Woge...
> ... Sturm der uns umsaust

werden läßt. Hier trennen sich die Wege Tassos und der Prinzessin; sobald er den Bereich des Unwetters betritt, vermag sie ihm nicht zu folgen. Strom, leichte Wellen ohne Ruder: Sie kehrt in die Welt blasser Langeweile zurück, aus der sie zu Beginn hervorgetreten war. Tasso aber steuert den „sturmbewegten Wellen" (3435) der letzten Szene zu, wo sich dem Bild des wogenstürmenden Unwetters der „Fels" (3438) Antonios zugesellen wird. Schon auf dem Gipfel der Konfiguration mit der Prinzessin (II, 1) deutet sich unvermerkt in Tassos Sprache das Schluß-Verhältnis zu Antonio an, das jenes zu der Prinzessin ersetzen soll. Wie sich die Lichtmetaphorik leise verwandelt, deutet sich in ihr das Verhältnis[27] Tassos zu Leonore und der Prinzessin an,

---

[26] Das Bedrohliche dieser Stelle wird deutlich, wenn man Emil Staigers Interpretation von Goethes frühem Gedicht „Auf dem See" hinzuzieht *(Goethe I,* 66 Zürich und Freiburg 1952), das auch den Begriff des „Goldenen" im Sinne der Bedrohung enthält: „Weg du Traum, so gold du bist". Dort wird diese Gefahr gebändigt: „Die Welle wieget unsern Kahn im Rudertakt hinauf". Das Ganymedische „umfangend-umfangen", Ausgewogenheit des Aktiven und Passiven garantiert Sicherheit. Das „ohne Ruder" der Prinzessin dagegen deutet in die Sphäre Brentanos (der von Staiger als Gegenbeispiel ausgewählt ist), dessen Schiffer „alles Rudern sein läßt". Ein Sich-Treibenlassen, das in der Totenstille der „Eingelegten Ruder" C. F. Meyers seine letzte, trostlose Stufe gefunden haben mag.

[27] Für die Bedeutung des Bildes zur Enthüllung von geistigen Strukturen vgl. den Brief an den Zeichner Neureuther, der eine Anzahl

wie Sonne und Mond in untergründiger Metamorphose sich zu Fels und Welle verformen, so lösen sich die Fäden zu den beiden Frauen, und es knüpft sich eine neue Beziehung: Antonio tritt an Tassos Seite und nimmt seine Hand (3433–3434): Konfiguration im Spiegel der Metapher.

Metaphorik

Im *Torquato Tasso* kommt Goethe mit einer Handvoll an Metaphern und Vergleichen aus.[28] Im Grunde genügen ihm die zwei Paare Sonne – Mond[29] und Welle – Fels als „sich ineinander abspiegelnde Gebilde" zur Enthüllung der Konfiguration. Die Größe des klassischen Stils ist Variation. In immer neuen, immer komplizierteren Konstellationen tauchen die Metaphern auf[30], und je größer die Beziehungsfülle wird, desto genauer

von Goethes Gedichten illustriert hat: Man könne – schreibt Goethe ihm am 23. 9. 1828 – „durch eine ideelle Wirklichkeit (ein Schweben des Dichterischen zwischen „Wirklichem und Ideellem" Cotta XV, 533) der Einbildungskraft neue Richtungen eröffnen", so daß „das Unsichtbare durch das Sichtbare sich verdeutlicht" (Cotta XX, 377).

[28] Es kommt der Arbeit nicht auf eine Unterscheidung der Begriffe ‚Metapher' und ‚Vergleich' im strengsten Sinne an; für die Deutung relevant wird das Phänomen des ‚Metaphorischen' als eines Mittels der Übertragung, des indirekten Sagens. Es ergeben sich, wenn man Metapher und Vergleich zusammen meint, gewisse terminologische Schwierigkeiten, da ein Oberbegriff, der diese beiden Begriffe umfaßt, nicht existiert. ‚Tropus' wäre schon wieder zu weit.

[29] In komödienhafter Vereinfachung erscheint das Sonne-Mond-Motiv und sein Bezug auf das Verhältnis Mann-Frau im *Groß-Cophta* (Cotta III, 867): Schule der Frauen, wie sie Molière nicht besser hätte geben können.

[30] Die Metaphern und Vergleiche sind meist konventionell. Goethe füllt alte Formen mit neuem Geist. Er ist kein Revolutionär. Dasselbe gilt für den Vers. Er hat kein neues Maß erfunden oder eingeführt. Vgl. dazu die Goethe-Vorlesung in dem Buch von Wolfgang Kayser (postum) *Geschichte des deutschen Verses*, Bern und München 1960.

zeichnen sich die Figuren und ihre Verhältnisse ab, die sich in dieser einen Metapher spiegeln. An ihr selbst verändert sich nichts, sie wird nicht erweitert und nicht verkürzt. Metaphern und Vergleiche sind Katalysatoren der Konfiguration.

Goethe war sich über diesen konstruktiven Charakter der Metapher sehr wohl und sehr früh im klaren. Schon am 20. 11. 1774 schreibt er in einem Brief an Sophie von La Roche „ein kurzes Rezipe für des werthen Baron v. Hohenfelds Griechisches Studium ... biss Dir ein Licht aufgeht über Construcktion, die in Homer reinste Bilderstellung ist." Die Grundfigur wird seit je dargestellt durch die sich ineinander abspiegelnden Gebilde.

Bedeutsam bleibt ferner, daß Goethe sich gerade der Gestirnmetaphern bedient: Sie sind der zwangloseste[31] Ausdruck für jede Art von Konstellation, zugleich der stärkste Ausdruck einer „beweglichen Ordnung" *(Metamorphose der Tiere,* Cotta I, 539): eherne, vorgeschriebene Bahnen – wie sie der Faustprolog preist – und stets wechselnde Bezüge zueinander – wie sie der Beginn von *Dichtung und Wahrheit* rühmt –. Wie sich das Individuum der kosmischen Weite verknüpft, wie diese abergläubische Sünde „läßlicher" ist als jede andere und „manches poetische Gute" hat, legt Goethe Schiller im Zusammenhang mit dem *Wallenstein* auseinander:

Ich halte nach vielfältiger Überlegung das astrologische Motiv für besser als das neue.
Der a s t r o l o g i s c h e A b e r g l a u b e ruht auf dem dunkeln Gefühl eines ungeheuren Weltganzen. Die Erfahrung spricht, daß die nächsten Gestirne einen entschiedenen Einfluß auf Witterung, Vegetation usw. haben, man darf nur stufenweise immer aufwärts steigen, und es läßt sich nicht sagen, wo diese Wirkung aufhört. Findet doch der Astronom überall Störungen eines Gestirns durchs andere. Ist doch der Philosoph geneigt, ja genötigt, eine Wirkung auf das Entfernteste anzunehmen. So darf der Mensch im Vorgefühl seiner selbst nur immer etwas weiter schreiten und diese Einrichtung aufs Sittliche, auf Glück und Unglück ausdehnen. Diesen und ähnlichen

---

[31] Goethe an C. L. von Knebel am 21. 2. 1821: „... die G l e i c h n i s s e, welche desto mehr Werth haben, je mehr sie sich dem Gegenstande nähern, zu dessen Erleuchtung sie herbeygerufen worden. Die vortrefflichsten aber sind: welche den Gegenstand völlig decken und identisch mit ihm zu werden scheinen."

Wahn möchte ich nicht einmal Aberglauben nennen, er liegt unserer Natur so nahe, ist so leidlich und läßlich als irgend ein Glaube. (Brief vom 8. 12. 1798)

Hier ist Shakespeare ein Ahne Goethes. Wenn Hofmannsthal (*Aufzeichnungen*, 1959, S. 198) sich notiert: „Die Metaphern bei Shakespeare gehören nicht zum mimischen Ausdruck noch zur Mitteilung: sie sind ein Drittes[32]", so gilt das in gleichem Maße für Goethe. Das Katalysatorhafte, zwischen Ding und Sprache Stehende, Beziehungen Knüpfende und Lösende der Metapher spielt im Tasso eine große Rolle. „Jedes Motiv muß sich charakterologisch ausleben können, das ist Shakespeares wunderbares Geheimnis"[33]. „Charakterologisch ausleben": das heißt aber, daß dem Motiv – in diesem Fall der Metapher – die Bedingungen gegeben sind, seine Möglichkeiten zu entfalten; mit anderen Worten: ein Raum, innerhalb dessen „wechselseitige Spiegelung" gewährleistet ist. „Charakterologisch ausleben" heißt nicht, daß eine starre Beziehung gesetzt wird. Ist einmal ein „Dies-bedeutet-das" ausgesprochen, so ist das Motiv tot. Ein Charakter ist durch eine Hieroglyphe festgenagelt. Eine Deutung, die sich damit begnügt zu sagen: ‚Leonore ist der Sonnenwelt zugeordnet; diese symbolisiert das Reich des Hellen, Vernunftklaren, Unschwärmerischen', hat das Motiv der ‚Sonne' zum Begriff skelettiert. Das eine, Sinnliche, wäre auf ein anderes, Denkbares, „zurückgeführt". Eine solche Bewegung ist eindimensional. Anders Goethes Gesetz der „sich ineinander abspiegelnden Gebilde". Sie stehen unter der Kategorie der „Wechselwirkung", einer doppeltgerichteten Bewegung; kein Ruhendes, das auf ein anderes Ruhendes reduziert wird, sondern ein „Sich ausleben" nach beiden Seiten. Die sachlichen Elemente eines solchen Miteinander bleiben unangetastet, aber das Spiel der Beziehungen

---

[32] Obwohl Hofmannsthal keinen Hinweis gibt, wäre an die Gestirnmetaphorik in *Antony and Cleopatra* zu denken. In anderem Zusammenhang wird übrigens dieses Drama von Hofmannsthal erwähnt: Prosa IV, 199 ff (1955). Bei Shakespeare scheint mir das starr hierarchische Moment in der Gestaltung der Metaphern entscheidend, bei Goethe das umgestaltende.

[33] Hofmannsthal an Richard Strauss, *Briefwechsel*, Zürich ²1955, S. 577.

110

zwischen ihnen ist unendlich. Weder werden ‚Charaktere' auf Metaphern reduziert, noch ist die Metaphernwelt ‚symbolisch' für ein Ensemble von ‚Charakteren'. Ambivalenz ist das Gesetz ihres Miteinander. Metaphern und Figuren treten in das Wechselspiel einer beweglichen Ordnung, einer komplizierten Tanzbewegung höherer Art, für die der Begriff der ‚Konfiguration' bereitsteht.

Das Gesagte läßt sich in zweierlei Richtung ausspinnen: auf die Beziehung hin, die die Metapher zum Charakter hat, auf den zweideutigen Mittelzustand hin, den sie zwischen Sprache und Dingsphäre einnimmt. Beide Probleme gehören zusammen.

Jedes Motiv müsse sich „charakterologisch ausleben", hatte Hofmannsthal gefordert. Diese Einsicht ist folgenreich: Solange planmäßig Handlungen entwickelt und abgeleitet werden, ist die Psychologie nicht fern: das Raisonnieren über seelische Zusammenhänge, über Kausalität und Finalität des Handelns und Reagierens; damit steht das Drama in einem geregelten Zeitablauf, einem Jetzt, Vorher und Nachher. Treten aber Motive – und dazu gehören als kleinste Einheiten wohl auch die Metaphern – in Beziehung zu dem Charakter der dramatischen Figur, so gerät notwendig die Handlung als gradliniger Zeitablauf in den Hintergrund, denn die Metapher steht außerhalb der Zeit, sie kann Beziehungen vor- und rückwärts knüpfen[34]. Ein Zitat aus Marcel Prousts *A la Recherche du Temps Perdu* belegt das:

On peut faire se succéder indéfiniment dans une description les objets qui figuraient dans le lieu décrit, la vérité ne commencera qu'au moment où l'écrivain prendra deux objets différents, posera leur rapport, analogue dans le monde de l'art à celui qu'est le rapport unique de la loi causale dans le monde de la science, et les

---

[34] Daher konnte man bei der Interpretation zwanglos weit auseinanderliegende Textstellen konfrontieren, daher mußte man das sogar; Tassos Degenziehen gehört in den dritten Auftritt des zweiten Aktes und sonst nirgendwohin. Die Sonne-Mond-Metapher leuchtet über dem ganzen Stück. Goethe braucht keine Handlung – oder doch nur sehr wenig Handlung – um die Konstellation und die möglichen Verwicklungen zu gestalten. Indem Wörter, Satzrhythmen, Metaphern, Landschaftsmotive die Beziehungen der Figuren zueinander enthüllen, sind ohne psychologisches Raisonnement die möglichen Verwicklungen schon vorweggenommen.

enfermera dans les anneaux nécessaires d'un beau style, ou même, ainsi que la vie, quand, en rapprochant une qualité commune à deux sensations, il dégagera leur essence en les réunissant l'une et l'autre, pour les soustraire aux contingences du temps, dans une métaphore, et les enchaînera par le lien indescriptible d'une alliance de mots. (XV, 36)

Die Beziehungen zwischen zwei Dingen treten in der Kunst an die Stelle dessen, was in der Wissenschaft das Kausalgesetz heißt; damit lösen sich Metapher und Vergleich aus dem zeitlichen Zusammenhang. An die Stelle der Psychologie setzt Goethes Drama „seelische Motive" (hier in der Form der Metapher): „Was unberechenbar mannigfaltig ist, sind nur die seelischen *Motive* und mit ihnen hat die Psychologie nichts zu tun" (Musil III, 784). Oder anders gesagt: Es handelt sich um „Verkürzungen für Seelenvorgänge . . . alles das hätte sich auf die Ebene der Dialektik projizieren lassen . . . ein Rattenschwanz von Problemen, aber . . . ich mißtraue dem zweckvollen Gespräch als einem Vehikel des Dramatischen" (Hofmannsthal, *Prosa IV*, 457 (1955) *Die ägyptische Helena*). Mit Absicht werden diese modernen Gewährsmänner angeführt; sie zeigen, daß Goethe die Errungenschaften, die hier theoretisch diskutiert werden, als Mittel dramatischer Gestaltung nutzt.

Metaphern: deutend auf Seelisches, ohne doch Psychologie zu sein; auf Reales gegründet, ohne darauf beschränkt zu bleiben[35]. Sie sind Zwischenwesen, „gleitende Logik der Seele" (Musil I, 607), zwischen Innen und Außen schwebend „wie der angehaltene Atem zwischen Einatmen und Ausatmen schwebt" (Musil I, 1111)[36].

---

[35] Vgl. Walter Benjamin, ,Goethes Wahlverwandtschaften', a. a. O. „Allein das ist ja das Entscheidende, daß niemals ableitbar ihr Gehalt sich zur Sache verhält . . ." (S. 73).

[36] Vgl. dazu das für Goethes Metaphorik wichtige Kapital „Intentionelle Farben" in den *Materialien* zur Farbenlehre (Cotta XXI, 680 ff), wo das Wechselspiel von Körperlichem und Geistigem ein „Drittes", keinem ganz Zugehöriges hervorbringt. Ergänzend sei auf den Ästhetiker Theodor Alex Meyer (*Das Stilgesetz der Poesie*, Leipzig 1901) hingewiesen. Er erläutert, „daß die Sprache allem, was durch sie hindurchgeht, auch dem Sinnlichen, ihren eigenen Stempel aufdrückt" (8) und fährt fort: „Welch klaffender Riß

112

Eine Monographie der goetheschen Metaphernkunst steht noch aus. Sie wird nur möglich sein, wenn sie unter dem Leitbegriff der Metamorphose geschrieben wird. Von dem hier gegebenen Versuch über den Gebrauch der Metapher in Goethes *Torquato Tasso* sei im Anhang ein Rückblick (auf den *Werther*) und ein Vorblick (auf den *West-östlichen Divan*) gegeben. Diese Ergänzung beschränkt sich auf die eine, hier behandelte Metapherndoppelung Sonne – Mond; sie beabsichtigt keine erschöpfende Deutung in diese beiden Richtungen. Aber indem die hier gegebene Darstellung der Metapher im Tasso dadurch in die Mitte genommen wird, mag vielleicht die eine oder andere Einzelheit sich schärfer von diesem Hintergrund abheben.

4. „BILD" (Sprachlandschaften)

Am 5. 5. 1802 schreibt Goethe an Schiller:

> Die Erzählung von den Thyestischen Greueln und nachher der Monolog des Orests, wo er dieselben Figuren wieder in Elysium friedlich zusammen sieht, müssen als zwei sich aufeinander beziehende Stücke und als eine aufgelöste Dissonanz vorzüglich herausgehoben werden.

Diese die *Iphigenie* betreffende Stelle ist für den vorliegenden Zusammenhang sehr wichtig: Bestimmte, in sich gerundete, bildhaft geschlossene Partien, so will es Goethes Dramenkunst, beziehen sich aufeinander. Sie werden zu „sich ineinander abspiegelnden Gebilden". Schon die Deutung der ersten Szene hatte das vermuten lassen. Die Hesperiden-Landschaft der Prinzessin und die Doppellandschaft Leonores (Frühling – allegorische „Kunst"-Landschaft) waren polar angeordnete Medaillons, die

---

ginge mitten durch die Sprache, wenn sie bald mit Anschauungen verbunden, bald ohne solche wäre! In Wahrheit weht überall in der Sprache dieselbe Luft des Geistigen . . ." (S. 43). Eine ganze Reihe von späteren Darstellungen (Pongs, *Das Bild in der Dichtung*, Marburg ²1960, Korff, *Goethe im Bildwandel seiner Lyrik*, Leipzig 1958) scheinen davon keine Notiz genommen zu haben. Zu ihrem Nachteil.

zusammen als „aufgelöste Dissonanz", als einander ergänzende Sphären anzusehen waren. Sie haben – im Gegensatz zu den Metaphern und Gleichnissen Goethes[37] – durchaus etwas „Gerahmtes"[38], geschlossen Durchkomponiertes. Sie heben sich wie Inseln aus dem Strom der dramatischen Rede heraus und knüpfen Beziehungen zu anderen Stellen des Dramas. Sie sind ein Mittel überszenischer Konfiguration.

Goethes lebenslanger, vergleichender Umgang mit Landschaftsdarstellungen ist bekannt. „Zum Nachtisch betrachteten wir einige Kupfer nach neuesten Meistern, besonders im landschaftlichen Fache"[39]. Solche Szenen mögen zum alltäglichen Bild des Hauses gehört haben[40]. Wie Goethe immer das Durchdachte, Gerundete, Komponierte der Landschaft befriedigt[41], so darf

---

[37] Diesen ist etwas Offenes eigen, etwas nach mehreren Richtungen Deutendes, wie die Interpretation der Sonne-Mond-Metapher nachgewiesen hatte. Vgl. Kanzler von Müller, *Unterhaltungen*: „Die neueren Pedanten verlangen letztere (die Tropen) bis zum äußersten Punkt; Goethe springt gerne ab, wie ja auch die Phantasie es tut, häuft deren mehrere, um einen durch den andern zu erklären" (29. 9. 1823).

[38] Goethe sagt „poetisch schöne Stellen", „lyrische Stellen" in dem oben zitierten Brief an Schiller vom 5. 5. 1802. Das völlig gerundete Gedicht als dramatisches Vehikel findet sich dann in der *Natürlichen Tochter*: Eugeniens Sonett (Cotta V, 992 f). Vielleicht auch ein Molière-Erbe?

[39] Eckermann, *Gespräche mit Goethe*, hg. H. H. Houben, Leipzig [22]1939, S. 356. Hiernach zitiert als ‚Eckermann'.

[40] „Eine gewisse Zärtlichkeit gegen die landschaftlichen Umgebungen war mir eigen . . ." (Eckermann S. 121, 10. 1. 1825). Zu einer Landschaft von Rubens sagt er: „Ein so vollkommenes Bild ist niemals in der Natur gesehen worden" (ebd. S. 194, 11. 4. 1827).

[41] An *Daphnis und Cloe* rühmt Goethe die „Landschaften . . . Es ist so durchdacht" (Eckermann S. 384, 20. 3. 1831). Hierher gehören auch die Aufsätze „Ruisdael als Dichter" (Cotta XVII, 266 ff), „Rembrandt als Denker" (Cotta XVII, 272), „Landschaften von Carus" (Cotta XVII, 519 ff), „Landschaftliche Malerei" (Cotta XVI, 561), „Landschaftsmalerei" (Cotta XVI, 558), „Künstlerische Behandlung landschaftlicher Gegenstände" (Cotta XVI, 559). Endlich sei noch auf den Brief hingewiesen, den Goethe am 13. 12. 1822 an C. G. Carus schreibt: „. . . daß es mir sehr angenehm seyn wird, Ihren Aufsatz über die landschaftlichen Bilder zu lesen. In meiner

man erwarten, daß seine Sprachlandschaften sich weit über das bloß Atmosphärische, Staffageartige erheben. Sie weisen zugleich, so muß man vermuten, auf Höheres, Gedachtes, bedeutend Allgemeines.

Leonore – Antonio. Die Interpretation der Landschaften soll wiederum von der ersten Szene ihren Ausgang nehmen. Sie beginnt mit Leonores Landschaften (28–39; 183–196). Beidemal ist der klare, gliedernde Blick bestimmend; einmal, im natürlichen Bereich, als „zarte Empirie", dann, im Bereich der Kunst, als ordnender, Allegorien schaffender Verstand. Wohin deutet dieser Landschaften schaffende Geist? Blumenkranz und Ariostherme[42] der ersten Szene hatten auf Antonio verwiesen. Die folgende Analyse wird das bestätigen. Antonio stimmt ein Loblied auf Ariost an:

> ANTONIO Wie die Natur die innig reiche Brust
> Mit einem grünen, bunten Kleide deckt,
> So hüllt er alles, was den Menschen nur
> Ehrwürdig, liebenswürdig machen kann,
> Ins blühende Gewand der Fabel ein.
> Zufriedenheit, Erfahrung und Verstand
> Und Geisteskraft, Geschmack und reiner Sinn
> Fürs wahre Gute, geistig scheinen sie
> In seinen Liedern und persönlich doch
> Wie unter Blütenbäumen auszuruhn,
> Bedeckt vom Schnee der leicht getragnen Blüten,
> Umkränzt von Rosen, wunderlich umgaukelt
> Vom losen Zauberspiel der Amoretten.
> Der Quell des Überflusses rauscht darneben
> Und läßt uns bunte Wunderfische sehn.
> Von seltenem Geflügel ist die Luft,
> Von fremden Herden Wies und Busch erfüllt;

Kupferstichsammlung habe diesem Capitel eine große Breite erlaubt und besitze sehr viel erfreulich Belehrendes von der Zeit an, wo die Landschafts-Mahlerey sich mit der geschichtlichen erst in's Gleichgewicht setzte, dann sich von ihr loslös'te, aber noch immer dichterisch blieb, bis sie in der neuern Zeit, nach dem Durchgang durch eine gewisse Manier, sich zu wirklichen Ansichten beynahe ausschließlich herangibt."

[42] Zu diesem in der Dekoration Vorweggenommenen Goethes Maxime, es sei „nichts theatralisch, was nicht für die Augen symbolisch wäre" (Hecker 1053).

Die Schalkheit lauscht im Grünen halb versteckt,
Die Weisheit läßt von einer goldnen Wolke
Von Zeit zu Zeit erhabne Sprüche tönen,
Indes auf wohlgestimmter Laute wild
Der Wahnsinn hin und her zu wühlen scheint
Und doch im schönsten Takt sich mäßig hält. (711–733)

Antonios Landschaftsvision entzündet sich nicht mehr an einer
Frühlingslandschaft, sondern an dem Blumenkranz, den Leonore
Ariost gestiftet hatte. Das wirft ein Licht auf die Verschiedenheit
beider Figuren. Leonore besitzt noch den Blick „zarter Empirie"
des italienischen Goethe; Antonios, des Staatsmanns, Geist bewährt sich vorzugsweise am Vorgeformten, Abstrakt-Bedeut-
samen. Aber die Ähnlichkeit beider Sichtweisen wird sich her-
ausstellen.

Zunächst zu Antonio: Ein klar ausgeführter Vergleich steht
am Anfang: Wie die Natur sich mit Grün umhüllt, so umhüllt
auch Ariost menschliche Motive mit dem Gewand der Fabel:
Ariost, den Antonio von Tasso abheben möchte[43]. Diese Zen-
tralvorstellung des „Einhüllens" – Einhüllen ist das Gestaltungsprinzip der Allegorie – verknüpft sich mit der Nebenassoziation
des „Blühens" (715). Dem Prinzip der Allegorie entsprechend
erscheinen sogleich sechs Gestalten: Zufriedenheit, Erfahrung,
Verstand, Geisteskraft, Geschmack, reiner Sinn fürs Gute; ihnen
werden die Merkmale des Allegorischen – bei dem „Sein" und
„Bedeuten" nicht identisch, sondern zart geschieden auftreten –
zugesprochen: Sie sind „geistig" und „persönlich" zugleich[44].

---

[43] Der Neugierige findet in der *Italienischen Reise* (Cotta IX, 628,
Juli 1787) diesen Streit vorgebildet, ob Ariost oder Tasso den Vorzug verdiene. Höchst bezeichnend, daß Goethe „Gott und der
Natur … zu danken" rät, „daß sie zwei solche vorzügliche Männer
einer Nation gegönnt." Er sieht die Diskussion als „dialektische
Kontroverse" und vermeidet diese „Phrasen ohne eigentliches Interesse am Gegenstand." In diesem Sinn sind auch die Streitgespräche
im Tasso zu würdigen, wie der Gang der Interpretation zu zeigen
hofft.

[44] „Die Allegorie verwandelt die Erscheinung in einen Begriff, den
Begriff in ein Bild, doch so, daß der Begriff im Bilde immer noch
begrenzt und vollständig zu halten und zu haben und an demselben
auszusprechen sei" (Hecker 1112). Goethe setzt das Symbol zweifellos höher als die Allegorie, aber innerhalb ihrer Grenzen be-

Jetzt wird auch der zuvor bereitgestellte Begriff „Blühen" aufgenommen und als Gleichnis für „Verhüllung" entfaltet: „wie unter Blütenbäumen auszuruhn" (720). Eine gliedernde Kraft bemächtigt sich des Bildes und staffelt diese „Verhüllung" dreifach (als zahlenkompositorische Entsprechung zu den zweimal drei Allegorien): Bedeckt von Blüten (721), umkränzt von Rosen (722), umgaukelt von Amoretten (722–723). Aber auch die allegorische Landschaft wird stufenweise gegliedert. Neben den sechs allegorischen Figuren rauscht der Quell des Überflusses; der Blick richtet sich nach oben (726), dann auf Wiese und Busch (729); diesen zwei Bereichen werden wiederum allegorische Figuren zugeordnet: die Schalkheit (unten) dem Gebüsch – die Weisheit der (darüber schwebenden) Wolke. Zum Schluß erscheint der Grundton dieser Landschaft im Begriff: „Wahnsinn" (732), wobei an den furor poeticus der neuplatonischen Dichtungstheorie, nicht aber an pathologischen Wahnsinn zu denken wäre[45]; der „gefällige Wahnsinn" (Cotta IV, 749) einer rational gebändigten Phantasie. Ein Wahnsinn, der zwar willkürlich „scheint", „und doch im schönsten Takt sich mäßig hält" (733). Dementsprechend ist auch die ganze Textstelle gestaltet: Das scheinbar so wahllos bunte Gegaukel von Bildern und Allegorien erfährt eine planvolle Gliederung. Einige Bemerkungen zu den syntaktischen Verhältnissen rücken das erst ins rechte Licht. Auf das vergleichende wie – so (711–713) und seine Schein und Sein trennende Funktion wurde schon hingewiesen; dasselbe wiederholt sich in 718–719: geistig scheinen sie – persönlich

---

hauptet sie bei ihm stets ihren Platz. Innerhalb des Tasso handelt es sich weniger um eine kunstgeschichtliche Diskussion, als vielmehr um ein Mittel, das Verhältnis der Figuren zueinander zu offenbaren. Es bleibt interessant, daß Hofmannsthal, ein großer Goethe-Nachfahre, die Allegorie sehr hoch einschätzt: „Allegorie ist ein großes Vehikel, das man nicht verachten soll" (*Aufzeichnungen* (1959), S. 22). Baudelaire ist ihm darin in Frankreich vorangegangen: „... nous noterons, en passant, que l'allégorie, ce genre si *spirituel*, que les peintres maladroits nous ont accoutumés à mépriser, mais qui est vraiment l'une des formes primitives et les plus naturelles de la poésie, reprend sa domination légitime dans l'intelligence illuminée par l'ivresse" (Pléjade, p. 466).

[45] Vgl. dazu Curtius ELLM S. 467 f.

doch: Eine trennend-adversative Konjunktion. Die Anaphern von – von; Die – Die (726–727; 728–729) dienen hier nicht einer verwischenden Koordination, sondern abermals der Antithese paralleler Satzglieder: Oben ist Weisheit („Luft", „Weisheit"), unten birgt sich Schalkheit („Busch", „Schalkheit"). Ein festumrissener Raum entsteht. Entsprechend ist die Zeit kontinuierlich gedacht. „Von Zeit zu Zeit" (730) heißt es da, und ins Verhältnis gesetzt zu diesem Ablauf das „indes" (731) als echt zeitlich gedachte Konjunktion. Die Verse 732–733 bestätigen das noch, wo Schein von Sein abgehoben wird und der Zuhörer die Versicherung erhält, daß „alles im schönsten Takt sich mäßig hält". Die „wohlgestimmte Laute" gewährleistet die Herrschaft von Verstand, räumlicher Ordnung und festem Zeitmaß.

Erst jetzt, nachdem die verwandte geistige Struktur dieser Landschaften, der Leonores und der Antonios, deutlich geworden ist, das Ordnende, Umgrenzte, Überschauende, fällt auch auf, daß in den Motiven eine auffallende Ähnlichkeit herrscht; nur daß Leonore noch das Wirkliche einbezog, Antonio[46] eine abgezogene, geistgeschaffene Landschaft entstehen läßt. Die Motiventsprechungen seien hier aufgezählt:

Leonore	Antonio
Schatten 29 Hain 194	unter Blütenbäumen 720
immergrüne Bäume 29	grünes Kleid 712 Bäume 720
	Grün 728
Rauschen dieser Brunnen 31	Quell des Überflusses 724
Blumen 33, 189	Blüten 721 Rosen 722
Kinderaugen 34	Amoretten 723
Schnee 38	Schnee 721
Wolken 187	Wolke 729
Busch 192	Büsche 727
Nachtigall 192	Geflügel 726
Klagen Wohllaut 194	wohlgestimmter Laute wild 731
Luft 194	Luft 726

---

[46] Für den deutschen Geschmack der Zeit um 1790 dürfte diese Art der Darstellung einen Hauch von Pedanterie nicht verleugnet haben, was zweifellos in der Absicht Goethes lag. Auch die Losgelöstheit vom Objekt (Leonore geht in „zarter Empirie" von der wirklichen Landschaft aus) weist in die Richtung eines geschmackvollen Dilettantismus: Manier statt Stil. Leonore würde der „ein-

Damit wird aber deutlich: Beide Landschaften sind nah verwandt, deuten aufeinander durch übereinstimmende geistige Haltung, die sich an ähnlichen Motiven bewährt. Und doch gibt es etwas, das man einen wesentlichen Unterschied nennen kann. Die Landschaft Antonios hat einen anderen Aggregatzustand. Man vergleiche das Motiv des ‚Schnees‘; bei Leonore ist er real, bei Antonio Metapher. Spiegelung bei Goethe ist nie mechanisch: ihr Korrelat ist Steigerung. Das Drama läßt nicht nur Beziehungen zwischen Figuren deutlich werden; es stellt zugleich einen Prozeß der Vergeistigung dar. Das Reale wird durchsichtig auf ein Bedeutendes hin.

In dem Gesetz der Konfiguration, jener „beweglichen Ordnung", jenem „Parallelismus im Gegensatz", jenen „sich ineinander abspiegelnden Gebilden" verbirgt sich ein goethesches Grundgesetz aller Gestaltung in Natur, Kunst und Geschichte: Polarität und Steigerung von gegensätzlichen, einander reflektierenden, zusammengehörigen Welten. Ein einzelner, begrenzter Fall aus höfischem Milieu, in seiner Art unverwechselbar; einzelne, unvergeßliche Figuren in bestimmten Situationen – und zugleich eine immerwährende Grundtatsache in diesem Miteinander der Figuren gespiegelt und gestaltet:

> Was ist das Allgemeine?
> Der einzelne Fall.
> Was ist das Besondere?
> Millionen Fälle. (Hecker 558)

Erst die Interpretation der Schlußszene, die selbst als Gebilde sich im Beginn des Dramas spiegelt, wird diese Andeutungen ergänzen und die Linien, die vor- und zurücklaufen, durchziehen können.

Prinzessin – Tasso. Ein zweiter Faden spinnt sich von der Prinzessin der ersten Szene über Virgilherme und Lorbeerkranz zu Tasso. Es wurde schon darauf aufmerksam gemacht, wie diese Tasso den Begriff des „Goldenen" zuspielte. Diese Stelle sei nochmals ins Auge gefaßt:

---

fachen Nachahmung der Natur" näherstehen (vgl. den diesbezüglichen Aufsatz Cotta XVI, 295 ff). Für die Dichtung romanischer Sprachen ist solche rationale Durchrhetorisierung, wie Antonio sie übt, selbstverständlich.

TASSO   Die goldne Zeit, wohin ist sie geflohen,
Nach der sich jedes Herz vergebens sehnt?
Da auf der freien Erde Menschen sich
Wie frohe Herden im Genuß verbreiteten;
Da ein uralter Baum auf bunter Wiese
Dem Hirten und der Hirtin Schatten gab,
Ein jüngeres Gebüsch die zarten Zweige
Um sehnsuchtsvolle Liebe traulich schlang,
Wo klar und still auf immer reinem Sande
Der weiche Fluß die Nymphe sanft umfing,
Wo in dem Grase die gescheuchte Schlange
Unschädlich sich verlor, der kühne Faun,
Vom tapfern Jüngling bald bestraft, entfloh,
Wo jeder Vogel in der freien Luft
Und jedes Tier, durch Berg' und Täler schweifend,
Zum Menschen sprach: „Erlaubt ist, was gefällt." (979–994)

Auch diese Stelle ist rhetorisch gegliedert – wie die Antonios –, und auch hier verbirgt sich hinter der rhetorischen Struktur eine geistige Haltung – und die ist völlig anderer Art als die Antonios. Ein anaphorisches „Da" (981, 983; logisch zu ergänzen 985) koordiniert drei Sätze. Ein ebenso anaphorisches „wo" (987, 989, 992) führt diese beiordnende Bewegung fort, als neuer Klangkörper mit identischer Funktion – Goethes altes Verfahren, im Verschiedenen das Gleiche zu verstecken, wie er anderswo im Gleichen das Verschiedene zu bergen weiß –. Sechs Motive[47] treten zueinander und durchdringen sich: Einklang von Natur und Liebe, Einklang von Natur und mythischer Gestalt (man erinnert sich der Nymphe aus der *Nausikaa*-Landschaft!), gefahrloses Dasein, froher Genuß; Uraltes, das die Liebe schützt,

---

[47] Vgl. Curtius ELLM, S. 202 ff. Die nachher noch zu erwähnende „Schlange im Grase" ist aus dem „himmelreinen und schönen Virgil" (an W. von Humboldt am 16. 9. 1899) bezogen (*Bucolica* III, 92 f):

    Qui legitis flores et humi nascendi fraga
    frigidus, o pueri, fugite hinc, latet anguis in herba.

Vgl. dazu den Brief an Auguste von Stolberg (14. 9. 1775): „Heute bin ich ruhig, da liegt zwar meist eine Schlange im Grase". Ein Beispiel für Goethes Motivgedächtnis.

    Der „bestrafte Faun" schließlich deutet auf Tassos Schäferspiel *Aminta*. Auch „gli angui ... senzira o tosco" tauchen übrigens dort wieder auf: Aminta, Akt I, Chorlied.

Freiheit. Es gibt keinen Fortschritt und keine Entwicklung, Junges und Urältestes sind gleichzeitig. Der sechsfache Einsatz der Anaphern, die eine einzige, große Bewegung vorantreiben, ist das grammatische Analogon zu dem, was geometrisch ein Kreis heißt. Mythisches und Natürliches sind untrennbar verknüpft.

Der grammatischen Struktur entspricht die geschilderte Landschaft. Sie hat keine fortschreitende Gliederung, es gibt kein Nahes und kein Fernes, Wiese, Gebüsch, Baum, Fluß, Berg und Tal sind nicht morphologisch entwickelt – man blicke vergleichend zurück auf Leonores Frühlingslandschaft (28–39) –, sondern als Motive auf eine Ebene gestellt, in träumerischem Miteinander und Ineinander der Elemente ohne logische oder zeitliche Gliederung. Goethe bedient sich in Bezug auf diese Motive bewußt einer literarischen Tradition, um den Gegensatz zu jeder realistischen Betrachtung scharf hervortreten zu lassen. In Baum, Wiese, Quell, Vogel, Blumen erkennt man den ‚locus amoenus‘[48] der antiken Rhetorik, wie er von der Kaiserzeit bis zum 16. Jahrhundert Hauptmotiv aller „Naturschilderung" bleibt. Die Atmosphäre dieses dichterischen Raumes ist bestimmt durch zwei Lieblingswörter Goethes aus dieser Epoche: „still" (das man mit „Empfänglichkeit, geheimnisvoller Dämmer dichterischer Konzeption " zu umschreiben versucht hat) und „rein" (das „organisch Verschmolzene, ohne Rest Aufgelöste, frei von Schwankung" sich Haltende; vgl. Boucke, S. 98 f) (987)[49]. In diesem dichterischen Bezirk ist die Zeit ein am Jüngsten und Urältesten gleichermaßen beteiligtes „Da", der Raum kennt nur Motive und Bedeutungen, aber keine empirische „Nähe und Ferne" mehr, Mythos und Natur sind in Harmonie, einander gegenseitig erhöhend (Fluß und Nymphe 988). Die Wirklichkeit ist getilgt. Aber das muß kein Frevel sein, solange heitere Resignation sich spielend auf diesen Bezirk beschränkt; der *Divan* ist hier ein Beispiel. Die Gefahr – die sich für den eingeweihten Leser im Stichwort der „goldenen Zeit" bereits angedeutet hatte – ent-

---

[48] Vgl. Curtius a. a. O.

[49] Dazu im Tasso selbst die Verbindung „still und rein": 85, 304, 987, 1670, 1754, 1826, die seit der *Italienischen Reise* (z. B. Cotta IX, 786) sich fixiert und in den Briefen bis zu Goethes Tod (in Formeln wie „Ich halte mich still") immer wieder erscheint.

hüllt sich erst im Reflex auf die Hesperidenlandschaft der Prinzessin. Dort waren Wirklichkeit und Einbildungskraft, Sein und Schein unkritisch vermischt[50]. Hesperien der Prinzessin – Arkadien Tassos: Auch hier eine aus der Polarität geborene Spannung und Steigerung; auch hier ein Übergang in einen neuen Aggregatzustand eines von der umgebenden Wirklichkeit emanzipierten Geistigen – die Szene spielt im SAAL, nicht in der Landschaft –, das nun allerdings nicht mehr, wie bei Antonio, ein logisch komponiertes Ganze ist, sondern anderen Gesetzen gehorcht: denen des dichterischen Geistes, der an die Stelle der Kausalverknüpfung einen Bedeutungs- und Motivzusammenhang setzt, an die Stelle der fließenden Zeit den Augenblick, der Vergangenheit und Zukunft mit enthält, an die Stelle des empirischen Raums die „ideelle Wirklichkeit" (Brief an Neureuther vom 23. 9. 1828) der Dichtung jenseits von Ferne und Nähe. Wenn Antonios Landschaft dem Allegorischen zugeordnet wurde, so mag Tassos Bezirk symbolisch heißen. „Es ist hier eine neue Welt, ein neues Äußere, anders als das vorige, und ein Inneres . . ." (Cotta VII, 889). Tasso ist ein Dichter, er greift die Motive auf, die die Prinzessin einerseits, in Form der „goldenen Äpfel", die literarische Tradition andererseits ihm reichen, und formt sie souverän zum Gedicht von der „goldenen Zeit", vor den Augen des Zuschauers sozusagen, beiläufig, im Gespräch, und so als sei nichts geschehen; eine der wenigen Darstellungen in der Literatur, wo eine Figur ihr Dichtertum wahrhaft beglaubigt[51].

---

[50] Dabei ist aber zu bedenken, daß die Prinzessin dieser Szene im Vergleich zu jener des ersten Auftritts sich der Gefahr solcher Vermischung bewußt geworden ist. Jetzt fürchtet sie mit Recht für die Zukunft Tassos: Die Spiegelung in diesem Gegenüber hat sie die ganze Bedrohlichkeit solchen Tuns erkennen lassen; jetzt ist die Prinzessin selbst das Gegengewicht zu Tasso, während damals Leonore ihre – der Prinzessin – Gold-Vision zu korrigieren suchte. Der jeweilige „Charakter" der Figur läßt sich nur aus der Konfiguration bestimmen.

[51] Selbst Thomas Manns schöne Novelle *Schwere Stunde* scheint mir ungleich psychologischer, was in diesem Zusammenhang ein Nachteil heißen kann; sie gibt die Genese des Kunstwerks, aber nicht dieses selbst. Sie enthüllt nur einen inneren Prozeß, ohne dessen nach außen tretende Blüte. Hier beglaubigt dagegen das Kunstwerk sich und seinen Autor, indem es entsteht.

Hier wird niemand mehr zweifeln, daß Tasso wirklich ein Dichter ist[52]. Der Hörer ist gegenwärtig bei der Entstehung des Gedichts; ebensowenig war man je im Zweifel, ob Werther ein Künstler sei: bei jedem Brief ist der Leser Zeuge seines Scheiterns.

Es gestaltet sich die geistige Struktur der Figuren durch Gegenüberstellungen von Landschaften: Figuren ordnen sich einander zu, einander kritisch beleuchtend, ergänzend, korrigierend. Landschaften zwischen Leonore und der Prinzessin in der ersten Szene, Landschaften zwischen Leonore und Antonio, zwischen der Prinzessin und Tasso; die höhere Figur dieses Tanzes vollendet sich, wenn Tasso und Antonio mit ihren Sprachwelten einander gegenübertreten: die „goldene Zeit" (979–994) des einen, das Blütenreich in ariostischer Manier des anderen (771–733).

Tasso – Antonio. Es genügt, die Resultate der bisherigen Interpretation ins rechte Verhältnis zu bringen. Da seien zunächst die verblüffenden Übereinstimmungen genannt: Als Grundzahlen der Komposition erscheinen bei beiden drei und sechs. Beide benutzen als rhetorische Grundfigur die Anapher. Beide bedienen sich fast derselben Motive:

Tasso	Antonio
frohe Herden 982	fremde Herden 727
uralter Baum 983	unter Blütenbäumen 720
bunte Wiesen 983 Gebüsch 985	Wies und Busch 727
Schatten 984	unter Blütenbäumen auszuruhn 720
der weiche Fluß 988	Quell des Überflusses 724
Vogel in der freien Luft 992	Geflügel in der Luft 726

Aber gerade an diesen übereinstimmenden Motiven zeigt sich die gegensätzliche Art des Schauens umso deutlicher. Nicht einzelne Wörter und Stilfiguren sind entscheidend, sondern erst das Verhältnis, in das sie zueinander treten, wird bedeutend. „Die besten Schriftsteller", sagt Hofmannsthal (*Prosa IV*, 134 (1955)), „scheinen oft nur die Wörter hinzustellen und ihnen soviel Raum zu lassen, daß sie sich auswirken können: dann wirkt aus ihnen

---

[52] Das Unstimmige liegt darin, daß er später, wie die Interpretation des ‚Goldenen' zeigte, das Dichterische hartnäckig ins Wirkliche zu verkehren sucht. Der Künstler wird zum Lebensdilettanten, wie Antonio, einer der sich „im Leben auskennt", zum Dilettanten in der Kunst wird.

die unzerstörbare Wirkung der Sprache..." In Tassos Vision ist weder geläufige Zeit noch empirischer Raum, aber kreisende Bewegung, Bedeutung und Bedeutendes (Nymphe und Fluß) durchdringen einander, eins ist das andere, der Raum ist ganz dichterisch, weil Motiv und Bedeutung allein ihm seine Dimensionen geben. Eine solche Darstellung ist in Goethes Sinn „symbolisch". Sie ist „ins enge gezogen zu künstlerischem Zweck... ein im geistigen Spiegel zusammengezogenes Bild und doch mit dem Gegenstand identisch" (Cotta XVI, 531 ‚Nachträgliches zu Philostrats Gemälden‘) „und so, daß die Idee im Bild immer unendlich wirksam und unerreichbar bleibt" (Hecker 1113).

Die Landschaft Antonios ist antithetisch gegliedert, die Raumkomposition ist der Empirie analog – wenn auch die Motive poetische Versatzstücke sind –, die Zeit ist als real-fließend gedacht, Bedeutung und Bedeutendes sind scharf geschieden, das Erscheinende figuriert bewußt für etwas anderes. Eine solche Darstellung muß allegorisch heißen. Der wichtige Aphorismus sei nochmals zitiert:

> Die Allegorie verwandelt die Erscheinung in einen Begriff, den Begriff in ein Bild, doch so, daß der Begriff im Bilde immer noch begrenzt und vollständig zu halten und zu haben und an demselben auszusprechen sei. (Hecker 1112)

Ähnlich sagt Goethe auch an anderer Stelle von der Allegorie: „Sie ist vielleicht geistreich witzig, aber doch meist rhetorisch und konventionell..." (Cotta XVI, 531) und faßt den Unterschied beider lakonisch zusammen: „Das Allegorische unterscheidet sich vom Symbolischen, daß dieses indirekt, jenes direkt bezeichnet" (‚Über die Gegenstände der bildenden Kunst‘, Cotta XVI, 462).

Gleiche Motive, gleiche rhetorische Mittel, und doch verraten sich zwei verschiedene geistige Organismen, Antonio und Tasso, einander widersprechend, einander ergänzend, aufeinander angewiesen. Zwei Grundweisen geistigen Seins: rational, weltklug, analytisch einerseits, akausal, dichterisch, synthetisch andererseits. Man kann auch sagen: Starre und Bewegung konfrontiert[53].

---

[53] Die Schlange – wie sie in Tassos Landschaft erscheint –, deutet Goethe einmal (Cotta XVI, 538 ff) als Symbol der Bewegung.

Und doch sind beide Landschaften miteinander verknüpft, namentlich durch den ironischen Reflex. Beide Male tritt ein Ungemäßes hervor. Antonio einerseits glaubt die Wirklichkeit verlassen zu können, ohne aber die ihr entsprechenden Kategorien der Zeit, des Raums, der Kausalität aufzugeben:

> Vergebt, wenn ich mich selbst begeistert fühle,
> Wie ein Verzückter weder Zeit noch Ort,
> Noch was ich sage, wohl bedenken kann;
> Denn alle diese Dichter, diese Kränze ... (736–739)

Antonio straft sich selbst lügen; denn die Interpretation hat gezeigt, wie wenig er gerade „Zeit und Ort noch was er sagt" aus der Gewalt verliert, wie sehr planvoll er spricht, wie wenig „verzückt" er ist, und wie er jetzt gar versucht, diesen scheinbaren Verlust der empirischen Kategorien noch an der Wirklichkeit zu bestätigen: „Alle diese Dichter, diese Kränze", als könnte er nicht bis drei zählen in dichterischem Überschwang; das ist nicht Verzückung, das ist rancune.

Tassos Verfehlung ist anderer Art: Was die Behandlung seines Gegenstandes angeht, ist er seiner Sache sicher; ihm, dem Dichter, steht für seine Sprachlandschaft die gemäße schöpferische Kraft zu Gebote. Aber dann stellt er eine verhängnisvolle Frage:

> Die goldne Zeit, wohin ist sie geflohen?
> Nach der sich jedes Herz vergebens sehnt? (979–980)

Er sucht umgekehrt die dichterische Vision in den Bereich des Wirklichen, wo „Herzen sich sehnen", hineinzuziehen. Er verfällt dem Wahn, daß sich die Welt dichterischer Anschauungsformen leben läßt.

Erschließung geistiger Welten durch Landschaftsspiegelung; Bezug dieser Welten aufeinander durch kritische Reflexe, im Korrektiv des Vergleichs; Tasso, der das ewig Bewegte und Schwebende des dichterischen Gebildes ins Wirkliche hinüberretten will, Antonio, der die Starre und strenge Notwendigkeit des Wirklichen an der luftig-bewegten Welt der Einbildungs-

---

Traditionelles Motiv (Vergil, vgl. Anmerkung 47) und individuelle Bedeutungsnuance verschränken sich.

kraft bewähren möchte, nicht kraß voneinander abgesetzt, sondern bedeutsam voneinander gelöst, hier Antonio als durchaus
gebildeter Dilettant, dort Tasso unstreitig als besonnener Künstler, und nur leichte Akzentverlagerungen, die auf das Bedenk-
liche ihres Tuns deuten: So stellt sich das Verhältnis der Figuren dem Betrachtenden dar.

5. MONOLOG

Raum. Jede Konfiguration schafft einen Raum; das Wort, das
seinen Weg von einem Ich zum Du sucht, gibt dem Drama seine
dritte Dimension. Ich und Zeit sind die erste und zweite. Freilich einen Raum, der die Bühne zum Universum machen, aber
auch in quälende Enge verwandeln kann. Die Szene Posa – Philipp (*Don Carlos* III, 10) atmet die Luft eines Reiches, in dem
„die Sonne nicht untergeht"; für Danton schrumpft das Universum zum Sarg (*Dantons Tod* IV, Conciergerie). Wie aber,
wenn Posa nicht wäre? Wenn Danton keinen Camille hätte?

Der Monolg ist ein Grenzfall der Konfiguration, oder besser:
ihr Prüfstein. Fällt die imaginäre Bühne in sich zusammen, wenn
der Figur das Gegenüber fehlt?

Der Raum des *Torquato Tasso* ist der urbaner Geselligkeit; er
artikuliert sich in der maßvollen Sprache der Konversation. Der
höfische Ton schafft ein nur wenig nuanciertes Gleichmaß des
Lebensraums. Immer wieder mußte die Interpretation aus scheinbar identischen Elementen der Sprache Rückschlüsse auf die Verschiedenheit der Figuren ziehen. Angleichung an diesen Lebens-
raum setzt Resignation voraus. Zwei Figuren haben diese Be-
scheidung gelernt: die Prinzessin und Antonio. Die eine unter
Schmerzen, der andere vielleicht, weil seine Natur ihn begünstigte. Ihr Fluidum ist der Hof. Ihr Raum die Sprache dieses
Hofes. Für Antonio wird alles zur Sprache der Gesellschaft; die
Prinzessin hat nur noch die Sprache der Gesellschaft. Was aus
dieser Sphäre heraustritt, bringt Antonio zur Sprachlosigkeit
(3293–3294); die Prinzessin verschweigt es. Weder Antonio noch
die Prinzessin sprechen einen Monolog.

Leonore – Tasso. Damit sind die Möglichkeiten für die Interpretation beschränkt. Nur zwei Figuren entschließen sich zu einer Aussage, die sich dem Raum der Gesellschaft entzieht: die im höchsten Sinne des Wortes welthafte Figur: Leonore (III, 3)[54], und die im weitesten Sinne weltlose: Tasso (II, 2; IV, 1; IV, 3; IV, 5; V, 3; (V, 5)). Diesen beiden steht die Möglichkeit zu Gebote, sich ohne Gegenüber durch Sprache zu offenbaren. Leonore, die Kulissen gegen die Welt braucht? Tasso, der Kulissen für die Welt nimmt? Versteckspiel der einen? Weltflucht des anderen? Solche Überlegungen scheinen nicht den richtigen Weg zu weisen. Die Frage nach dem Monolog ist allerdings zugleich eine Frage nach dem Problem der Gesellschaft, des Miteinander-daseins; aber sie kann nur vorsichtig und schrittweise beantwortet werden. Gewiß ist: Zwei Figuren entziehen sich zeitweise dem Fluidum der Gesellschaft, die eine, weil sie einen Schlachtplan entwirft, um sich desto sicherer in dieser Gesellschaft zu behaupten; die andere, weil sie an der Möglichkeit verzweifelt, ihr Ich in dieser Gesellschaft zur Sprache zu bringen. Beide verrechnen sich. Leonore erreicht das Ziel ihrer Intrige nicht; ebensowenig gewinnt Tasso sein Ich, indem er sich entzieht. So hätten also beide unrecht? Und die zwei anderen Figuren recht? Das Ungemäße solcher Fragestellung springt in die Augen[55].

---

[54] III, 1 und III, 5 sind keine Monologe. Sie gehören zusammen wie Frage und Antwort: Darauf deutet ihre Stellung am Aktbeginn und am Aktschluß. Das Abwartende der Prinzessin, das Tätige Leonores als die beiden Pole, zwischen denen sich das Spiel um Tasso – im doppelten Sinne – vollzieht, auf dem es beruht: Grundspannung des dritten Aktes, in dem sich die Kräfte der Gesellschaft messen, die um Tasso kämpfen. Er wird nicht gefragt. Er „ist auf seinem Zimmer".

[55] Die ironische Kühle, mit der Goethe die Lösung solcher Menschheitsfragen von sich wies, hat schon die Zeitgenossen empört. Das beginnt nicht erst mit dem Kanzler Müller (z. B. am 27. 3. 1824 oder 7. 9. 1827); schon Frau von Stein scheint sich daran gestoßen zu haben, wie Goethes Brief vom 31. 10. – 3. 11. 1778 vermuten läßt: „Sie haben hier wieder ein weites Feld mich zu necken, daß ich in den Fall komme H e r z in W i z zu korrigieren."

Der sicherste Weg, Goethes Denken auf die Spur zu kommen, ist noch immer der, seinen naturwissenschaftlichen Betrachtungen aufmerksam zu folgen.

> Wenn ich mich beim Urphänomen zuletzt beruhige, so ist es doch auch nur Resignation; aber es bleibt ein großer Unterschied, ob ich mich an den Grenzen der Menschheit resigniere oder innerhalb einer hypothetischen Beschränktheit meines bornierten Individuums. (Hecker 577)

Entsagung: ein Grundwort schon im Tasso. Resignation vor den tiefsten Fragen; nicht vorschnelle „Lösungen", die immer etwas Schiefes haben[56].

> Das Höchste wäre: zu begreifen, daß alles Faktische schon Theorie ist. Die Bläue des Himmels offenbart uns das Grundgesetz der Chromatik. Man suche nur nichts hinter den Phänomenen: sie selbst sind die Lehre. (Hecker 575)

Es geht Goethe nicht darum, Probleme leichtfertig zu lösen, sondern sie in ihrer Vielfalt mit aller Deutlichkeit gegeneinander und voneinander abzusetzen. Das „Übergängliche", wie er sagt, die Abstufungen darzustellen, bleibt letztes Mögliche. Nietzsche hat seinen Goethe gut gelesen:

> Die allgemeine ungenaue Beobachtung sieht in der Natur überall Gegensätze (wie z. B. „warm und kalt"), wo keine Gegensätze, sondern nur Gradverschiedenheiten sind. Diese schlechte Gewohnheit hat uns verleitet, nun auch noch die innere Natur, die geistig-sittliche Welt, nach solchen Gegensätzen verstehen und zerlegen zu wollen ... dadurch, daß man Gegensätze an Stelle der Übergänge zu sehen meinte. (Nietzsche I, 907)

Diese Beobachtung überträgt sich zwanglos auf die Dichtung. An C. F. von Reinhard schreibt Goethe am 7. 9. 1831 über den „secretirten" *Zweiten Faust:* „Aufschluß erwarten Sie nicht; der Welt- und Menschengeschichte gleich, enthüllt das zuletzt aufgelös'te Problem immer wieder ein neues aufzulösendes." Übergänge zwischen geistig-sittlichen Welten, nicht Gegensätze, deren Pro-

---

[56] Robert Musils Ansicht dieses Problems ist das Prinzip der „Partiallösungen": „Die Dichtung hat nicht die Aufgabe, das zu schildern, was ist, sondern das, was sein soll; oder das, was sein könnte, als eine Teillösung dessen, was sein soll" (III, 810).

blematik sich auflösen ließe: den fein gestuften Werten in der Zeichnung der Figuren nachzugehen, in denen sich die Farbtöne jener geistig-sittlichen Welten offenbaren: das kann Ziel einer Interpretation sein; nicht aber die Entscheidung über Recht und Unrecht in den Äußerungen der Figuren.

Gegenstand der Betrachtung ist Leonores Monolog, die dritte Szene des dritten Aktes.

Leonore. Leonore hat ein Gespräch mit der Prinzessin gehabt, sie hat, so scheint es, ihr Ziel erreicht: Tasso geht mit ihr nach Florenz. Es scheint ihr an der Zeit, Rechenschaft von sich und vor sich zu geben. Das „Ich" ist Thema des Monologs. Was läßt sich an den Personalpronomen ablesen?

> Ach, *sie* verliert – und denkst *du* zu gewinnen?
> Ists denn so nötig, daß *er* sich entfernt? (1916–1917)

In zwei Versen offenbart sich die Konfiguration. Sie – du; zwischen beiden Frauen: Er, Tasso, der Dichter. Leonore spricht zu sich selbst in der zweiten Person Singular; dieses „Du" ist reines Mittel der Objektivierung. Sie wägt ab, erdbewußt, politisch, behutsam: Vor- und Nachteil ihres Tuns. Da bedarf es eines klaren Blicks. Leonore besitzt ihn seit je. Im „Du", das sie sich selbst gibt, offenbart er sich. Mit einer Reihe von neun Fragen (1915–1927) wird das Problem eingekreist: durch gezieltes, eingrenzendes Fragen nach dem Realen, Verwirklichbaren. Dazu entwirft sie eine fest verankerte Situation: Gemahl – Sohn – Güter – Rang – Schönheit (1923). „Glück" (1929): Sie ist entschlossen, es sich zu schaffen. Das historische Beispiel ist ihre Rechtfertigung: Laura – Petrarca. Die eigene Unsterblichkeit im Spiegel des Gedichts als Wiederholung jenes glanzvollen Beispiels; zuletzt: Die Lebensintensität der Prinzessin entspricht nicht der ihren – gewogen und zu leicht befunden in dem vielsagenden Lichtgleichnis. Ihr Entschluß steht fest: Der Prozeß der Objektivierung des Falles ist über Einwand und Verteidigung zu einem Resultat gekommen. Jetzt kann sie beruhigt „Ich" sagen: (1962). Ein Blick zurück zeigt, daß sie dieses Pronomen nur zweimal gebraucht hatte: „jammert *mich* das edle Herz": Sie „bepfählt" ihr Verhältnis zur Prinzessin; und dann: *„meinem*

Freunde" (1941): nicht ohne Koketterie[57] versichert sie sich der Beziehung zu Tasso. Eine Dreierkonstellation, objektiv betrachtet, durchraisonniert, in das entschlossen ausgesprochene „Ich" mündend. Dieses schließlich, jeden künftigen Widerspruch vorwegnehmend und abweisend, resümiert in dem nachdrücklichen „Wir" der Schlußzeile (1966). Im Spiegel des Pronomens das Bild eines geistigen Organismus zu geben: dies ist eine Art goethescher Ökonomie, „geistigsittliche" Welten zu enthüllen.

Wie steht es mit dem Raum, den diese Figur schafft? Mit einem Lieblingswort des älteren Goethe: er solidesziert. Die Pronomen verfestigen nicht nur das Ich, sondern mit ihm seine Welt. Indem Leonore auf ein scheinbar Inneres deutet, baut sie sich ringsum einen gefügten Raum. Die erste Szene hatte gezeigt, wie zusammengehörig bei ihr die Pole von Innen und Außen waren, wie sehr sich eines am anderen entwickeln konnte[58].

Und doch entgeht ihr etwas: Ihre vergegenwärtigende Kraft ist so groß, daß sie Tasso schon zu besitzen glaubt: „Ich komme wieder und ich bring ihn wieder" (1964). Ihre Welt ist fest, der Raum, in dem sie steht, solide, sie hat „Position" bezogen und ist nicht gewillt, sie preiszugeben. Was sie sagt, ist wohldurchdacht; es gibt kaum einen Einwand – von ihrer Seite. Soweit gut; aber daß eine andere „geistig-sittliche" Konstitution sich dem widersetzen könnte, entgeht ihr. Das ist verhängnisvoll. Sie „hat Welt"; aber eine beschränkte, psychologisch berechenbare

---

[57] „Koketterie", sagt Goethe zu Riemer am 13. 8. 1807 (Biedermann I, 507), „ist Egoismus in der Form der Schönheit."

[58] Anders die „weltlose" Dramatik Kleists, die sich der goetheschen entgegensetzen läßt: Die Verlegung der *Familie Ghonorez* nach Schwaben ist mit der Änderung des Namens vollzogen: *Familie Schroffenstein* (vgl. Friedrich Gundolf, *Heinrich von Kleist*, Berlin 1922, S. 28 f). Die beiden Frauen des *Torquato Tasso* dagegen wären ohne die zarte Atmosphäre der Gärten von Ferrara nicht die, die sie sind. Ähnlich „raumlos", wie die Dramatik Kleists, ist auch die Hebbels. Rudolf Kassner faßt das so zusammen: „Sein Drama entsprang ... dem ausschließlichen, eifersüchtigen Interesse am Menschen ... am Menschen im abstrakten Raum, ohne Landschaft, ohne Gewohnheit, ohne Erben ..." *Motive* (Essays), Berlin o. J. S. 170.

Welt. Das Irrationale, Exzentrische eines Tasso paßt nicht hinein. Er ist unberechenbar. Daran scheitert ihre Intrige.

Hier läßt sich eine kluge Bemerkung Hofmannsthals anknüpfen[59], der den Tasso auf die Grenze zwischen Lustspiel und Tragödie stellt. Genau das, was dieser Monolog darstellt, ist die
typische Lustspielsituation: Entwurf eines Planes mit allen Voraussetzungen, der nichts außer acht läßt, alles in Betracht zieht,
nur nicht, daß ein anderer Mensch – anders sein könnte. Der
Geizige, der die Verliebten nicht versteht; der eingebildete
Kranke, dem die Gesunden unbegreiflich sind. Eine Grundform
der Komik ist die, daß eine Figur nicht aus ihrer Welt kann.

Diese zart ironische Nuance lenkt sogleich auf ein Gegenbild:
Tassos Monolog II, 2. Wieder bewährt sich Goethes Gestaltungsprinzip: Kein Gebilde steht einzeln, immer öffnet es sich auf
einen Gegenpol, scheint darauf hinzudeuten als auf eine Ergänzung seiner selbst.

Tasso. Tassos Situation ist der Leonores sehr ähnlich. Auch er
hat mit der Prinzessin gesprochen, auch er glaubt, ein Ziel erreicht zu haben. Auch er versucht einen Rechenschaftsbericht und
eine Bestimmung seiner Situation, seines künftigen Vorgehens
zu geben. Aber sein Plan ist keine reale Möglichkeit, sondern
eine Knabenphantasie, eine Lustspielsituation (1170, 1177; vgl.
dazu Alceste im *Misanthropen* Molières IV, 3). Auch Tasso sagt
nicht einfach „ich"; er sagt „du" wie Leonore, er sagt „er". Aber
dasselbe ist bei Goethe nie dasselbe. Tassos „du" ist weit weg von
aller Objektivation. In bunter Folge wechseln die Pronomen,
und wenn er von sich sagt „freudetrunken schwankend Betret
ich diese Bahn" (1141–1142), so sieht er in diesem einen Punkt
klar. Du – er – ich – er – ich – du – ich – er – ich – du: Das sind
die Pfähle, mit denen er sein Ich abstecken möchte. Zwischen
„Du bist allein" (1126)[60] und „Er ist nicht mehr allein" (1169)
ist sein Ich im Raum zerronnen. Im Raum: Wie aber entsteht
dieser Raum? Zunächst scheint es, als öffne er sich allmählich und

[59] *Aufzeichnungen* (1959), S. 185

[60] Hier klingt ein tiefpersönliches Goethe-Thema an, das stets ambi-
valent bleibt: Fluch und Notwendigkeit des Alleinseins: an Hans
Buff im April 1773, an J. C. Kestner am 21. 4. 1773, an Sophie von
La Roche am 12. 5. 1773, an J. C. Kestner am 30. 5. 1781, an Char-

gewinne feste Dimensionen, gleich dem Leonores: „die Augen
aufzuschlagen" (1125), „diese Säulen" (1127), „die Sonne"
(1130), „herniedersteigende Göttin" (1132), „welches Reich"[61]
(1134). Aber dann beginnen sich diese scheinbar festen Dimensionen aufzulösen: ein hektisches Licht (1138) blendet Tasso.
Sein Weg wird unsicher (1142), gegensätzliche Bereiche (Erd und
Himmel 1143) nennt er zugleich. Jetzt zeigt sich auch die Funktion der eigentümlichen Demonstrativa (diese Säulen 1127, diese
stummen Zeugen 1128, dieses Glück 1138, diese Bahn 1142): Sie
sind wahllos bezogen auf Konkretes und Abstraktes, Nahes und
Fernes, zerlegen den Raum, statt ein Hier und Jetzt zu verfestigen. So besonders „diese Pflanze" (190): Das „Hier" entpuppt
sich als Sehnsuchtsziel.[62] Gerade daß Tasso – im Gegensatz zu
Leonore – immer wieder deutend im Raum Halt sucht, verrät
sein gefährdetes Innere[63]. Tassos Fragen (1125–1128; 1148–
1150), im Gegensatz wiederum zu den gezielten Leonores, sind
entgrenzend: die Perspektiven verschwimmen. Eines der bedenklichsten Wörter taucht auf: „ewig" (1153). Es ist ein „Wurzelwort" für Tassos verblendete Augenblicke[64]. Die Zeitunendlich-

---

lotte von Stein am 17. 11. 1782, an Charlotte von Kalb Mitte Sep-
tember 1795, an Charlotte von Stein am 4. 6. 1807, an Zelter am
27. 7. 1807, an Zelter am 10. 12. 1830.

[61] Für den mit Goethes Chiffren vertrauten Leser (vgl. Emil Staiger,
Goethe I, 500 f) verrät sich schon hier ein Bedrohliches: Bezugneh-
mend auf Matth. IV, 8–9 erscheint schon in der *Harzreise im Winter* „ihre Reiche und Herrlichkeiten", ferner Briefe vom 12. 4. 1782,
21. 9. 1780 an Frau von Stein. Schließlich *Faust II*, 10130–10131:
„Du übersahst in ungemeßnen Weiten, Die Reiche der Welt und
ihre Herrlichkeiten."

[62] Eine ganz andere Funktion haben die Demonstrativa bei Racine:
Sie schaffen Distanz, durch sie entsteht ein Raum unnahbarer
Hoheit. Vgl. dazu den Aufsatz von Leo Spitzer: ‚Die klassische
Dämpfung in Racines Stil', *Romanische Stil- und Literaturstudien*,
Bd. I, 135 ff, München 1928.

[63] Auch dieses Verfahren findet sich schon in *Werthers Leiden*, Brief
vom 21. 6. 1771, besonders Cotta VI, 32–33.

[64] Vgl. besonders die folgenden Ausdrücke: „Dich kenn ich nun und
deinen ganzen Wert" (1199), „und kenne Fürs ganze Leben dich"
(1317 f), „wenn ich nicht auf ewig, Wie ich dich hasse, dich verachten soll" (1406), „Sie sind auf ewig mein . . ." (2217), „Ha, dich

keit („ewig") wird sogleich ins Räumliche umgebogen. Eine unbestimmte Ferne tut sich auf (1156), gefährlich schillernd unter dem Begriff des „Goldenen" (1157). Dieser Raum erhält sein fernstes Ziel in der Elysium-Vision[65], die Tasso in der Verkennung des Augenblicks schon bei der Bekränzung beschworen hatte (539: „Wer mag der Abgeschiedne sein?"). Das scheinbar vollkommen erfüllte Jetzt verwandelt sich ihm hier wie dort zu einem unbestimmten, visionär im Raum schwebenden Bild. Daneben stellt sich das Motiv der Errettung der Geliebten aus ersonnener Gefahr: „Unmögliches" (1176) in Potenz. Auch das Tun zerrinnt zum Knabentraum. Die Umdeutung des Organischen ins Bedenklich-Goldene — es war davon schon die Rede — öffnet den Raum ins Überdimensionale: Die Irrealität der „goldenen Zeit" entpuppt sich als unendlicher Raum eines zerronnenen Jetzt. Oder umgekehrt: Der Raum löst sich in eine unbestimmte Zeit, urälteste Mythe (1166 ff) und künftig Möglich-Unmögliches (1170 ff) zerdehnen das Jetzt zur Ewigkeit. Ein Limbus zwischen den Zeiten und Räumen. „Ziehen wir die Umwelt von uns ab, so bleibt etwas Ungestaltetes" (Musil III, 271).

Beide Monologe, der Leonores und derjenige Tassos, schaffen einen lebendigen Raum. Beide bedienen sich ähnlicher sprachlicher Mittel zur Erreichung dieses Ziels: der Fragen, der Metamorphose des Personalpronomens. Und doch sind die beiden Welten vielfältig voneinander abgehoben. Wieder enthüllen sich die Figuren in dem Wechselspiel sich ineinander abspiegelnder Gebilde. Auch der Monolog bewährt sich im Dienste der Konfiguration.

Ein absichtsvoll intrigierendes Ich hier, das sich besitzt, mit der Zeit zu rechnen weiß (1950), aber egozentrisch in einer beschränkten Welt lebt — ein labiles, von der Einbildungskraft[66]

---

kenn ich nun" (2591), „Und weiß nun ganz" (2536), „Ja, wohl erkenn ich ganz mein Unglück nun" (2775), „nun bin ich Auf ewig einer jeden Kraft beraubt" (2818 f), „ich sehe nun Dich auf einmal" (3334 f), „Ich kenne nun den Kreis, um den sie schlich. Euch alle kenn ich" (3355 f).

[65] Vgl. Kap. I, Anm. 94

[66] Goethe hat zeitlebens einen Kampf gegen die gefährdende Einbildungskraft geführt: an Auguste von Stolberg am 3. 8. 1775: „Un-

bedrohtes Ich dort, das sich in Kostümierungen[67] flüchtet, sich bald als „Abgeschiedener" (539), bald als Verbannter in „Pilger oder Schäferrock" (3141 f), bald als „Gärtner" (3198 ff) zu erblicken glaubt, den Raum ins Unendliche ausdehnend, die Zeit zur Ewigkeit erweiternd, exzentrisch, bald hier bald dort sich erblickend und widerspiegelnd. Mit den Worten Robert Musils: „Seine Gefühlslage ist nicht stabil" (III, 895)[68].

Der Monolog als Mittel der Konfiguration: Beidemal tritt ein dramatisches Ich aus der geselligen Sphäre der Sprache zurück. Beidemal sucht es sich des Raumes zu vergewissern, der sich aus diesem Ich, dem das Gegenüber fehlt, entfalten muß. Zwei verschiedene Räume entstehen: Aus einem seiner selbst gewissen Ich ein beschränkter, man ist versucht zu sagen „gegenständlicher" Raum. Er ist aus ungrüblerischer Selbstkenntnis geboren: „Der Mensch kennt nur sich selbst, insofern er die Welt kennt, die er nur in sich und sich nur in ihr gewahr wird" (Cotta VIII, 1372). Dieser Raum kann ein egozentrischer heißen.

Sein Gegenpol ist der exzentrische[16] Raum Tassos; ein unbeschränktes, von der Einbildungskraft ständig bedrohtes Ich, das einen entsprechend dimensionsverstörten Raum aus sich entläßt,

---

seeliges Schicksal das mir keinen Mittelzustand erlauben will. Entweder auf einem Punckt, fassend, festklammernd, oder schweifen gegen alle vier Winde!" Genau das ist das Raumgefühl des Tassomonologs II, 2. Vgl. Antonios Bemerkung 2120–2132. Ferner an Carl August am 1. 10. 1788: „Gebe uns der Himmel den Sinn uns ans nächste zu halten, man verwöhnt sich nach und nach so sehr . . ." Vgl. 974: „verwöhnt sich das Gemüt". Besonders wichtig in diesem Zusammenhang ist der Bericht über den Besuch des Bodetals in den *Tag- und Jahresheften* von 1805 (Cotta VIII, 1145–1146), wo Gefährdung und Gleichgewicht von Ich und Welt nebeneinander behandelt werden. Ferner: *Italienische Reise* am 4. 4. 1787 (Cotta IX, 455).

[67] Darin ist er Luciane aus den Wahlverwandtschaften zugeordnet, die in den verschiedensten Maskeraden zu erscheinen liebte: „. . . und wirklich verwirrte sie dadurch das Gegenwärtige und das Eingebildete . . ." (Cotta VI, 465). Als Gegenbild einer spielerisch freien Maskierungskunst sei auf den Divan verwiesen.

[68] Noch von einer anderen Seite her ließe sich die Beziehung Tasso-Leonore aufrollen: vom Jahreszeitlichen. Dem „Frühlingshaften" Leonores in der ersten Szene steht das „Herbstmäßige" Tassos

Innenraum, „die herausgesagteste Innenwelt die es gibt"[69], aus der Isolation geboren: „Man soll sich nicht isoliren, denn man kann nicht isolirt bleiben, in Gesellschaft lernt man eher sich und andre tragen" (Brief an Knebel vom 19. 2. 1787).

Goethes Figuren bedürfen des gegenwärtigen Du nicht, um einen Raum der Konfiguration zu entwerfen. Mit unscheinbaren Mitteln der Sprache, Fragen, Pronomen, schaffen sie den Raum, der ihrem Ich gemäß ist, egozentrisch der Leonores, exzentrisch der Tassos. Aber auch hier stehen die Figuren nicht allein. Ein Gesetz dieses Dramas ist Simultaneität. Indem Leonore ihr Ich in das ihr eigene Fluidum versetzt, bezieht sie sich zugleich auf den andersgearteten Raum in Tassos Monolog; dieser wiederum ist nicht denkbar ohne jene komplementäre Umwelt Leonores. Indem Ich und Raum innerhalb der Monologe korrelativ werden, sich ineinander spiegeln, knüpft jede Figur zugleich ihre Beziehung zu jenem Gegenpol, auf den sie ausgerichtet ist, von dem sie sich abhebt, der sie ergänzt. Wie sich Worte, Metaphern und Landschaften ineinander zu spiegeln vermögen, so auch Monologe.

6. Maxime

> Erlaubt ist, was sich ziemt.
> Erlaubt ist, was gefällt.

Die berühmteste Szene des *Torquato Tasso* ist zweifellos der erste Auftritt des zweiten Aktes. Die Prinzessin und Tasso berühren im Gespräch das von den Alten besungene Arkadien, jede der beiden Figuren entwirft ein Bild dieses „goldenen Zeitalters". Jede gibt eine pointierte Zusammenfassung:

Tasso   Erlaubt ist, was gefällt. (994)
Prinzessin   Erlaubt ist, was sich ziemt. (1006)

(3198–3200) gegenüber, dem Zuversichtlichen das ängstliche Bewahrenwollen. Auch dadurch schließt sich der Reigen der Figuren zum Ganzen. Sie „charakterisieren" sich weniger durch Tun, als durch Zugeordnetsein.

[69] Max Kommerell, *Jean Paul,* Frankfurt o. J. S. 43.

Gleichlange Kola sind parallel gesetzt. Sie bilden zusammen eine Stilfigur: die Antithese. Man weiß, daß diese Gegenüberstellung der umstrittenen Gedanken – auf den allgemeinsten Begriff gebracht: des Individuell-Geschmacklichen und des Allgemein-Verbindlichen – nicht von Goethe stammt, daß er vielmehr die eine Form des Gedankens aus dem ersten Chor von Tassos Schäferstück *Aminta* übernimmt, die andere aus dem *Pastor fido* des Guarini, der sich im vierten Chorlied über Tasso lustig macht.

Fast jede Interpretation des *Torquato Tasso* hat ihren Scharfsinn aufgeboten, um beide Pole herauszudestillieren, Für und Wider abzuwägen und Goethes wahrer Meinung auf die Spur zu kommen. Diese Versuche haben zu keiner Übereinstimmung geführt. Die vorliegende Studie läßt den Sachgehalt zunächst außer acht und nähert sich dem Problem von der Seite der Form. Das ist insofern nicht von der Hand zu weisen, als die Formung des umstrittenen Gedankens Goethes Anteil ist, nicht aber dieser zweihundert Jahre alte – zu Goethes Zeit schon zweihundert Jahre alte – Gedankenstreit selbst.

„Die Antithese", sagt Nietzsche (I, 563), „ist die enge Pforte, durch welche sich am liebsten der Irrtum zur Wahrheit schleicht." Sollte es Goethe darauf abgesehen haben, den Leser irrezuführen? Und wenn ja, wohin lockt er ihn?

Es sei an jenen Bericht erinnert, den der Kanzler von Müller über Goethes Art gibt, im Gespräch „die entgegengesetztesten Ansichten aufzufassen und gelten zu lassen" (24. 4. 1830). Aber nicht nur in Gesprächen: Auch in seinen Aphorismen braucht man nicht lange zu suchen, um einen pointierten Widerspruch zu entdecken. Ein Beispiel: „Was nicht mehr entsteht, können wir uns als entstehend nicht denken. Das Entstandene begreifen wir nicht" (Hecker 601). Und dem entgegengesetzt: „Der Begriff vom Entstehen ist uns ganz und gar versagt" (Hecker 724). Ein Widerspruch[70], gewiß: Aber ist es nur die „maussade" Art eines alten Mannes, der es liebt, das Mephistophelische hervorzukeh-

---

[70] Ein anderes Beispiel: „Jedes ausgesprochene Wort erregt den Gegensinn." (Hecker 9) – „Ein ausgesprochnes Wort fordert sich selbst wieder." (Hecker 1000)

ren (wie der Kanzler von Müller es zuweilen darstellt: 27. 3. 1824; 7. 9. 1827)? Eine Äußerung Goethes lautet:

> Man sagt, zwischen zwei entgegengesetzten Meinungen liege die Wahrheit mitten inne. Keineswegs! Das Problem liegt dazwischen, das Unschaubare, das ewig tätige Leben, in Ruhe gedacht. (Hecker 616)

Nicht Widersprüche um der Lust am Widerspruch willen liegen dieser Gestaltung zugrunde, sondern Goethes Art, Problemen auf den Leib zu rücken und zwar nicht durch voreilige „Lösung" (schon das MONOLOG-Kapitel hatte darauf hingewiesen), sondern indem er das Problem im Widerspruch aufleuchten läßt.

Diese Art des Sagens, durch Paradox und Widerspruch, ist die eine Möglichkeit goethescher Aphoristik; der andere Pol – zwischen beiden gibt es viele Abstufungen – ist die unscheinbare, unaufdringliche Aussage:

> Wer lange in bedeutenden Verhältnissen lebt, dem begegnet freilich nicht alles, was dem Menschen begegnen kann, aber doch das Analoge, und vielleicht einiges, was ohne Beispiel war. (Hecker 798)

Freilich nicht alles – kaum – aber doch – und vielleicht einiges: Ein zögernd, einschränkend, bedenklich Formuliertes; wenn dieser Tonfall sich zeigt, mag man Goethes Satz beim Wort nehmen und wird selten fehlgehen. Eine zugespitzte Formulierung dagegen gebietet Vorsicht. Wahrscheinlich findet sich irgendwo der Gegen-Satz. Die Szene II, 1 ist ein Modellfall dieser letzten Art.

Es stellt sich also die Frage von neuem: Wollte Goethe den Leser irreführen? Allerdings: Der pointierte Aphorismus hat etwas Dramatisches in Spruch und Gegenspruch. Kein Wunder, daß Goethe ihn sich nutzbar macht; freilich nicht zu lebensphilosophischer Aussage, sondern als Mittel der Konfiguration. Erlaubt ist, was gefällt – Erlaubt ist, was sich ziemt. Der Satz soll zur Diskussion herausfordern, wer dabei stehen bleibt, wer darauf hereinfällt, mag sich die Zähne ausbeißen.

Durch Goethes sonstiges Verfahren vorsichtig gemacht, kann man aber auch einen anderen Weg einschlagen; zwar nicht den einer „Wahrheitsfindung"[71], aber doch den der Enthüllung eines Mittels künstlerischer Gestaltung. Figuren treten zueinander und offenbaren ihr wechselseitiges Verhältnis im höfischen Spiel des Streitgesprächs pointierter Formulierungen. Man kennt Berichte über die französischen Salons, wo La Rochefoucauld seine Maximen vortrug[72], und die Gesellschaft sie „diskutierte", ihnen „widersprach", die Gegenpointe springen ließ. Goethe selbst liebte zuweilen solche Gespräche und mag sich geärgert haben, wenn der Partner alles für bare Münze nahm, anstatt den Gegenspruch auszuspielen, den er, Goethe, wie er versichert, stets parat hatte[73]. Die Szene II, 1 legt nicht einen logischen Widerspruch zur Entscheidung vor[74], sie enthüllt die geistige Konstitution zweier Figuren, die sich einem Problem von zwei Seiten nähern. Nicht der Widerspruch von Willkür und Sitte soll ernst genommen werden – er läßt sich sowieso nur wie der gordische Knoten lösen – sondern zwei Individualitäten, die sich von zwei Richtungen her des Problems der Gesellschaft („Erlaubt ist . . .")

---

[71] Darum ist es Goethe nicht in erster Linie zu tun. Seine kühle Indifferenz in solchen Dingen, jenes „Vermächtnis": „Was furchtbar ist allein ist wahr" (Cotta I, 534), mag manche Zeitgenossen, und nicht nur sie, erbost haben. Dazu gibt es zahlreiche Äußerungen Goethes: „. . . denn ans Wahre wie ans Falsche sind notwendige Bedingungen des Daseins gebunden" (Cotta XXI, 638 *Materialien*), „das was wir bös nennen, ist nur die andre Seite vom Guten . . ." (Cotta XV, 32), „irrtümlich nach außen, wahrhaft nach innen . . ." (Cotta XV, 743), „Es ist nicht immer nötig, daß das Wahre sich verkörpere; schon genug, wenn es geistig umherschwebt . . ." (Hecker 466), ferner das wichtige Kapitel ‚Bedenklichstes' *Aus Kunst und Altertum* (Hecker 67–68), dann Briefe an Charlotte von Stein am 8. 6. 1787 „auch eine schädliche Wahrheit ist nützlich, weil sie nur Augenblicke schädlich seyn kann und alsdann zu andern Wahrheiten führt", an Eichstädt am 15. 9. 1804 über falsche Tendenzen und ihre Nützlichkeit, an den Grafen K. von Sternberg am 12. 1. 1823: „Irrthümer haben so gut wie Wahrheiten ihre Jahres- und Tageszeiten, ihres Gehens und Kommens."

[72] Vgl. Kap. I, Anm. 50

[73] Vgl. dazu die schon zitierte Voß-Anekdote, die I. B. Bertram am 26. 9./9. 10. 1814 berichtet.

[74] Eine frühe Stelle (Cotta XVI, 42) „löst" das Problem spielerisch fragend: „und was ist in der Welt s c h i c k l i c h e r als das G e f ü h l t e ?"

zu bemächtigen suchen und das Problem dabei in die Sinnfarbe ihrer eigenen Welt tauchen. Tasso nähert sich der Sache von seiner Himmelsrichtung, der der Phantasie: „Die Phantasie kennt keine Sünde und vor den Thoren, die in's Leben führen, steht: Alles ist erlaubt"[74a]. Die Prinzessin kommt von der anderen Seite: „Die angenehmsten Gesellschaften sind die, in welchen eine heitere Ehrerbietung der Glieder gegeneinander obwaltet" (Hecker 11, Ottiliens Tagebuch). Diese Enthüllung, daß zwei Temperamente[75], deren Lebensluft nicht ganz dieselbe ist, einander begegnen, und daß sie sich aufeinander einstellen, daß sie sich miteinander abfinden möchten – und daß sie es nicht vermögen trotz guten Willens: Das ist die „Aussage" der Szene, das wird deutlich im Medium sich ineinander abspiegelnder Maximen[76]. Goethe begnügt sich damit, „daß zwei Gegensätze zu gleicher Zeit her-

---

[74a] R. Kassner, *Die Mystik, die Künstler und das Leben*, Leipzig 1900, S. 25 anläßlich Blakes.

[75] Vgl. den Brief an Perthes über Runge vom 16. 11. 1810: „... und wenn seine Richtung ihn von dem Wege ablenkte, den ich für den rechten halte; so erregte es in mir kein Mißfallen, sondern ich begleitete ihn gern, wohin seine eigenthümliche Art ihn trug". Ferner an C. F. von Reinhard am 22. 1. 1811: „Denn die sämmtlichen möglichen Meinungen gehn uns doch nach und nach, theils historisch, theils productiv durch den Kopf ... begriff ich aufs Neue ... daß die verschiedenen Denkweisen in der Verschiedenheit der Menschen gegründet sind, und eben deshalb eine durchgehende gleichförmige Überzeugung unmöglich ist." Dieses Alles-Geltenlassen wird ihm noch Ortega y Gasset in seinem Büchlein *Pidiendo de un Goethe de dentro* zum Vorwurf machen.

[76] Nicht immer haben Maximen bei Goethe diese Funktion. Der frühe Goethe liebt das „moralische Spiel", er gefällt sich darin, Lehren zu geben – Nun lieben Freunde, merkt euch dies, Und folget mir genau! (Cotta I, 830) – und versteckt sie in geistreichen Pointen im Geschmack des Rokoko. Hierher gehört das Spiel um die Eifersucht von 1767–68: *Die Laune des Verliebten*. Auch hier ist Hofmannsthal wahlverwandt: „Meine Lieblingsform von Zeit zu Zeit ... wäre eigentlich das Proverb in Versen mit einer Moral, so ungefähr wie ‚Gestern', nur pedantesker, menuetthafter: im Anfang stellt der Held eine These auf (so wie: ‚das Gestern geht mich nichts an'), dann geschieht eine Kleinigkeit und zwingt ihn, die These umzukehren (‚mit dem Gestern wird man nicht fertig'); das ist eigentlich das ideale Lustspiel..." (Marie Herzfeld, *Loris,* Blätter der Erinnerung, Corona II, 1932, S. 723).

vortreten und sich einander das Gleichgewicht halten können"
und fügt hinzu: „Wir achten dies für die wünschenswerteste Erscheinung" (Cotta XV, 896). Wie sagt Antonio einmal:

> ... Du denkst
> Nur anders, und du glaubst deswegen
> Schon recht zu denken. (2683–2685)

Die Vermutung, daß es Goethe nicht auf den Wahrheitsgehalt
eines der beiden Sprüche ankommt, scheint sich zu bestätigen.
Aber noch von einer dritten Seite her kann ein Versuch gemacht
werden, den Sachverhalt zu erhellen. Ist das, was gesagt wird,
die Meinung der Figur? In dieser Szene gewiß, mehr oder weniger. Aber wird die Figur dadurch „charakterisiert"? Etikettiert?

Es empfiehlt sich, den Sinn der doppelten Aussage nochmals
zu formulieren. Die Antithesen „Erlaubt ist, was gefällt – Erlaubt ist, was sich ziemt" wurden mit den Begriffen umschrieben:
Gültigkeit der individuellen Eigenart – Gültigkeit allgemeiner
Normen. Die Prinzessin ordnet sich, wenn man ihr Wort als ihre

---

Wieder anders verwendet Goethe die Maxime in den *Wahlverwandtschaften*: „...,Ottiliens Tagebuch'. In meisterhaftem Kon-
trapunkt stehen diese Einlagen zu dem Geschehnisablauf; niemals
mehr ist es Goethe gelungen, Gedanke und Erzählung so vollkommen zu verschmelzen. Nach dem dialogischen Gespräch nehmen
sich diese Reflexionen am Ende wie Monologe Ottiliens aus; alle
Gedanken brechen sich noch einmal im Spiegel ihrer Individualität..." (Gerhart Baumann, *Maxime und Reflexion als Stilform bei
Goethe*, Diss. Freiburg 1947). „Diese Reflexionen sind... das Ak-
kompagnement zu den Arien der Begebenheiten und Handlungen"
(Solger, *Nachgelassene Schriften und Briefwechsel,* hg. Tieck und
Raumer, Leipzig 1826 I, 183). Im Roman erscheinen die Maximen
als höchste Ausläufer unmittelbarer Aussage, wo die Form in den
reinen Geist mündet. Im Drama sind sie spielerisch zufälliger Anlaß für mittelbare Aussage. Im Roman verlassen sie den Bezirk der
Gesellschaft und treten in den Raum der Intimität. Im Drama bleiben sie innerhalb der Konfiguration: als Gesellschaftsspiel. Ein Beispiel Goethescher Ökonomie im Gebrauch seiner Mittel: Die Maxime
erscheint bei ihm als Resultat der Lebenserfahrung (so in den *Wan-
derjahren); als diskutierbares Lehrwort, wo Spruch und Widerspruch zur Synthese gebracht werden (im Lustspiel); als Grund-
textur für den darübergestickten Roman (*Wahlverwandtschaften*);
als Maske im *Divan* (Cotta II, 97).

Überzeugung nimmt, dem Bereich des Verbindlich-Allgemeinen der Gesellschaft zu; nicht dem, was der Augenblick schafft, sondern dem, was Folge gewährleistet.

Nun gibt es aber bereits in der ersten Szene zwischen Leonore und der Prinzessin eine Diskussion über eine ähnlich bestimmte Problematik (51–82). Die betreffenden Abschnitte der Interpretation sind mit ‚Folge und Zufall in der Geschichte' überschrieben. Und hier ist plötzlich die Prinzessin diejenige, die von den „zufällig" hervortretenden, „einzelnen" guten Menschen spricht, die dem höchst Individuellen das Wort redet, während Leonore sich an das Gesellschaftlich-Verbindliche, Geziemend-Gültige hält. Eine verblüffende Umkehr der Position, die dennoch so individuell eingeformt, so dramatisch konsequent und für die Konfiguration erhellend ist, daß man sie gar nicht so ohne weiteres bemerkt; an derselben gedanklichen Grundpolarität reagiert die Figur in zwei verschiedenen Szenen entgegengesetzt. Nicht der Gedanke als solcher haftet an der Figur, sondern eine bestimmte Art der empfindlichen Einstellung auf eine bestimmte Situation, eine bestimmte Konfiguration.

Es ist zu vermuten, daß ebendies, was an der Prinzessin sich gezeigt hatte, auch für Tasso in seiner Weise gilt. So findet man folgende Stelle in dem Streitgespräch mit Antonio:

> ANTONIO   Und oft entbehrt ein Würdger eine Krone.
> Doch gibt es leichte Kränze, Kränze gibt es
> Von sehr verschiedner Art: sie lassen sich
> Oft *im Spazierengehn bequem* erreichen.
> TASSO   Was eine Gottheit diesem frei gewährt
> Und jenem streng versagt, ein solches Gut
> Erreicht *nicht jeder,* wie er *will* und *mag.*
> ANTONIO   Schreib es dem *Glück* vor andern Göttern zu,
> So hör ichs gern, denn *seine Wahl ist blind.*
> TASSO   Auch die *Gerechtigkeit* trägt eine Binde
> Und schließt die Augen jedem Blendwerk zu.
> ANTONIO   Das Glück erhebe billig der *Beglückte!*
> Er dicht ihm hundert Augen fürs Verdienst
> Und *kluge Wahl* und *strenge Sorgfalt* an,
> Nenn es Minerva, nenn es, wie er will,
> Er halte *gnädiges Geschenk* für Lohn,
> *Zufälligen Putz* für wohlverdienten Schmuck.
> TASSO   Du brauchst nicht deutlicher zu sein ... (1299–1316)

Hier führt Antonio die Worte „Glück" (1310) und Zufall (1315) im Munde. Das begünstigte Individuum habe kein legitimes Verhältnis zur Gesellschaft. Tasso widerspricht heftig: Nicht Willkür (1305), sondern Gerechtigkeit (1308) habe seinen Platz bestimmt. Die Allgemeinheit habe seine Position anerkannt und bestätigt. Er wisse sich mit ihr im Einklang.

Gerade das aber ist das Gegenteil von seiner Befürwortung des Individuell-Willkürlichen in der Szene mit der Prinzessin: Er hat den entgegengesetzten Standpunkt bezogen[77]. Wieder dasselbe Begriffspaar: Individuelle Begünstigung – Allgemeine Norm der Gesellschaft, und wieder hat sich daraus eine neue Konfiguration kristallisiert.

An einem Begriffspaar können sich die widersprüchlichsten Verhältnisse offenbaren; zarter Widerspruch zwischen den beiden Frauen der ersten Szene, Einverständnis zwischen Tasso und der Prinzessin – die Interpretation hatte das bis in die Elemente der Sprache nachgewiesen –, offener Widerspruch bis zur Tätlichkeit bei Tasso und Antonio. Nicht durch Worte wird der Sinn deutlich, nicht durch das Beharren auf begrifflicher Antinomie, sondern durch Konstellation: argumentum e silentio.

Die Maxime, die Gedankenformel wird zum Medium, in dem das Alogische sich offenbart: das Inkommensurable zweier komplizierter Seelen, Tassos und der Prinzessin. Und weiter: Diese Maximen sind nicht Goethes Eigentum; immer hat für ihn das Angeeignete neben dem Eigenen seinen Platz gehabt[78]. Das Zitat hatte sich schon an anderer Stelle als Vehikel der Konfiguration erwiesen. Es ist kein Wunder, daß Thomas Mann diesem Verfahren Goethes besondere Sympathie entgegenbringt:

Sehr oft ... sind Reiz und Verdienst in der endgültigen, der heiter treffenden und erquicklich genauen Formulierung von längst Gedachtem und Gesagtem zu suchen, womit sich denn freilich ein Neuigkeitszug und -reiz, eine träumerische Kühnheit und hohe Gewagtheit verbindet, die den Atem benimmt, – ja, dieser Wider-

---

[77] Nietzsche hätte vielleicht gesagt: „Man widerspricht oft einer Meinung, während uns eigentlich nur der Ton, mit dem sie vorgetragen wurde unsympathisch ist" (I, 626).

[78] Cotta II, 664; II, 674; vgl. auch Hecker 441.

spruch von artiger Konvenienz und Verwegenheit, ja Tollheit ist gerade die Quelle der süßen Verwirrung ...[79]

Im Widerspruch zweier längst gesagter Dinge erkennen sich zwei Seelen wieder. Indem sie Längstgesagtes einander zitierend vorhalten, werden Tasso und die Prinzessin sich ihrer selbst bewußt, Beziehungen enthüllen sich ihnen, die weit hinter der handfesten Antithese zurückbleiben. „Gedanken", sagt Nietzsche einmal, „sind die Schatten unsrer Empfindungen – immer dunkler, leerer, einfacher als diese" (II, 145). So auch die gegenübergestellten Grundsätze: Schatten, die seelische Ereignisse werfen. Bedenkenswerte Schatten, denen die Interpretation nachgegangen ist.

7. ‚KLASSISCHE' SPRACHE

Die Gesellschaft ist und bleibt im *Torquato Tasso* die Bezugsachse aller Konfiguration. Auch und gerade die Monologe, indem sie sich von der Konversation ausschließen möchten, weisen in diesen Kreis zurück. Die Interpretation mußte daher mit der Tatsache rechnen, daß die Figuren durch ihre Sprache kaum geschieden sind. Sie alle sprechen fast das gleiche, hochentwickelte, durchdachte, blaß-sinnliche Idiom. Dieses besitzt feste, syntaktische Grundlagen, ein Repertoire an Wendungen, eine beschränkte Anzahl von wiederkehrenden Begriffen.

Weder von der Form allein – im strengsten Sinne: dem Vers, der klassisch bleibt[80] – noch vom Gedanklichen her, dem Wortstreit, der sich zwar logisch stichhaltig, aber durch die Interpretation als etwas Vorletztes erwies, fand sich ein weiterführender Zugang zum Drama.

Die Interpretation versuchte also ihr Glück bei den rhetorischen Figuren, die, recht gebraucht, zwischen Sinn und Form schweben. Paul Valéry hat darauf hingewiesen:

---

[79] *Lotte in Weimar,* Stockholm 1939, S. 89

[80] Hierzu besonders das „Goethe"-Kapitel in Wolfgang Kaysers postum erschienener Vorlesung *Geschichte des deutschen Verses,* Bern und München 1960.

L'ancienne rhétorique regardait comme des ornements et des artifices ces figures et ces relations que les raffinements successifs de la poésie ont fait enfin connaître comme l'essentiel de son objet; et que les progrès de l'analyse trouveront un jour comme effets de propriétés profondes, ou de ce qu'on pourrait nommer: *sensibilité formelle.*
(Œuvres, tome II, 551)

An den Stilfiguren, ihrer Verwendung, Gegenüberstellung, Spiegelung, Häufung enthüllen sich die Gesetze der Figur und der Konfiguration. Goethe hat diesen rhetorischen Elementen innerhalb des klassischen Sprachbezirks – eines Sprachbezirks der kultivierten Gesellschaft – den reinsten Spielraum gegeben. Spielraum im tiefsten Sinne: Freiheit zur Entfaltung der hin- und widerspiegelnden Beziehungen. Umfassende Norm und doch individuelle Nuancen: Friedrich Gundolf hat es das „individuelle Gesetz"[81] genannt. In der Sprache Goethes:

> Dieser schöne Begriff von Macht und Schranken, von Willkür
> Und Gesetz, von Freiheit und Maß, von beweglicher Ordnung,
> Vorzug und Mangel erfreue dich hoch! ... (Cotta I, 539)

Es ist gerade im Tasso wichtig, das Begriffliche in der Sprache nicht zu hoch zu bewerten – wozu jedes klassische Idiom verlockt. Gewiß bewährt sich die vergeistigende Tendenz, das Aufsteigen zum Begriff, das Gipfeln in der Maxime, der Sentenz zuweilen, die ordnend überschaut; es ist aber ebenso bedenkenswert, daß bei genauer Prüfung die Evidenz dieses „Begriffs" zweifelhaft wird[82]; daß sich im Widerspiel von Begriffen zwar

---

[81] Friedrich Gundolf, *Goethe*, Berlin 1916, S. 553 f. Hofmannsthal schien das so wichtig, daß er sich für seine „Reden in Skandinavien" diese Stellen wörtlich ausschrieb: „Daß die Gesetze selbst bis zu einem vorher nicht gekannten Grad individuell sind..." und „Gesetze sind ihm ... selbst Individuen" (*Prosa III*, 362).

[82] „Wenn der Wert eines Dramas nur in den Schluß- und Haupt-Gedanken liegen sollte, so würde das Drama selbst ein möglichst weiter, ungerader und mühsamer Weg zum Ziele sein; und so hoffe ich, daß ... (sein) Wert gerade der ist, ein bekanntes, vielleicht gewöhnliches Thema, eine Alltags-Melodie geistreich zu umschreiben, zu erheben, zum umfassenden Symbol zu steigern und so in dem Original-Thema eine ganze Welt von Tiefsinn, Macht und Schönheit ahnen zu lassen." (Nietzsche I, 249)

ein Bild vom Verhältnis der Personen zueinander andeutet, aber nichts Bündiges über den Inhalt und die Gültigkeit dieser Begriffe auszumachen ist. Es kristallisieren sich Pole, an denen das Gesetz lebendigen Daseins offenbar wird. Die Sprache ist das Medium, in dem sich die „Chemie der Begriffe und Empfindungen"[83] (Nietzsche I, 847) zu Figur und Konfiguration erweitert.

[83] Goethe an Schiller am 23. 10. 1799: „... habe mich jetzt an den Crébillon begeben. Dieser ist auf eine sonderbare Weise merkwürdig. Er behandelt die Leidenschaften wie Kartenbilder, die man durch einander mischen, ausspielen, wieder mischen und wieder ausspielen kann, ohne daß sie sich im geringsten verändern. Es ist keine Spur von der zarten chemischen Verwandtschaft, wodurch sie sich anziehen und abstoßen, vereinigen, neutralisieren, sich wieder scheiden und herstellen ..."

Drittes Kapitel

SPIEGELUNGEN

Ende und Anfang

Imaginäre Bühne. Das beherrschende Merkmal der ersten Szene war „Atmosphäre", wobei die Interpretation diesem unbestimmten Begriff Schärfe zu verleihen suchte. Gegenläufige Kräfte begannen zu spielen, ein Spannungsgefüge zeichnete sich ab: Die Konfiguration trat zart, aber unmißverständlich hervor. Der Raum dieser ersten Szene integrierte sich aus dem Wechselspiel von Landschaft und Figur.

Die Interpretation hat versucht zu beschreiben, wie diese Spannungen sich herausschälten, kristallisierten, wie die Figuren deutlich hervortraten[1] und zwischeneinander Beziehungen knüpften: Sprache in ihren einzelnen Möglichkeiten als Medium der Konfiguration.

Eine letzte Analyse hat dem Schluß zu gelten: jenem Ziel, zu dem alle diese Fäden gespannt waren.

Ein Hinweis auf ein scheinbar nebensächliches Detail wird bedeutend: Der erste Akt spielte auf einem „Gartenplatz"; der letzte ist überschrieben „Garten". Das Konkrete der Landschaft hat sich zu einem allgemeineren Schauplatz erweitert, man darf

---

[1] Die Kunst, aus einer Atmosphäre Individuen zu entwickeln, hat Marcel Proust bis zur Virtuosität gesteigert. Man vergleiche, wie er das Auftauchen der Gruppe von Mädchen zum erstenmal erlebt, als sie ihm am Strand entgegenkommen: „un flottement harmonieux, la translation continue d'une beauté fluide, collective et mobile" (Recherche V, 33 f), die sich ihm bald als Blumenhecke (43), bald als Ellritzenschwärme (74), bald als Kolonie von Schwammkorallen (75) darstellen, und aus denen sich erst allmählich Individualitäten lösen. Gerade an einem solchen späteren Gegenbild, auf das selbstverständlich nicht im Sinne irgendeiner Abhängigkeit hingewiesen wird, läßt sich die hohe und unaufdringliche Kunst Goethes ermessen.

146

auch sagen: erhöht. Hier weht eine dünnere Luft. Das Bedeutende bekommt vor dem Wirklichen den Vorrang. Antonio, sprachlos über das Vorgefallene[2], steht neben Tasso, der in Schweigen versunken ist. Dann beginnt dieser zu sprechen, Antonio, an seiner Seite, scheint gänzlich aus dem Blickkreis zu geraten; Tasso allein schafft einen Raum um sich. Dieser Raum ist um einiges verschieden von demjenigen, in den Tasso sich mit seinem ersten Monolog gestellt hatte. Damals war er aus den verstörten Elementen des Wirklichen entstanden: verschachtelte Perspektiven, unüberschbare Verhältnisse, rätselhafte Durchblicke und Verschränkungen der Zeit- und Raumverhältnisse: ein Piranesi der Phantasie. Hier scheint dagegen die Perspektive fest: Sein Ich hat nur noch eine Dimension, das erste Personalpronomen der Einzahl: ich mich (3311), mich – mich (3313), mir (3315), mein – mir mein (3316), mein (3318), mich (3319), mir – mich (3320), ich – ich (3321), mein (3323), mein (3324), meine (3325), meiner (3326), ich mich (3327), ich mich – meine (3328), ich (3330), mich (3331). Beängstigend häufig ist dieses Pronomen in zweiundzwanzig Zeilen. Es scheint, als stehe jetzt Tasso in einem egozentrischen Raum. Auch was die Verteilung des Textes angeht, bildet diese Passage (3311–3332), in der er über sich selbst spricht, den Mittelpunkt dieses Pseudomonologs. Das Entscheidende aber ist, daß er erst jetzt, da alle außer Antonio fort sind, sich mit einer Konfiguration umstellt: Die Abwesenden werden freventlich vergegenwärtigt. Hatte er in seinem ersten Monolog das Gegenwärtige nicht festhalten können, hatte er damals sich mit Partikeln seines Ich (er – du – ich) umgeben und sich so im Raum verloren, so umstellt er jetzt dieses hektisch festgehaltene Ich mit seinen „Antagonisten" (Antonio: 3294–3303; Alfons: 3304–3310; Prinzessin: 3333–3351; Leonore: 3352–3356). Ein festgefügter Raum durch eine Konstellation von fünf

---

[2] An Marianne von Eybenberg schreibt Goethe am 16. 1. 1809: „doch sind die Frauen immer ein wenig selbst Schuld, wenn die Männer sich zuviel herausnehmen. Man muß dem Männergeschlecht wohl Recht geben, aber nicht Recht lassen." Diese moralistische Bemerkung ist wohl zu bedenken; es sei daran erinnert, wie die Prinzessin Tasso den Begriff des ‚Goldenen' zugespielt hatte, ohne die Kraft aufzubringen, ihn Tasso wieder zu entreißen.

Figuren gebildet: analog jener Konstellation, die sich am Ende der ersten Szene zu bilden begann. Aber dieser Raum ist ein Raum reiner Innerlichkeit: eine imaginäre Bühne. Bezeichnenderweise vergleicht er die realen Personen mit solchen seiner Dichtung (3349); es ist ihm zwar nicht gelungen, die „goldenen Äpfel" in die Wirklichkeit zu verpflanzen, wohl aber, das Wirkliche phantastisch zu verzerren: Eine ins Düstere gewandelte Spiegelung jenes Werther-Augenblicks vom 22. 5. 1771, „da man sich die Wände, zwischen denen man gefangen sitzt, mit bunten Gestalten und lichten Aussichten bemalt" (Cotta VI, 140)[3]. Es ist die Abstraktheit einer inneren Konfiguration: der Versuch, die reale Situation in der Imagination „nachzuholen". Vergeblich (3390–3394); er wird immer nur er selbst, ob er den Raum zum Ich verengt – wie hier; oder das Ich zum Raum erweitert – wie in jenem Monolog.

Diese wenigen Hinweise genügen, um die zwiefache Funktion dieses Pseudomonologs zu enthüllen. Wieder ist – nach dem bewährten heuristischen Prinzip der Interpretation – Hintergrund und Figur zu unterscheiden. Die Figur Tassos hat sich bedrohlich verengt; die Außenwelt ist vernichtet, er tut einen letzten Blick in die offene Landschaft (3385 ff), die noch die ganze erste Szene beherrscht hatte. An ihre Stelle ist ein geistiger Raum getreten, der zwar zunächst nur der Tassos ist, der aber sehr bald eine allgemeinere Färbung annimmt. Man kann ihn, im Unterschied zu der „Atmosphäre" der ersten Szene, einen Raum der „Bedeutung" nennen. Die Interpretation des Schlußgleichnisses in den letzten Versen des Dramas soll diesen Hinweis bestätigen.

---

[3] Zwei späte Wiederholungen dieser Vorstellung finden sich bei Hofmannsthal; in dem Gespräch *Über Charaktere im Roman und im Drama* (Prosa II,(1951)): „Es gibt keine Erlebnisse, als das Erlebnis des eigenen Wesens. Das ist der Schlüssel, der jedem seine einsame Kerkerzelle aufsperrt, deren undurchdringlich dichte Wände freilich wie mit bunten Teppichen mit der Phantasmagorie des Universums behangen sind. Es kann keiner aus seiner Welt heraus." Und dann ein Brief an Richard Beer-Hofmann vom 15. 5. 1895: „Es handelt sich freilich immer nur darum, ringsum an den Grenzen des Gesichtskreises Potemkinsche Dörfer aufzustellen, aber solche, an die man selbst glaubt. Und dazu gehört ein Zentrumsgefühl ..."

Zuvor muß aber in ein paar Strichen skizziert werden, in welcher Weise sich dieser Schluß vorbereitet und welche Vorzeichen ihn bereits angedeutet haben.

Schiffbruch

Concetto. Das METAPHER und VERGLEICH-Kapitel hat zu zeigen unternommen, wie die Lichtmetaphorik sich entwickelte, zu einem Höhepunkt der Konfiguration Prinzessin-Tasso wurde und dann zu verblassen begann. Allmählich schob sich eine neue Bildsphäre in den Vordergrund: Wasser, Welle, Sturm. Dem Verschwinden des einen Bereiches ist das Erscheinen des anderen proportional. Anstelle von Licht und Schein treten Bewegungen und Kräfte. Diese Linie führt direkt auf den Schluß des Dramas zu. Aber noch ein anderes ist bedeutsam. Unmerklich hatte sich mit der Figur Antonios die Vorstellung des Festgegründeten verknüpft:

> Und auf des Lebens leicht bewegter Woge
> Bleibt dir ein stetes Herz ... (1255–1256)
> Bei dir ist alles Ordnung, Sicherheit (2065)

„Stetes" – der Bereich Antonios – und „Bewegtes" – die Welt Tassos – treten zueinander. Dieses Motiv vollendet sich in den Schlußversen:

> TASSO   O edler Mann! Du stehest fest und still,
> Ich scheine nur die sturmbewegte Welle.
> Allein bedenk und überhebe nicht
> Dich deiner Kraft! Die mächtige Natur,
> Die diesen Felsen gründete, hat auch
> Der Welle die Beweglichkeit gegeben.
> Sie sendet ihren Sturm, die Welle flieht
> Und schwankt und schwillt und beugt sich schäumend über.
> In dieser Woge spiegelte so schön
> Die Sonne sich, es ruhten die Gestirne
> An dieser Brust, die zärtlich sich bewegte.
> Verschwunden ist der Glanz, entflohn die Ruhe.
> Ich kenne mich in der Gefahr nicht mehr
> Und schäme mich nicht mehr, es zu bekennen.

Zerbrochen ist das Steuer, und es kracht
Das Schiff an allen Seiten. Berstend reißt
Der Boden unter meinen Füßen auf!
Ich fasse dich mit beiden Armen an!
So klammert sich der Schiffer endlich noch
Am Felsen fest, an dem er scheitern sollte. (3434–3453)

Ein Blick auf die ersten Verse des Dramas zeigt den Unterschied: dort ein Wechselgespräch – hier spricht Tasso allein und tut es schon seit dreizehn Versen. Der Pseudomonolog (3294–3356) bestätigt diese Beobachtung. Die Beziehung zu Antonio ist nicht mehr echt dialoghaft. Monologische Sprache löst sich aus jeder szenischen Verknüpfung. Ein breit ausgeführtes Gleichnis – besser gesagt: ein Concetto – scheint zwischen beiden Figuren zu schweben. Freilich hat diese „Abstraktheit" ein Gegengewicht im Sichtbaren: Tasso steht Hand in Hand mit Antonio. Von diesem realen Vordergrund löst sich das sprachliche Gebilde bewußt als „Schein" und „Bild" („ich scheine nur" heißt es 3434): Antonio „fest und still", Tasso wie „die sturmbewegte Welle". Aber diese ins Bild transponierte Polarität von Ich – Du schwindet. Die Szene bleibt hinter der Sprache zurück, „die mächtige Natur" wird Subjekt des Satzes und verteilt an Fels und Welle die für diese jeweils wesentlichen Qualitäten. In dieses Gleichgewicht der Kräfte – des Starren und des Beweglichen – bricht ein reflektierendes Moment ein, ein deutendes Subjekt, das sich in den wegstellenden Demonstrativpronomen „diese Woge" (3442) und „diese Brust" (3444) bezeugt. Zum letzten Mal klingt das Motiv der Gestirne an, jenes Gleichnis, in dem das Verhältnis Tassos und der Prinzessin Sprache geworden war. Der Glanz ist erloschen (3445), nur ein Reflex auf dem Wasser deutet an, daß diese Doppelmetapher Sonne – Mond ihre konfigurationsbildende Funktion an das neue Bildpaar weitergegeben hat. Hier rückt der Selbstverlust in bedrohliche Nähe: „Ich kenne mich in der Gefahr nicht mehr" (3446). An die Stelle der Gestirne auf kosmischen Bahnen hat sich die zerrinnende Welle gesetzt. Das unsichere Verhältnis zur Welt – und damit zum Ich – spiegelt sich in der Sprache: „In dieser Woge ... an dieser Brust": Es bleibt unentschieden, ob Brust Metapher für die (reale) Welle ist – das Meer als ‚atmende Brust' – oder umgekehrt das Meer

Metapher für Tassos Brust, in der das Verhältnis zur Prinzessin (Sonne – Mond als Gestirnpaar) als Erinnerung sich abbildet. Dieses „verwöhnende"[4] (974) Vertauschen von Wirklichkeit und Imagination wird noch verwirrender durch jene zwiespältigen Demonstrativa, objektivierend und zugleich die Perspektive verunklärend: diese Woge, diese Brust. Deuten sie auf das Ich oder auf die Welt? Die Frage ist nicht zu lösen.

In diesem Augenblick der Gefährdung setzt eine neue Bewegung ein. Die konturlose „Welle" verwandelt sich in ein Schiff, das passive Ich, eben noch bloßer Reflex der Gestirne, wird zum aktiven Gegenpol der Welle, ein Du konstituiert sich wieder, „Ich fasse dich mit beiden Armen an!" (3451). Eine letzte Metamorphose: Das „Schiff" wird zum „Schiffer", einem „höheren Ich", dem der Fels Halt bietet.

Der Bewegungsprozeß dieses Concetto läßt sich abstrakt folgendermaßen umschreiben: Eine szenische Wirklichkeit (die Konfiguration Tasso – Antonio) wird in die Sprache transponiert (3435–3437). Ein erstes Bild hebt sich ab, das der Natur[5], die Festes und Bewegliches – als Fels und Welle – umschließt und birgt. In diese Sphäre des Gleichgewichts drängt sich ein ichhaftes, gefährdendes Element, das die Welt nicht anders als im Reflex (3442), fern von jenem verbindlichen Doppelspiel der Kräfte zu fassen vermag. Eine Verwandlung bereitet sich vor

---

[4] Für diesen eigentümlichen Gebrauch des Wortes „verwöhnen" gibt es auch in den *Wahlverwandtschaften* einen Beleg (Cotta VI, 421): Vgl. ferner Kapitel II dieser Darstellung, Anm. 66.

[5] Es ist die Natur jenes Fragments, das wenn auch nicht von Goethe, so doch aus seinem Geiste ist: Cotta XVIII, 59: Im Sinne Goethes wäre dies der „Komparativ" des Concetto, dessen „Superlativ" (Polarität *und* Steigerung) im Vers 3451 ff (s. o.) erreicht ist. So nämlich hatte Goethe im nachhinein jenes Fragment dem Kanzler von Müller gegenüber gekennzeichnet: es seien in ihm die beiden „Triebräder aller Natur: der Begriff von Polarität und von Steigerung" (AGA 16, 925) noch nicht angeschaut. In der Bewegung des oben beschriebenen Concetto spiegelt sich Goethes ganze Naturerfahrung: Unmerklich hat sich der Kreis geschlossen: Was nämlich in der Naturwissenschaft ‚Polarität und Steigerung' heißt, sind in der Kunst die ‚sich ineinander abspiegelnden Gebilde'. Natur und Kunst begegnen einander auf höchster Ebene: das Schluß-Concetto des Dramas deutet versöhnend auf beide Bereiche.

(3449), die nur gespiegelte Welt (auch die Vergangenheit gehört dazu: 3442–3444) zerbirst, zwei Pole konstituieren sich aufs neue, gesteigert (3451). Die letzten zwei Zeilen schaffen, indem das „Ich" der dritten Person Platz macht – man vergleiche, welch verschiedene Funktionen die Pronomina allein in Tassos Sprache haben –, einen Bezirk der objektiven Sicht, in der dennoch das menschliche Element erhalten bleibt: Vorher (3437 ff) der bloß naturhafte Aspekt Fels – Welle; jetzt: Fels – Schiffer. Beidemal ist ein Doppelspiel von Festigkeit und Bewegung, von Beharrend – Gegründetem und Gefährdet-Ausgeliefertem. Aber zuerst waren es reine Naturkräfte, jetzt erscheint das Individuum in sie eingeordnet. Stufenweise gibt die Metamorphose eines Bildes Aufschluß über die sich wandelnde Konfiguration.

Besonders erhellend wird hier der Vergleich mit der Metaphernwelt des Lichtes, aus der diese zweite, hier beschriebene hervorgegangen ist. Dort, wo sich die Konfiguration Tasso – Prinzessin gestaltete, waren quantitative Unterschiede, nuancierte Lichtwerte, ein Erstrahlen und Verblassen innerhalb einer Sphäre. Hier, in dieser neuen Bildwelt, zeigt sich ein Polsystem aus qualitativ Unterschiedenem. Zwei Welten, die von Grund auf verschieden sind, treten spiegelnd gegeneinander: Festheit und Bewegung, Fels und Welle, Unwetter und Granit[6]. Grundpolaritäten des Daseins.

Polarität „Fels – Welle", die sich zu dem Gegensatz „Fels – Schiffer" modifiziert: In der wechselseitigen Spiegelung beider Bildpaare enthüllt sich, was als Prozeß dazwischen – und dieses

---

[6] Diese Zusammengehörigkeit ist Kurt Hildebrandt aufgefallen, der von einer scheinbar ganz anderen Seite, der naturwissenschaftlichen, an Goethe herantrat – aber bei Goethe mündet alles in alles: „Darum liebte er das Urphänomen, den elektromagnetischen Ausgleich, und als er im Jahre 1822 im Egerland verweilt, ‚wird er‘ noch durch Ausbruch eines heftigen Gewitters entzückt. ‚Wie freute ich mich, rief er aus, den Donner über dem vogtländischen Granit zu hören!‘ (Biedermann Nr. 2030). Granit und Gewitter sind wieder zwei Pole in seinem Denken, die zusammengehören" (*Goethes Naturerkenntnis*, Hamburg-Bergedorf 1947, S. 309). Vgl. ferner den Aufsatz „Über den Granit" von 1784 (Cotta XX, 321), als Teil eines geplanten „Romans über das Weltall" (dazu den Brief an Charlotte von Stein vom 7. 12. 1781).

„Dazwischen" ist zugleich das ganze, fünfaktige Drama zwischen erster und letzter Szene – gedacht werden muß: Einbeziehung des Individuellen, das bloß unverbindlicher Reflektor dieses Kräftesystems war, in dieses Kräftespiel selbst. *Torquato Tasso* endet nicht als Katastrophe eines Individuums, sondern mit dem Einbezug dieses – freilich entsagenden – Individuums in eine Grundpolarität, ohne daß dieses zerstört würde. „Palingenesie"[7], wie Hofmannsthal gesagt hätte (*Aufzeichnungen* (1959), S. 29), Wiedergeburt[8] in einer neuen, grundsätzlich verschiedenen Konfiguration:

> Goethe hat man mit Unrecht undramatisch genannt, gerade weil er unablässig nach den heilenden Kräften sucht, selbst im Furchtbarsten ist das Verhängnis bei ihm so bedeutungsvoll, nie losgerissen, immer als Funktion eines höheren Planes vorhanden; findet es im Menschlichen keine Lösung mehr, so liegt das Erlösende jenseits des Menschenlebens, immer im Bereich der die Welt über dem Abgrund des Nichts haltenden lebendigen Kräfte.[9]

Das Drama endet in einer durchgeführten Gleichniskette. Das ist auffallend. Eine mittelbare Sprache, ein Vorletztes, ein „Gleichsam" sind nicht die üblichen Mittel, das Ende eines Dramas zu markieren. Gewiß, das Gleichnis schwebt nicht in der Luft, es behält einen Bezug zu der Realebene der Bühne. Es verweist auf eine Gebärde, ein „Tableau"[10], ein lebendes Bild[11], wie ein sol-

---

[7] Auch das ist ursprünglich ein Wort Goethes: Vgl. den Brief an J. G. Herder im Mai 1775: „... den Kehrigt zur lebenden Pflanze umzupalingenesiren ..."

[8] Vgl. hierzu das Sonett „Mächtiges Überraschen" als Resümee jener langen Kette von „Schiffahrtsgleichnissen":
Gestirne, spiegelnd sich, beschaun das Blinken
Des Wellenschlags am Fels, ein neues Leben.

[9] C. J. Burckhardt, *Erinnerungen an Hofmannsthal*, München 1948, S. 44 f

[10] Gogols metaphysische Komödie *Der Revisor* zieht aus diesem Stilmittel einen schlagenden Effekt.

[11] Das Schlußgleichnis von ‚Fels‘, ‚Welle‘ und ‚Gewitter‘ weist eine verblüffende Verwandtheit mit jenen Emblemen des Barockzeitalters auf, von denen neuerdings wieder Albrecht Schöne (*Emblematik und Drama im Zeitalter des Barock*, München 1964) berichtet. Vgl. die Emblembücher von Junius, la Perrière, Boria, Soto, Covarrubias im Literaturverzeichnis von Schönes Buch. Wie bei

ches eine zwiespältige Rolle in den *Wahlverwandtschaften* spielt. Man könnte geradezu von dem ‚emblematischen' Charakter der Schlußszene sprechen. Aber dieser letzte Punkt des Dramas ist nicht eindeutig. Auf der Bühne ist der Prozeß erstarrt; in der Sprache setzt sich die Bewegung fort. Das Ende ist keine positive Aussage, sondern ein Gleichnis. Das „so" (3452) könnte als resümierend interpretiert werden; das Gleichnis als Schlußstein, der die Situation besiegelt. Zugleich aber muß es als Vergleichspartikel genommen werden, als Hinweis auf ein Neues, Analoges, im Bild Bedeutetes. Jedes Ende ist bei Goethe zugleich ein Beginn: Das Drama hebt wieder an. Die Szene verweist versteckt auf den ersten Auftritt zurück: Wie in der ersten Szene zwischen den allegorischen Doppelhermen sich das Drama als Rede und Gegenrede, als Spiel und Widerspiel vollzieht und sich so im Prozeß enthüllt, was im starr Gestalteten der Dichterbüsten schon immer da war, so geschieht hier, am Schluß, auf höherer Stufe, dasselbe: Die zwei Figuren werden zur lebendigen „Doppelherme", zum lebenden Bild der Konfiguration, das nicht mehr von einem dramatischen Prozeß umspielt wird, sondern nur noch von dem reinen Prozeß der bildenden Sprache, die „das Vorhandene ahnungsvoll (ausspricht) ... als wenn es entstünde" (Cotta XV, 365). Damit ist das Drama auf seinem Gipfel und an seiner Grenze. Die Figur handelt nicht mehr, sondern ist „formgewordenes Tun" (Hofmannsthal, *Prosa II*, 220 (1951) *Unterhaltung über den ‚Tasso' Goethes)*, die Sprache „teilt nicht mehr mit", sondern ist bildgewordene Bewegung. Die Atmosphäre hat sich aus dem Landschaftlich-Räumlichen der ersten Szene in das Geistig-Bedeutende geläutert. Die Grundspannung der Szene wächst aus dem Doppelspiel von Bewegung der Sprache und Ruhe der gegenübergestellten Figuren, das formale Prinzip, das dieses Spiel ermöglicht, sind die sich ineinander abspiegelnden Gebilde.

Ruhe und Bewegung. Der Grundakkord der letzten Verse ist das Miteinander von Ruhe und Bewegung. Das ist ein Begriffspaar. Aber: „Die nackten Ideen lassen sich nicht prästieren; das

---

dem Topos von der ‚Goldenen Zeit', so weiß sich Goethe auch hier des Emblems ‚Welle-Fels' „auf seine Art zu bedienen".

Höhere der Welt wird nur an den Individuen faßlich und an den Ordnungen unter den Menschen", sagt Hofmannsthal in seinen *Aufzeichnungen* (1959), S. 191. Diese Bemerkung führt auf eine Spur, die auch Goethe verfolgt:

> ... der Gattungsbegriff ließ ihn kalt, das Ideale erhob ihn über sich selbst; nun aber möchte er in sich selbst wieder zurückkehren, er möchte jene frühere Neigung, die er zum Individuo gehegt, wieder genießen, ohne in jene Beschränktheit zurückzukehren, und will auch das Bedeutende, das Geisterhebende nicht fahren lassen. Was würde aus ihm in diesem Zustande werden, wenn die Schönheit nicht einträte ... Ein schönes Kunstwerk hat den ganzen Kreis umlaufen, es ist nun wieder eine Art Individuum ... (Cotta XVI, 372 f)

Das wiedergewonnene Individuelle als ein Repräsentant des Allgemeinen, oszillierend zwischen beiden Polen, ist Schönheit[12]. So Goethes Definition des Symbols. Mit fast denselben Worten hat aber die Interpretation den Gang des Concetto beschrieben, das den Schluß des Dramas bildet. Szenisch Gegebenes, das sich ins Allgemeine einer natürlichen Kräftepolarität erhebt, um schließlich das Individuum in diese Polarität einzuordnen, es ihr zu unterstellen. Der Aufsatz Goethes *Über Laokoon* von 1798 verdeutlicht diese Problematik[13]; Goethe sagt von dieser Marmorgruppe, die man – gleich den Figuren des Tasso[14] – als „formge-

---

[12] Hier ist an die berühmte Schönheitsdefinition des jungen Goethe zu erinnern: an Friderike Oeser am 13. 2. 1769: „Und was ist Schönheit? Sie ist nicht Licht und nicht Nacht. Dämmerung; eine Geburt von Wahrheit und Unwahrheit. Ein Mittelding." Und der Brief an Hetzler jr. vom 14. 7. 1770: „... so werden Sie mehr Vortheil finden, zu suchen wo Schönheit seyn möchte, als ängstlich zu fragen was sie ist ... es ist ein schwimmendes glänzendes Schattenbild, dessen Umriß keine Definition hascht."

[13] Zur Rechtfertigung der Vergleichung von Drama und Statuenkunst ist der Brief an Schiller vom 8. 4. 1797 heranzuziehen.

[14] Man hat immer wieder versucht, das Griechische an Goethes Dramen zu zeigen (so z. B. Karl Reinhardt in seinem wichtigen Aufsatz ‚Deutsches und Antikes Drama' in *Von Werken und Formen*, Godesberg 1948). In einem aber unterscheiden beide Welten sich wesentlich: Goethe leistet den „Verzicht auf das schönste Griechische, auf das Resultat" (Hofmannsthal, *Prosa III* (1952), 353). Goethes Kunst ist die, jedes gelöste Problem wieder in ein Postulat zu verwandeln (an Zelter am 9. 8. 1828). Überhaupt ist Goethes

wordenes Tun" ansprechen möchte: „... wie sie jetzt dasteht, ist sie ein fixierter Blitz, eine Welle, versteinert im Augenblicke, da sie gegen das Ufer anströmt" (Cotta XVII, 27). Man beachte, wie Goethe sich hier derselben Gleichnisse bedient wie in dem Schluß-Concetto. Genau wie bei dem über die Gestalten laufenden Sprachbilde der Schlußszene stellt Goethe „ein Schweben auf dem Übergange eines Zustandes in den anderen"[15] fest (ebd. S. 29). Und so wird denn auch konsequent die Doppelung von „Ruhe und Bewegung" (S. 25) konstatiert und der Ausdruck „tragische Idylle"[16] (S. 27) geprägt, der gerade dieser Doppelung Rechnung trägt. Goethe spricht von „Symmetrie" (S. 25) und einem „gewissen Gleichgewicht", das „Wirkung durch Wirkung" (S. 33) mildert und erhöht und so das Ganze als geistigen und sinnlichen Kosmos vollendet. Dieses Resultat scheint die Meinung, im *Torquato Tasso* handle es sich um einen „tragischen" Schluß, nicht zu bestätigen.

Musik. Diese Vorstellung des „Harmonischen" erlaubt aber den Zugang zu dem Schluß des Tasso noch von einer anderen Seite her. So macht sich einmal Hofmannsthal über die wechsel-

---

Griechenbewunderung zwiespältig wie alle Manifestationen seines Wesens. Seine positiven Äußerungen sind bekannt. Zur Ergänzung seien zwei kritische Stimmen zitiert. So schreibt er am 15. 9. 1804 an Eichstädt: „Ja, wer wird läugnen, daß selbst Sophokles manchmal seine Purpurgewänder mit weißem Zwirn zusammengenäht habe", und am 26. 3. 1818 an J. H. Meyer: „Glauben wir doch nicht daß die Alten alle ihre Röcke aus ganzem Tuch geschnitten haben." Thomas Mann hat darauf hingewiesen: „Denn der zauberhafte und fast pikante Kontrast zwischen der klassischen Form und der dichterischen Intimität und Gewagtheit des Geformten wurde nicht empfunden" (Phantasie über Goethe, in *Gesammelte Werke* X, 709 Berlin 1956).

[15] In dem von Gottfried Benn (*Gesammelte Werke* I, 171 Wiesbaden 1959, ‚Goethe und die Naturwissenschaften') gerühmten Aufsatz „Fossiler Stier" (WA II, 8, 241) findet man: „... so entsteht daraus das Anmuthige, das Schöne. Diese fixierte, obgleich noch immer beweglich scheinende Bewegung ist dem Auge höchst angenehm ..."

[16] Goethe liebt es, das Gefährliche in der Nähe der Idylle anzusiedeln, eines auf das andere zu beziehen. Er tut dies in *Alexis und Dora,* wo Schiller (in dem Brief vom 18. 6. 1796) es bedenklich findet, er tut es ebenso in *Hermann und Dorothea* und dann im Helena-Akt von *Faust II.*

seitige Spiegelung von Knabe Lenker und Euphorion im *Faust II* Gedanken:

> ... nichts ist daran dem Sinn unfaßlich, der alles dies für die gewaltigste und sinnvollste Musik zu nehmen weiß, welche jemals von der Phantasie hervorgebracht wurde. (Prosa IV, 181 (1955))

Konfiguration und Musik treten hier in ein entschiedenes Verhältnis. Es war gezeigt worden, wie Tasso und Antonio, in einer Art lebenden Bildes, einander spiegelnd gegenübertraten. Dieser Bezug gestaltet sich in einem Sprachbild (dem Concetto), das sich zwischen den Figuren bewegt. Aus Schein und Beschränkung erhebt sich das Bild zu einem Symbol der Polarität des Daseins, Individuelles und Allgemeines gleichermaßen umfassend. Das Sukzessive des Concetto stellt die Harmonie[17] der beiden figürlich starren Pole her. Gerade dies aber bezeichnet Goethe als Musik. Er ist davon überzeugt, „daß die Malerei eine simultane Harmonie, die Musik eine sukzessive fordere" (Abschnitt ‚J. L. Hoffmann' in den *Materialien zur Farbenlehre*, Cotta XXI, 953). Die Spiegelung der Wortlandschaften des Beginns hatte ein Beispiel dieser simultanen Harmonie geliefert, der Schluß erhebt die Spiegelung zu sprachgestalteter Musik[18] – ohne doch die simultane Spiegelung aufzugeben: Was in der ersten Szene die Frauen-Doppelung ist, sind hier die beiden Männer. Polarität und Steigerung verbinden sich zur Gestalt: In der Dichtung läßt sich Simultanes und Sukzessives (AGA 16, 872), Malerisches und Musikalisches vereinigen. Diese Sprach-Musik der letzten Verse bestätigt, daß hier ein höchster Gipfel der Form erreicht ist:

> Die Würde der Kunst erscheint bei der Musik vielleicht am eminentesten, weil sie keinen Stoff hat, der abgerechnet werden müßte. Sie

---

[17] Es ist entscheidend, daß Harmonie für Goethe immer etwas Polares ist: „... diesen entschiedenen Gegensatz .. der nicht aufzuheben geht, ohne daß man das Ganze zerstört" (Cotta XXI, 954).

[18] Das haben schon die Zeitgenossen bemerkt. Friedrich Schlegel (*Seine prosaischen Jugendschriften*, hg. Jakob Minor, Wien 1882 Bd. II, 378) rühmt gerade am Tasso das Musikalische des Schlusses. Goethe wiederum nennt einmal die Architektur eine „erstarrte Musik" (Hecker 1133). Ist es Zufall, daß Nietzsche, nachdem er Tasso (3339 ff) zitiert hat, das Gleichnis der „von Musik erfüllten Seelen" (I, 390) braucht?

ist ganz Form und Gehalt und erhöht und veredelt alles, was sie ausdrückt. (Hecker 486)

So ist die Konfiguration in dem Zugleich von Simultanem und Sukzessivem am Schluß des Dramas weit davon entfernt, bloß eine „Handlung" zu beschließen und den geschürzten Knoten zu lösen. Vielmehr öffnet sich die Szene auf Grundverhältnisse des Daseins, die sich in dieser Konfiguration aussprechen. Goethe umschreibt diese Polarität in zahlreichen Doppelformen: Ruhe und Bewegung, Dauer im Wechsel, Selbstbesitz und Selbstaufgabe („Alles muß in Nichts zerfallen, Wenn es im Sein beharren will"), Allgemeines und Individuelles, Diastole und Systole. Diese Öffnung und geistige Ausweitung geschieht nicht durch Aussage, denn die mitteilende Sprache ist verstummt. Sie geschieht auch nicht durch ein Tun, denn alle Handlung ist Figur geworden. Sie geschieht durch das Sprachbild, die Quintessenz der Konfiguration, formgewordene Musik, die „den Augenblick am entschiedensten ausfüllt" (an Zelter am 19. 10. 1829), und sie geschieht durch das „bloße Dasein" zweier Gestalten. Goethes Art des Schließens hat nie etwas Endgültiges, Abruptes, Musik am Schluß des *Egmont*, die „Aussöhnung"[19] am Ende der sich ineinander abspiegelnden Gebilde der *Trilogie der Leidenschaft*. Eine tragische Deutung des Tasso-Schlusses erübrigt sich. Das eigentümlich Öffnende und zugleich Harmonische der goetheschen Schlüsse belegt eine Briefstelle an Schiller vom 17. 8. 1795. Goethe schreibt dort über das Märchen aus den *Unterhaltungen deutscher Ausgewanderten*: „Ich würde die Unterhaltungen damit schließen, und es würde vielleicht nicht übel sein, wenn sie durch ein Produkt der Einbildungskraft gleichsam ins Unendliche ausliefen."

Rettung und Wiedergeburt. Es ist bedeutsam, daß der Seelenraum der letzten Szene – die erste läßt sich umgekehrt mit der Chiffre „Raum als Seele" bezeichnen – sich plötzlich in ein All-

---

[19] Das Lösende der Musik beschreibt ein Brief Goethes an Zelter vom 24. 8. 1823: „Die ungeheure Gewalt der Musik auf mich in diesen Tagen! Die Stimme der Milder, das Klangreiche der Szymanowska ... falten mich auseinander, wie man eine geballte Faust freundlich flach läßt." Zum „Untragischen" ferner der Brief an Zelter vom 31. 10. 1831.

gemeines öffnet und ein Gesetzhaftes in der Polarität der beiden Figuren durchschimmern läßt, also weit mehr „Harmonie" – freilich im goetheschen Sinne der *Materialien zur Farbenlehre* (Cotta, XXI, 954) – als „Tragik"[20] ist, und so zu einem dritten Versuch ermutigt, diese „tragische" Deutung zu entkräften. Einen Zugang bietet das Motiv des scheiternden Schiffes, mit dem das Schluß-Concetto endet. Es hat sich bei dem Begriff ‚golden' gezeigt, wie wichtig es ist, die individuelle Nuance eines Topos aufzuspüren, niemals mit privaten oder überlieferten Vorurteilen an die Deutung eines Motivs heranzugehen.

So wäre es zwar leicht, die Quelle jenes Bildes vom scheiternden Schiff – die unmittelbare Quelle, denn es ist wohl einer der ältesten Topoi der Literatur – zu finden, das Goethe mit Tassos „Untergang" in Verbindung bringt; die vierte Stanze des ersten Gesanges von Tassos *Gerusalemme Liberata* lautet:[21]

> Tu, magnanimo Alfonso, il qual ritogli
> al furor di fortuna e guidi in porto
> me peregrino errante, e fra gli scogli
> e fra l'onde agitato e quasi absorto,
> queste mie carte in lieta fronte accogli,
> che quasi in vóto a te sacrate i'porto.
>   . . .

---

[20] Begriffe von „Tragik" gibt es beinahe so viele, wie es tragische Dichter gibt. Hier genügt die Bestimmung, die Goethe diesem Wort gibt: „Alles Tragische beruht auf einem unausgleichbaren G e g e n - s a t z" (zum Kanzler von Müller am 6. 6. 1824). Ferner an Zelter am 31. 10. 1831: „. . . daher kann der reintragische Fall mich nicht interessieren, welcher eigentlich von Haus aus unversöhnlich seyn muß . . ."

[21]   Großmüthiger Alfons, erhabner Retter
         Des irren Wandrers, den das Glück verrieth,
         Der aus dem Wogendrang, aus Sturm und Wetter,
         Gescheitert fast, in deinen Hafen flieht!
         Mit heitrer Stirn empfange diese Blätter;
         Wie zum Gelübde weiht' ich dir mein Lied.
                         Übersetzung von J. D. Gries
Hier ist die Schiffahrts-Vorstellung wie auch die vom Pilger und Verbannten vorgegeben (Vgl. Verse 3141 ff und 3181). Goethe kannte Tassos Epos ausgezeichnet, er rezitierte als Kind Teile daraus „hundert- und hundertmal" (Cotta VII, 30).

Aber entscheidend ist immer erst, was Goethe aus einem Motiv macht. Es ist nicht schwer, das festzustellen: Man müßte alle Motive, die sich auf Schiff, Schiffbruch, Sturm, Fels beziehen, zusammentragen, es wäre durch Vergleich zu erschließen, welchen Stellenwert diese Motive im geistigen Organismus Goethes haben; für den vorliegenden Zusammenhang würde es genügen zu erfahren, ob sie sich mit der Vorstellung der Rettung oder des Unterganges verbinden. Die Aufgabe wird erst schwierig, wenn man bedenkt, wie häufig dieses Motiv bei Goethe auftaucht. Wenn man einmal darauf achtgibt, so begegnet man ihm auf Schritt und Tritt.[22] Es sei im ANHANG eine Zusammenstellung versucht, die keinen Anspruch auf Vollständigkeit erhebt (Exkurs IV). Eine Monographie dieser Metapher wäre noch zu schreiben[23].

Das Resultat des Exkurses IV aber ist folgendes: Die Metamorphose des Schiffahrts-Motivs reicht von der „glücklichen Fahrt" bis zum „Schiffbruch": Aber niemals ist dieser Schiffbruch endgültig; zwar verknüpft sich häufig (so in der *Natürlichen Tochter*) mit ihm das Motiv der Entsagung, aber stets zugleich das der letztlichen Zuversicht, Rettung und lösenden Harmonie. Eine wesentliche Nuance ist die Wiedergeburt (so in der *Pandora*) aus dem Wassersturz. Die vielleicht schönste Fassung dieses Motivs der Wassernot und Neugeburt gibt das Sonett ‚Mächtiges Überraschen':

> Die Welle sprüht, und staunt zurück und weichet,
> Und schwillt bergan, sich immer selbst zu trinken;
> Gehemmt ist nun zum Vater hin das Streben.
> Sie schwankt und ruht, zum See zurückgedeichet;
> Gestirne, spiegelnd sich, beschaun das Blinken
> Des Wellenschlags am Fels, ein neues Leben. (Cotta I, 265)

---

[22] Viel häufiger z. B. als dem vielberufenen Zettel-Einschlag-Gleichnis. Nur daß es älter, und daher wohl unauffälliger ist. Am bekanntesten ist eine Verwendung in Ovids *ars amatoria*. Über die „alte Metapher ‚Dichten als Schiffahrt' ..." handelt Curtius ELLM S. 138 ff; aber die Vorstellung vom „Lebensschifflein", die bei Goethe weit überwiegt, mag wohl ebenso alt sein. Zum Thema vgl. Bernhard Blume a. a. O.

[23] Bernhard Blume hat sie in Aussicht gestellt.

Nirgends ist die glückhafte Palingenesie aus Wellensturm und Felsenstarre schöner und prägnanter gestaltet. Der Exkurs zeigt mit Deutlichkeit, daß Goethe diesen von der Antike ererbten Topos von der Schiffahrt[24] zu einem höchst persönlichen „Wurzelwort"[25] umdeutet, dessen Sinnfarbe sich vielleicht am besten mit jenem spätesten Zeugnis vom 7. 9. 1831 an Carl Friedrich von Reinhard resümiert:

> Indessen muß man nicht versäumen, Ruder und Segel und sonstige Griffe des Handwerks zu benutzen, um über die Welle des Augenblicks wegzukommen. Als Poet denk ich immer, dass auf's s t r a n - d e n sich l a n d e n reime und somit Gott befohlen.

Erst aus der langen Reihe steter Variationen dieses Motivs, von der Wetzlarer Zeit bis in das letzte Lebensjahr, läßt sich der Ansatz für eine Deutung des Tasso-Schlusses gewinnen. Bei Goethe klingt immer die ganze Metamorphosenreihe mit, nie nur eine einzelne Stufe. Der Fasanentraum wie die Bedrohung der nachitalienischen Weimarer Jahre sind hinein versponnen. Das Fazit dieses – im Anhang gebotenen, ein wenig ermüdenden – Weges lautet: Die Atmosphäre des Schiffahrt-Welle-Fels-Motivs ist positiv geladen. Der Blitz des Unwetters, gleich dem, der in Semele einschlug, bringt neues Leben hervor.

Auch die letzte Situation des *Torquato Tasso* stellt kein Rechtsproblem. Tasso „scheitert" nicht, Antonio „triumphiert" nicht. Es kommt zu keinem Urteil. Nur eines wird fühlbar: Das Einverständnis mit dem Ganzen, innerhalb dessen sich dieser Konflikt austrägt, Resignation. Austrägt: nicht austrug. Er dauert an und wird immer andauern. „Il y a des situations éternelles", sagt Baudelaire einmal (Pléjade, p. 526). Gerade daß die beiden Figuren des letzten Auftritts schmerzlich getrennt dastehen, ist ein Zeugnis ihres Zusammengehörens: „Nicht darin, wie eine Seele sich der andern nähert, sondern wie sie sich von ihr entfernt, erkenne ich ihre Verwandtschaft und Zusammengehörigkeit..."

---

[24] Vgl. dazu auch über das Argo-Motiv in E. R. Curtius, *Kritische Essays zur Europäischen Literatur,* Bern ²1954.

[25] „Wurzelworte des Charakters... welche als Endreime eine ganze innere Vergangenheit beschließen oder als Assonanzen eine ganze innere Zukunft aussagen..." Jean Paul, *Vorschule der Ästhetik,* Leipzig 1923, S. 233 f (Felix Meiner).

(Nietzsche I, 833). Aber an einer Lösung ist nichts gelegen. Erst sie wäre das Unrecht. „Es gibt Dinge, die darum nur leben, weil man sie unentschieden läßt"[26]. Goethes höchste Weisheit: für ihn „enthüllt das zuletzt aufgelös'te Problem immer wieder ein neues aufzulösendes" (an Reinhard am 7. 9. 1831). „Jede Lösung eines Problems sei ein n e u e s Problem" sagt er einmal zu Kanzler Müller (unter dem 8. 6. 1821) und: „Die größte Kunst im Lehr- und Weltleben besteht darin, das P r o b l e m in ein P o s t u l a t zu verwandeln, damit kommt man durch . . ." (an Zelter am 9. 8. 1828).

Artemis und Apollo

Zwar hatte sich gezeigt, daß eine ins Tragische weisende Deutung für den Schluß des Tasso abzuweisen ist; aber damit ergibt sich eine neue Frage: Welcher Art ist dann die Spannung, die Anfang und Ende verbindet? Eine Vernichtung der Prämissen – das wäre tragisch – ist es nicht. Dann schon eher: Frage und Antwort. Oder im angedeuteten Sinne: Anfang und Ende als sich ineinander abspiegelnde Gebilde.

In vielerlei Hinsichten war die Interpretation auf die Parallelität der beiden Szenen aufmerksam geworden. Diese Szenen, hier sinnlich-räumlich, dort geistig-transparent, spielen im „Garten". Die Reihenfolge des Auftretens im ersten, des Abtretens im letzten Akt ist analog. Prinzessin und Leonore sind auf der Bühne. Die Prinzessin ergreift zuerst das Wort, dann Leonore; Alfons tritt dazu, dann kommt Tasso, schließlich Antonio. In

---

[26] Vgl. dazu folgende Briefzeugnisse: „Und ist das böse nicht gut und das gute nicht bös? Haß ich Wielanden, lieb ich ihn? – es ist wahrhafftig all eins . . ." schreibt Goethe an Sophie von La Roche im Juni 1774. Ähnlich heißt es am 29. 10. 1780 in einem Brief an Charlotte von Stein: „Die Zusammenkunft mit Merck hat mir geschadet und genuzt, das läßt sich in dieser Welt nicht trennen." Zum Rechtsproblem und seiner Unlösbarkeit hat sich schon Gundolf geäußert: „. . . in ihrer – nämlich Tassos und Antonios – Gegenüberstellung liegt die Gerechtigkeit, nicht auf Seiten eines der beiden" (*Goethe*, Berlin 1916, S. 328).

der gleichen Reihenfolge verlassen die Figuren die Bühne. Zuerst die Prinzessin, dann Leonore, dann Alfons. Tasso und Antonio bleiben zuletzt; wie Leonore in der ersten Szene die Replik gab, hat jetzt Antonio das vorletzte Wort. Auch eine Parallelität in der Gebärde ist nachweisbar: Wie sich im ersten Auftritt die Prinzessin von Leonore abwendet, als ihr Bruder sich nähert (235), so tritt Antonio, als Alfons gegangen ist, zu Tasso und reicht ihm die Hand. Auseinandergehen und Zusammentreten entsprechen einander wie Diastole und Systole.

In beiden Szenen ist die Konfiguration ganz gegenwärtig: in der ersten als Möglichkeit, deren „Erscheinung" sich anbahnt, in der letzten als vertane Wirklichkeit, im Spiegel der Erinnerung, als „Verschwindendes".

Die entscheidende Parallele bleibt aber die Konfrontation je zweier Figuren zu Beginn und zu Ende. Zwei Frauen in der ersten, zwei Männer in der letzten Szene. Ein polares Prinzip deutet sich an, das nicht nur an zwei Figuren geknüpft ist, sondern zwei Figurenpaare beherrscht[27]. Aufschluß über dieses zweimal sich abspielende „Duodrama" (Cotta XV, 497, ein Schlüsselwort für den *Divan*) – denn daß die beiden „Pole" des Stückes sich aufeinander beziehen, hat sich inzwischen herausgestellt: ein Bezug, „einer Schraube ohne Ende" vergleichbar, „die in das Nächste eingreift und so das Fernste in Bewegung setzt" (Cotta XV, 759) – gibt eine Passage aus den Schriften Goethes zur Naturwissenschaft[28] (aus dem Aufsatz *Über die Spiraltendenz der Vegetation* von 1830):

---

[27] Zu der für Goethe wichtigen Vorstellung der „Symmetrie" gehört die Stelle aus der *Italienischen Reise* (Bericht Dezember 1787) anläßlich Raffaels: „... ohne die wunderliche Beschränkung des Raumes – einem erzklassischen Prinzip, das auch im Tasso konsequent herrscht: Denn die Einheit der Zeit und des Raums so mühelos eingehalten – nicht so unschätzbar geistreich zu denken. Ebenso ist auch hier in den Sibyllen die verheimlichte Symmetrie, worauf bei der Komposition alles ankommt, auf eine höchst geniale Weise obwaltend; denn wie in dem Organismus der Natur, so tut sich auch in der Kunst innerhalb der genausten Schranke die Vollkommenheit der Lebensäußerung kund" (Cotta IX, 716).

[28] Zur Rechtfertigung der Erklärung der Poesie aus Prinzipien der Naturwissenschaft ist Goethes Bericht aus Neapel (vom 17. 5. 1787)

Kehren wir nun ins Allgemeinste zurück und erinnern an das, was wir gleich anfangs aufstellten: das vertikal- sowie das spiralstrebende System sein in der lebendigen Pflanze aufs innigste verbunden, sehen wir nun hier jenes als entschieden männlich, dieses als entschieden weiblich sich erweisen: so können wir uns die ganze Vegetation von der Wurzel auf androgynisch insgeheim verbunden vorstellen; worauf denn in Verfolg der Wandlungen des Wachstums die beiden Systeme sich im offenbaren Gegensatz auseinander sondern, und sich entschieden einander gegenüberstellen, um sich in einem höhern Sinne wieder zu vereinigen. (AGA 17, 174)

Der beherrschende Gedanke dieser Überlegungen ist die „Steigerung"[29] (Vereinigung im höheren Sinne) durch Gegenüberstel-

heranzuziehen: „Die Urpflanze wird das wunderlichste Geschöpf von der Welt, um welches mich die Natur selbst beneiden soll. Mit diesem Modell und dem Schlüssel dazu kann man alsdann noch Pflanzen ins Unendliche erfinden, die konsequent sein müssen, das heißt: die, wenn sie auch nicht existieren, doch existieren könnten und nicht etwa malerische oder dichterische Schatten und Scheine sind, sondern eine innerliche Wahrheit und Notwendigkeit haben. Dasselbe Gesetz wird sich auf alles übrige Lebendige anwenden lassen" (Cotta IX, 559).

Hierher gehört auch der Abschnitt ,Verfolg' aus der Abhandlung Goethes *Der Verfasser teilt die Geschichte seiner botanischen Studien mit* (AGA 17, 90 insbesondere).

Der bedeutendste Beleg ist die Abhandlung *Einfache Nachahmung der Natur, Manier, Stil*, Cotta XVI, 295 ff, z. B. 297.

[29] Hier ist wieder ein Gegenbeispiel erhellend: In Grillparzers *Ein Bruderzwist in Habsburg* erscheint Matthias dem Klesel konfrontiert. Sein Urteil über sich selbst lautet: „Mit mir ists aus!" (*Sämtliche Werke*, hg. Sauer – Backmann, Wien 1927, Bd. VI, 166). Und ganz am Schluß, da ihm alles geworden ist, was er erstrebte, erkennt er sich unverwandelt noch in demselben Zustand: „Am Ziel ist nichts mir deutlich als der Weg, Der kein erlaubter war und kein gerechter. O Bruder, lebtest du und wär ich tot!" (a. a. O. S. 337). Auch hier ist kreisende Wiederkehr des Gleichen, auch hier spiegeln sich Szenen ineinander ab, aber es ist identische Spiegelung, metamorphoselos, ein Düster-Doppelgängerisches, Sich-nicht-entfliehenkönnen: von Polarität und Steigerung, von Metamorphose und verwandelndem Reflex kann nicht die Rede sein. – Es sei hier darauf hingewiesen, daß auch diese Art der gefährlichen Spiegelung, metamorphoselos, „Folge"-los, im Tasso zu finden ist. So erscheint die statische Spiegelung in der Elysium-Vision Tassos: (532 ff) „Und zeigt mir ungefähr ein *klarer* Brunnen In seinem reinen Spiegel einen Mann, Der ... Nachdenkend *ruht* ... der *Abgeschie-*

lung; die Pole dieses „vertikal- sowie spiralstrebenden Systems"
sind das männliche und das weibliche Prinzip in entschiedener
Einheit, einander reflektierend, aufeinander bezogen[30]. Damit
bekommt auch das vielsagende Sonne-Mond-Motiv neue Strahl-
kraft. Es wurde schon gezeigt, wie dieses Motiv durch seine das
ganze Stück dauernde Metamorphose auf das Grundverhältnis
Weiblich-Männlich hindeutet und damit Anfang und Ende aneinander knüpft. Diese Meinung bestätigt sich, wenn man eine
Stelle aus Goethes Farbenlehre (*Die entoptischen Farben*, Para-
doxer Seitenblick auf die Astrologie, AGA 16, 809) beizieht.

dene ...". Hier ist alles starr, die spiegelnde Wasserfläche, der einsame, abgeschiedne Jüngling; ein ausgezeichnetes Gegenbeispiel
wiederum findet man in *Hermann und Dorothea:* „Und sie sahen
gespiegelt ihr Bild in der Bläue des Himmels *Schwanken* und *nick-
ten* sich zu und *grüßten* sich freundlich" (Cotta II, 585). Hier, wo
Bewegung im Spiegel ist, wo zwei Figuren einander gegenüber sind
und sich gegeneinander bewegen, ist ein gegründetes Verhältnis,
Folge und Entwicklung. Diese gefährliche Spiegelung der Starre
dagegen ist mit dem Narzißmotiv verwandt. Eduard in den *Wahlverwandtschaften* (Vgl. dort auch Ottilie in der Kapelle Cotta VI,
459) sagt: „Der Mensch ist ein wahrer Narziß; er bespiegelt sich
überall gern selbst; er legt sich als Folie der ganzen Welt unter"
(Cotta VI, 338). Ebenso spiegelt sich Tasso weiter und weiter, ohne
sich selbst zu begegnen: „ich fürchtete, Wie Echo – das Echo gehört
zu einer Version des Narzißmythos – an den Felsen zu verschwinden" (798–799). Mit einem Wort Hofmannsthals: „Ich versuchte
mich zu erinnern, aber ich erinnerte mich nur an Erinnerungen, wie
wenn Spiegel einander widerspiegeln, endlos" (Prosa III, 29
(1952)). Genau das ist die Erinnerung Tassos an Elysium: es fehlt
ihr das Element des Produktiven (vgl. Kanzler von Müller am
4. 11. 1823), „nur noch Zustände bilden sich aus, keine Entscheidungen, nur Spiegelungen, keine Visionen" (Gerhart Baumann,
Grillparzer, Freiburg–Wien 1954, S. 10).

[30] Es entspricht vollkommen Goethes Art, das Gestaltete und das
Reflektierende ins Gleichgewicht zu setzen, daß diese Polarität, die
das Drama „darstellt", auch „diskutiert" wird: II, 1 (1013–1047).
Nicht, daß dabei Bündig-Endgültiges über dieses Thema ausgesagt
würde, als Quintessenz von Goethes „eigener Meinung". Vielmehr
erscheint dasselbe Motiv ‚Männlich–Weiblich' einmal im Fluidum
des Geistes und einmal in dem bildhafter Gestaltung.

Dort heißt es:

> Der Vollmond steht der Sonne nicht feindlich entgegen, sondern sendet ihr gefällig das Licht zurück, das sie ihm verlieh; es ist Artemis, die freundlich und sehnsuchtsvoll den Bruder anblickt... Nur irrten sie – die Astrologen – darin, daß sie das Gegenüber für ein Widerwärtiges erklärten, da doch der direkte Rück- und Widerschein für eine freundliche Erwiderung des ersten Scheins zu achten...

Will man in der Sprache der Naturwissenschaft bleiben, so ergibt sich folgendes: Einmal erscheint das, was zunächst im Sonne-Mond-Gleichnis horizontal – in der Sprache des Dramas: gleichzeitig – sich ineinander abspiegelnde Gebilde waren, zugleich als vertikal aufeinander bezogen – in der Sprache des Dramas: nacheinander –, Anfang und Ende „androgyn" verbunden. Ferner offenbart sich diese Polarität von Anfang und Ende, Weiblichem und Männlichem, als eine notwendige und zusammengehörige, schließlich gestaltet sich dieses abstrakte Verhältnis („männlich-weiblich") von Widerspiel und Zusammengehörigkeit als eine mythische Konfiguration in dem Geschwisterpaar Artemis und Apollo. Hier ist der Punkt, wo Poesie und Naturwissenschaft „zu beiderseitigem Vorteil, auf höherer Stelle" einander begegnen (AGA 17,90).

Schon bei der Interpretation der ersten Szene, wo die verschiedensten Dinge flüchtig und träumerisch zur Sprache kommen, hatte sich die atmosphärische Geschlossenheit dieser kleinen Welt gezeigt, die alles bereits keimhaft und ahnungsvoll, aber fern von aller Notwendigkeit der Entscheidung und Verbindlichkeit enthält. Die „Glücklichen" (8) dieser Schäferwelt bewegen sich noch in einem Raum des Unausgesprochenen, Indirekten und träumerisch Gewußten, eines „ambivalenten Zustandes"[31], voll

---

[31] Beide Ausdrücke lassen sich in Zusammenhang bringen mit dem *Kleinen Welttheater* Hofmannsthals einerseits, das ja den Untertitel „Die Glücklichen" trägt, dem Begriff der ‚Praeexistenz' (*Aufzeichnungen* (1959) S. 214, 215, 216 und öfter) andererseits; nur daß diesen Vorstellungen des jungen Hofmannsthal keine ebenbürtige Gegenstimme widerspricht. Seine vorwegnehmend Zuspätgekommenen stehen zwar Werther sehr nahe, aber sie haben keinen Wilhelm mehr, an den sie ihre Briefe richten. Allenfalls tragen sie ihn in sich selbst: Richtende und Gerichtete zugleich.

Glanz und voll Gefahr. Georg Simmel hat genau gesehen, was diese goetheschen Frauengestalten auszeichnet: „Eine seinshafte Vollkommenheit jenseits singulärer Äußerungen und Eigenschaften . . ." und rühmt „diesen unzerlegbaren und im einzelnen gar nicht greifbaren Zug von Vollkommenheit-in-sich . . ."[32]. Genau das aber ist die „Ambivalenz" der ersten Szene: Totalität und „Fertiggewordensein" (Simmel 194), ohne feste Handlung, ohne „Problem", ohne eigentlich greifbaren Charakter, in einem Zustand, der vor jedem Tun liegt und doch, essenzhaft, schon alles enthält. „Resultat und Prämisse wird uns zugleich geboten" (Cotta II, 233 Divannoten ‚Allgemeinstes'). Jetzt ergibt sich beinahe von selbst der Blick auf den Schluß. Das männlich-strebende Element hat sich in entschiedener Polarität manifestiert, die Verknüpfung mit der Wirklichkeit des Tuns – beide Vergehen Tassos sind Gebärden! – hat die „Disproportion mit dem Leben"[33] zutage gebracht. Die höchste Stufe bezeichnet das Schluß-Concetto, wo diese Polarität der Figuren sich in das Umfassendere der „Antinomien des Daseins" (Hofmannsthal, *Aufzeichnungen* (1959), S. 227) auflöst. Und wie in der weiblichen Anfangsszene alles schon da war, präfiguriert vor jedem Tun, so ist hier, wo alles schon getan ist, und wo alles „fertig" scheint, doch die Offenheit gewahrt auf ein zukünftig Neubeginnendes, immer Gültiges. So bedeutet die Spiegelung des Anfangs im Ende, des Endes im Anfang eine Transformation des Aggregatzustandes beider den Elementen nach so ähnlichen Szenen: Die Interpretation hatte gezeigt, daß die Landschaften dasjenige Medium sind, an dem sich diese Wandlung vollzieht; daß von der Land-

---

[32] *Goethe*, Leipzig 1913, S. 194. Dazu die ergänzende Stimme Kommerells: „Goethe, der schließlich doch aufs entschiedenste Mann war, hat die eigentlichen Menschheitsbilder seiner Dichtung in Frauen gestaltet. Darin liegt wieder ein Gesetz der Person und der Zeit. Der Person: nicht daß Goethes Menschenerfahrung vor allem Weib-Erfahrung war, sondern daß sein Geist die Frau dachte, sobald er die Wendung aufs Symbol nahm. Der Zeit: sie war frauenhaft geartet und maß sich selbst mit den Wertgefühlen der Frau" (*Jean Paul*, Frankfurt 1933, S. 95).

[33] Caroline Herder an ihren Mann nach einer Äußerung Goethes am 16.–20. 3. 1789 H. G. Gräf, *Goethe über seine Dichtungen* II, 4, 309.

schaft Leonores in der ersten Szene eine Linie zu Antonios Ariost-Landschaft führt, von dem Hesperien der Prinzessin in der ersten Szene eine Verbindung zu Tassos Arkadien; daß zugleich zwischen den Landschaften der beiden Männer, einer „ästhetischen" Spiegelung von Allegorie und Symbol, die Beziehungen sich zu knüpfen beginnen, die dann in der letzten Szene die kontrastierenden Figuren ganz enthüllen. Die Landschaftsspiegelungen bezeichnen den Weg von der ersten Szene zur letzten, gesteigerten, den Weg des Dramas vom Atmosphärischen zum Bedeutenden, von dem Raum, der sich zu Figuren verdichtet hin zu der Konfiguration, die sich ins Bedeutend-Allgemeine erweitert. Sie bezeichnen den „ruhigen Gang der Metamorphose, welche dergestalt sich veredelnd vorschreitet, daß alles Stoffartige, Geringere, Gemeinere nach und nach zurückbleibt und in größerer Freiheit das Höhere, Geistige, Bessere zur Erscheinung kommen läßt" (WA II, 6, 190 ‚Verstäubung, Verdunstung, Vertropfung'). Die Spannung in Goethes Drama ist nicht Präzipitation, sondern Steigerung.

„Goethe", sagt Max Kommerell in seinem Jean-Paul-Buch[34], „steigert auch: aber nicht durch ein anderes Größenmaß, sondern im leisen Reinerwerden der Umrisse und ihrem innig-kräftigen Abheben von sanftleuchtender Fläche...". Einsicht in das Gesetzhafte im Dasein: einmal als träumerische Vorwegnahme zu Beginn, dann als für „die Augen symbolisch" (Hecker 1053) gewordene Konfiguration am Ende[35]: Das sind die Pole von

---

[34] a. a. O. S. 93.

[35] Der mytholgische Aspekt, das „Flügelmännische", ins Höhere, Allgemein-Gültige Weisende solcher Szenen darf nicht übersehen werden: Vgl. z. B. den Schluß der *Wanderjahre:* „fest umschlungen, wie Kastor und Pollux, Brüder die sich auf dem Wechselwege vom Orkus zum Licht begegnen..." (Cotta VII, 1233); ähnlich Egmont-Ferdinand (Cotta IV, 1233); ferner die Vertauschung von Hatem und Hafis im Gedicht an den Eilfer (ältere Fassung) in Goethe, *West-östlicher Divan,* Insel 1953, hg. Hans J. Weitz S. 287 f. Ebenso die Umarmung Äbtissin-Eugenie (Cotta V, 1047). Sehr wichtig aus den Paralipomena zu *Faust:* „In dem Augenblick nimmt Mephistopheles Fausts Gestalt an... Der verkappte Faust ...man ahndet etwas von dem Doppeltseyn" WA I, 15, 2, 175. Ähnlich die Bemerkung Henrik Steffens in den Gesprächen (AGA

Goethes Drama. Das, was sich in der „androgynen" Spiegelung von Anfang und Ende vollzieht, sei folgendermaßen umschrieben:

> Was in die Erscheinung tritt, muß sich trennen, um nur zu erscheinen. Das Getrennte sucht sich wieder, und es kann sich wieder finden und vereinigen; im niederen Sinne, indem es sich nur mit seinem Entgegengestellten vermischt, mit demselben zusammentritt, wobei die Erscheinung Null ... wird. Die Vereinigung kann aber auch im höhern Sinne geschehen, indem das Getrennte sich zuerst steigert und durch die Verbindung der gesteigerten Seiten ein Drittes, Neues, Höheres, Unerwartetes hervorbringt. (AGA 16, 864 ‚Polarität und Steigerung'.)

Das Drama vollendet sich, indem die Szene der Frauen des Beginns sich in der des Endes spiegelt. Erst aus diesem wechselseitigen, „androgynen" Bezug entspringt die Bedeutung; aber dieses Stichwort des „Androgynen", der Transparenz eines Poles auf den anderen hin, gibt zu denken: Goethe hat seine im stärksten Maße symbolischen Gestalten, z. B. Natalie und Mignon, gern in das Fluidum dieses Begriffes getaucht, wenn auch nie ohne eine Spur von Unbehagen: Das beweist ein Gedicht (Cotta I, 1249: „Da überfällt mich Angst und quälend Grauen") ebenso wie das parodistisch-verkappte „chymische Menschlein" aus dem *Faust II* (8256). Aber gerade dieses Beklemmende („Das Schaudern ist der Menschheit bestes Teil" Faust 6272) deutet auf das Außerordentliche: darauf, daß sonst Unerhörtes, kaum Denkbares, in die Erscheinung tritt, sonst Bildloses zum Bild gerinnt. Indem sich in einem Gegenwärtigen ein Bezug auf Abwesendes unvermittelt verkörpert, bekommt dieses etwas von einer gespensterhaften Beklemmung. Es wird verwandelt, „doppelt verwandelt, vorwärts und rückwärts" (Cotta VI, 532). Das emblematische Schlußbild des Tasso, Antonio und Tasso wie Fels und Welle einer im Angesicht des anderen, steht in Goethes Dich-

---

22, 272): „Es war mir, als sähe ich Egmont, der sich als Oranien, Tasso, der sich als Antonio darstellte". – Nicht, daß diese Schluß-Konfiguration Handlung und Resultat voll ausspricht; es wurde bereits auf das Transparente dieser letzten Szene hingewiesen. Sie ist, um ein Goethesches Oxymoron zu gebrauchen, „ideelle Wirklichkeit" (vgl. den schon öfter zitierten Brief an Neureuther aus dem Jahre 1828).

tung nicht allein. Besonders bezeichnend für diesen Zusammenhang sind jene gestellten Bilder in den *Wahlverwandtschaften,*
wo „man fürwahr in einer andern Welt zu sein glaubte, nur daß
die Gegenwart des Wirklichen statt des Scheins eine Art von
ängstlicher Empfindung hervorbrachte" (Cotta VI, 481). Eine
Maxime Goethes deutet das so:

> Vor den Urphänomenen, wenn sie unseren Sinnen enthüllt erschei-
> nen, fühlen wir eine Art von Scheu, bis zur Angst. Die sinnlichen
> Menschen retten sich ins Erstaunen; geschwind aber kommt der tätige
> Kuppler Verstand und will auf seine Weise das Edelste mit dem
> Gemeinsten vermitteln. (Hecker 412)

Jede „symbolische" oder „weltanschauliche" Deutung des Schlusses greift zu kurz. Er ist Emblem, Schluß-Bild im höchsten Sinne:
Anschaubar mit einer Art Beklemmung, weil hier eigentlich nicht
mehr Gestaltbares in die Erscheinung tritt.

So enthüllen sich schließlich auch ganze Szenen – die erste und
letzte dienten als Beispiel – als „sich ineinander abspiegelnde
Gebilde": Jede Szene trägt in sich eine komplementäre Polarität
(die beiden Figuren), jede bezieht sich als Ganzes wiederum auf
das entgegengesetzte Ganze (weiblich-männlich). Man hat diese
Grundfigur goethescher Dramenkomposition auch als Ellipse bezeichnet: „Als Schema solcher symbolischer Naturwissenschaft
der Pflanzenwelt bietet sich die Ellipse dar. Die Metamorphose
des Lebens und die Beharrlichkeit der Arten wären ihre Brenn-
punkte" (AGA 17, 185, Aufzeichnung von Ernst Meyer als Resultat eines Gespräches mit Goethe). Analog im Drama: In der
ersten Szene ein ahnungsvoll Vieldeutiges und Verschwebendes,
Individuelles, in der letzten das generell Gültige, das anzuer-
kennende, antinomische Lebensgesetz. Das Drama ist nicht mehr
ein gradlinig-präzipitierender Verlauf[36], sondern ein kreisendes
Schwingen um zwei Pole, die sich als ineinander abspiegelnde
Gebilde gegenüberstehen und wechselweise aufeinander hindeuten. Der Schluß ist kein Abschluß, das Resultat muß bei Goethe
stets „recht lebendig" bleiben, eine Kunst, die „dem Positiven

---

[36] Auch das hat Schiller gesehen: „. . .ich glaube, daß bloß die strenge
gerade Linie, nach welcher der tragische Poet fortschreiten muß,
Ihrer Natur nicht zusagt, die sich überall mit einer freieren Gemüt-
lichkeit äußern will" (am 12. 12. 1797).

170

die Eigenschaft des Problems erhält" (an den Grafen Sternberg am 19. 9. 1826; ferner Cotta XXI, 15). Gerade auf diesem Grundsatz beruht aber die eigentümliche Kühle der goetheschen Szenenkunst, das „Unentschiedene", das zart Abgestufte der Spannungen, das Gebrochene, Mittelbare, zwar ganz Äußerliche, aber nie ganz Eindeutige, das Reflektierte und Gedoppelte. Ein Wort noch wäre zu sagen zum Auffassen eines solchen Kunstprodukts. Wer diesem Drama folgt, wie er einem schillerschen folgt, indem er die Prämissen vergißt – vergessen muß, gezwungen wird, sie zu vergessen –, den Augenblick nur auf das Kommende hin ausdehnt, der wird die Wirkung des *Torquato Tasso* zerstören. Die Beziehungen knüpfen sich hier kreuz und quer, vorwärts und rückwärts – man wird sich der Landschafts-, der Metaphern-, der Satzmodellinterpretation erinnern –, und nur wer diese Beziehungen nachvollzieht, vergleicht, Akzentverschiebungen wahrnimmt, Motiverweiterungen registriert, Ergänzendes erinnert, Angedeutetes aus der Erinnerung vervollständigt, wird diesen zarteren Wirkungen gerecht. „Ein neues Theater", sagt Georg von Lukácz[37], „ein Theater der Minorität, das neue, intime Theater." Je vollständiger im Gedächtnis das ganze Stück gegenwärtig ist, desto stärker die Wirkung der einzelnen Szene[38]. Es ist ein Drama, das simultan und sukzessiv zugleich (vgl. AGA 17, 198) gelesen und vernommen sein will[39].

---

[37] „Zur Soziologie des modernen Dramas', Archiv für *Sozialwissenschaft und Sozialpolitik,* Tübingen 1914, Bd. 38, Heft 2, S. 316.

[38] Eine hübsche Parallele zu Goethes Verfahren, in der Gegenüberstellung zweier Szenen eine ganze, dazwischenliegende Stufenreihe zu enthüllen – hier ist es das ganze Drama, das zwischen Anfang und Ende liegt –, bietet eine Briefstelle an Nees von Esenbeck 2. 4. 1828) anläßlich eines Liliengewächses (um dessen nähere Bestimmung Goethe sich bemüht): „... kamen letzten Sommer frische wohlschmeckende Datteln ... ich pflanzte deren ... und so stehen in zwey Blumentöpfen das Ernste, Langsame, künftig Stämmige neben dem Schmächtigen, Fortstrebenden, Schwankenden unmittelbar zusammen; indessen eine lebhafte Einbildungskraft mir so vieles andere Dazwischenliegende vergegenwärtigt."

[39] „Wir geben gern zu, daß sich aus einer Einheit, an einer Einheit ein Diverses entwickeln, eine Differenz entstehen könne; allein es gibt gar verschiedene Arten, wie dieses geschehen mag. Wir wollen hier nur zweier gedenken: erstens daß ein Gegensatz hervortritt,

Viertes Kapitel

CHARAKTER UND KONFIGURATION

Sprache und Tun

Das bestimmende Kennzeichen goethescher Dramenkunst ist die Ambivalenz. Immer wieder mußte die Interpretation im scheinbar Gleichen das Verschiedene, oft Widersprüchliche aufdecken. So auch in der Sprache: dieselben Wörter gerieten in eine ganz neue Sphäre, deuteten auf einen anderen Zusammenhang hin, wenn eine andere Figur sie in den Mund nahm. Und indem sich die Figuren mißverstanden, indem sie halb aneinander vorbeiredeten, eröffneten sie dem Leser ihre geistige Welt. Goethe hat das im menschlichen Verkehr unvermeidliche Mißverständnis, das absichtliche und das unabsichtliche, für die dichterische Aussage fruchtbar gemacht. In einer einzigen Sprachebene, eben dem Dialog der Figuren, ist das Beiläufige, Konventionelle, Spielerische der höfischen Unterhaltung verschmolzen mit der Aussage über die Grundspannungen des Daseins, indem innerhalb dieser Sprache die Spiegelung zwischen Wortgebilden den „geheimern Sinn dem Aufmerkenden offenbart": Insuffizienz höfischen Umgangs und dichterische Aussage ineinandergeformt.

Dasselbe gilt für das Tun der Figur. Ein Beispiel: Tasso und Antonio umarmen einander am Schluß. Auf den ersten Blick heißt das: Ein Gescheiterter sucht Rettung, indem er sich an den

---

wodurch die Einheit sich nach zwei Seiten hin manifestiert und dadurch großer Wirkungen fähig wird; zweitens, daß die Entwicklung des Unterschiedenen stetig in einer Reihe vorgeht" (AGA 17, 706). Jede dieser Bewegungen prägt sich im Drama aus und bewirkt die ihm eigene Spannung: Einmal das simultane Polarisieren als szenische Spiegelung von Wörtern, Sätzen, Maximen, Landschaften; dann das Sukzessive der Metamorphose als überszenische Spiegelung, wie sie sich bei der Interpretation der Metaphern, Monologe, Szenen zeigte.

Aufrechtgebliebenen klammert. Und der zweite Blick der Interpretation: In diesem Doppelbild steht der „ewige Gegensatz der Menschenwelt" vor Augen, der nicht anders als aufeinander zugeordnet vorgestellt werden kann. Die sich abwendende Prinzessin in der ersten Szene ist das „antwortende Gegenbild" (Cotta XVI, 231 f) der letzten Szene und tritt ihr ergänzend gegenüber: Diastole und Systole. Ambivalenz des Tuns, Ambivalenz der Sprache bis zuletzt. Das Problem ungelöst, die Entscheidung nicht getroffen. Warum stehen die Figuren in einem so zwielichtigen Verhältnis zu ihrem Tun und Reden? Warum kann man sie nie ganz beim Wort nehmen? Warum tun sie nie etwas ganz? Bleiben im Vorletzten stehen?

Man muß von folgender Überlegung ausgehen, die dem Tagebuch Hofmannsthals entnommen ist: „Das Individuum ist unaussprechlich. Was sich ausspricht geht schon ins Allgemeine über ... Sprache und Individuum heben sich gegenseitig auf."[1] Ein zweiter Satz ergänzt diesen ersten: „Die stärkste Handlung beschränkt die Figuren auf Interjektionen."[2] Das sagt aber: Sprache zerstört das Individuum. Und dann: Tun zerstört das Individuum. Damit ergibt sich folgendes Dilemma: Entweder man schafft Individuen und verzichtet auf Tun und Sprache. Damit wird das Drama unmöglich. Oder aber: Aus Tun und Sprechen entsteht ein Drama unter Verzicht auf Individuen. Wenn man die Alternative begrifflich faßt im Sinne Goethes, so handelt es sich um das Hin und Her zwischen Allgemeinem und Indivi-

---

[1] Hofmannsthal, *Aufzeichnungen* (1959), S. 194; ferner in *Die ägyptische Helena, Prosa IV*, 458: „Die Dialektik drängt das Ich aus der Existenz". Es versteht sich übrigens von selbst, daß schon Goethe diese Problematik gesehen hat. Einige Briefzitate belegen das: „Sagen kann ich dir nichts – denn was läßt sich sagen" (an F. H. Jacobi am 21. 3. 1775); ferner an Charlotte von Stein am 30. 6. 1780: „Wundersam ist doch ieder Mensch in seiner Individualität gefangen, am seltsamsten auserordentliche Menschen ...", an J. C. Lavater am 20. 9. 1780: „Hab ich dir das Wort
individuum est ineffabile
woraus ich eine Welt ableite, schon geschrieben?"

[2] Hofmannsthal (ebd. S. 201). Goethes Fassung dieses Gedankens lautet: „Der Handelnde ist immer gewissenlos; es hat niemand Gewissen als der Betrachtende" (Hecker 241).

duellem (der Aphorismus Hecker 279 versucht eine Verbindung anzudeuten). Dadurch, daß Goethe mit dem Kunstgriff der sich ineinander abspiegelnden Gebilde in jede dieser Reden und Handlungen ein Doppeltes zu bannen weiß: das Jetzt und Hier der Spielhandlung zugleich mit dem Umfassend-Allgemeinen jener „Antinomie des Daseins", vermeidet er das oben angedeutete Entweder-Oder von Sprache und Tun einerseits, Individuum andererseits. Indem er Handlung und Dialog von vertikalen und horizontalen – man kann auch sagen gleichzeitigen und aufeinanderfolgenden – Spiegelungen umspielen läßt, verwandelt sich das Tun[3] in Figur, die Sprache in Konfiguration. Indem Gestalten sich nach dem Gesetz der Metamorphose verwandeln, enthüllt sich „Geschehen", indem Figuren einander gegenübertreten, „bloß da sind", offenbaren sich Grundverhältnisse des Daseins. Damit vermeidet Goethe jene verhängnisvolle Verkürzung der Figuren, wo sie als bloßes Sprachrohr für ein Allgemeines auftreten – den Figuren Hebbels fallen die Worte nackt vom Mund –, oder als bloße Interjektionen der Handlung fortleben – wie zuweilen bei Schiller. Zugleich entgeht er der Gefahr, bloße Figuren zu schaffen, voll Atmosphäre zwar, aber unfähig des dialogischen Wortes und der Tat als dramatischem Vehikel – ein kaum noch zu steigerndes Beispiel ist Samuel Becketts Monodram *Krapp's Last Tape*.

Diese Überlegungen führen zurück zu der Frage: Wie ist Charakter innerhalb der Konfiguration möglich? Welche spezifische Form gibt Goethe dem, was in der Sprache des Dramas sonst Charakter heißt?

---

[3] Das hat schon Schiller erkannt. Er schreibt am 22. 1. 1802 über die *Iphigenie* an Goethe: „... daß dasjenige, was man eigentlich Handlung nennt, hinter den Kulissen vorgeht, und das Sittliche, was im Herzen vorgeht, die Gesinnung, darin zur Handlung gemacht ist und gleichsam vor die Augen gebracht wird ...". Allerdings ist es nicht ganz nach seinem Sinn, wie die bekannte Stelle sagt, die *Iphigenie* schlage „offenbar in das epische Feld hinüber ... von dem Tasso will ich gar nicht reden" (26. 12. 1797).

„Das Hauptfundament des Charakters ist das entschiedene Wollen, ohne Rücksicht auf Recht und Unrecht, auf Gut und Böse, auf Wahrheit oder Irrtum" (Cotta XXI, 835), sagt Goethe in den *Materialien zur Farbenlehre* über Isaac Newton. Geht man versuchsweise mit diesem Begriff an das Drama *Torquato Tasso* heran, so gelingt die Anwendung nur schlecht. Selbst Leonore, der man doch ein „entschiedenes Wollen" nicht absprechen kann, hatte sich schon in der ersten Szene höchst doppeldeutig einmal dem Bereich des Schattens, einmal dem des Lichts zugeordnet, was sich durch die Analyse der Sonne-Mond-Metaphorik nachweisen ließ. Wie sehr offenbarte sich erst bei Tasso und der Prinzessin – ablesbar wiederum an dem Indiz der Lichtmetaphorik – ein Schwanken der inneren Verfassung je nach dem sich konstituierenden Gegenpol. In der ersten Szene unterliegt die Prinzessin der Gefahr des „Goldenen" – der die Wirklichkeit in „goldene Äpfel" umdeutenden Einbildungskraft –, in der Konfiguration mit Tasso (II, 1) plötzlich entwirft sie die positive Seite der „goldenen Zeit", wo die gesittete Gegenwart einer Hofgesellschaft sicher gehalten zwischen Zukunft und Vergangenheit schwebt. Die merkwürdige Zwiespältigkeit Antonios gar hat die Forschung seit je beschäftigt und zu den verschiedensten Hypothesen verleitet. Wie die Licht- und Schattenwerte namentlich im Zusammenhang Tasso–Prinzessin zutage brachten, ist in diesem Drama – entgegen dem oben zitierten Satz – die innere Struktur der Figur nicht unbedingt von einem Wollen abhängig, sondern konstituiert sich als „mondlichthaft" oder „sonnenhaft" erst in der Konfrontation mit einer anderen. Jetzt erinnert man sich auch, daß Goethe seine Bemerkung über den Charakter in bezug auf Newton macht, dem er seine Hartnäckigkeit im Verfolgen eines falschen „Aperçus" ein Leben lang heftig übel nahm. Goethe sagt also Charakter, meint aber wohl in diesem Zusammenhang: Engstirnigkeit, Hartnäckigkeit. Es bedarf also anderer Belege. Im Vorwort derselben *Farbenlehre* finden sich dann die Sätze:

Denn eigentlich unternehmen wir umsonst, das Wesen eines Dinges auszudrücken. Wirkungen werden wir gewahr, und eine vollständige

Geschichte dieser Wirkungen umfaßte wohl allenfalls das Wesen jenes Dinges. Vergebens bemühen wir uns, den Charakter eines Menschen zu schildern; man stelle dagegen seine Handlungen, seine Taten zusammen, und ein Bild des Charakters wird uns entgegentreten.
Die Farben sind Taten des Lichts, Taten und Leiden. (Cotta XXI, 13)[4]

Dieser letzte Satz ist der entscheidende, nicht nur eine Geschichte des Tuns gehört zur Erkenntnis, sondern auch des „Leidens". Nicht nur Wirkungen, die ausstrahlen, sondern Wirkungen, die empfangen werden. Der Charakter offenbart sich nur ganz in einem Kraftfeld der Beziehungen, indem er wirkt, indem auf ihn gewirkt wird: Die Interpretation hat dieses Phänomen ‚Konfiguration' genannt. Nietzsche, der gerade über das Problem des Charakters die schärfsten Beobachtungen macht, schreibt einmal:

> Man sagt mit großer Auszeichnung: ‚das ist ein Charakter!' – ja! wenn er grobe Konsequenz zeigt ... Aber sobald ein feinerer und tieferer Geist waltet und auf seine höhere Weise folgerichtig ist, leugnen die Zuschauer das Vorhandensein des Charakters ... (I, 1134)

und an anderer Stelle:

> Wenige Motive, energisches Handeln und gutes Gewissen machen das aus, was man Charakterstärke nennt. Dem Charakterstarken fehlt die Kenntnis der vielen Möglichkeiten und Richtungen des Handelns ... (I, 587)

Diese Gedanken führen auf die richtige Spur: „Die Menschheit hat zu allen Zeiten das Aktivum und das Passivum verwechselt, es ist ihr ewiger grammatikalischer Schnitzer" (I, 1096)[5]. Nicht nur Wollen und Tun gehören zum Charakter, auch das Erleiden, das Bestimmtwerden[6]. Im gleichen Maße, wie das Wollen schwächer wird, wachsen die Möglichkeiten des Tuns. Es hat sich ge-

---

[4] Dazu Jean Paul, *Vorschule* (a. a. O. S. 212): „Der Charakter ist bloß die Brechung und Farbe, welche der Strahl des Willens annimmt."

[5] Dazu Nietzsches wichtige Bemerkung: „Es ist ein wahres Unglück für die Ästhetik gewesen, daß man das Wort Drama immer mit ‚Handlung' übersetzt hat ... also kein Tun, sondern ein Geschehen ..." (II, 921 Fußnote).

[6] Man vergleiche etwa hierzu jene Stelle aus dem *Wilhelm Meister*, wo Wilhelm sich Rechenschaft über die zwei Eindrücke gibt, die er

zeigt, daß die Charaktere des *Torquato Tasso* in diese Richtung weisen. Eine Briefstelle an Zelter kommt dieser Form des „Charakters" näher:

> Wodurch bethätigt sich denn zuletzt der Charakter, als daß er sich in der Tagesbewegung, im Hin- und Widerwirken bildet. Wer unterstünde sich den Werth der Zufälligkeiten[7], der Anstöße, der Nachklänge zu bestimmen, wer getraute sich die Wahlverwandtschaften zu würdigen. Genug, wer sich untersteht zu schätzen, was der Mensch ist, der müßte in Anschlag bringen, was er war und wie er's geworden ist[8]. (Brief vom 28. 6. 1831)

Für den Charakter in Goethes Sinne gilt also in eminenter Weise, was jener Schlüsselsatz an Carl Friedrich von Reinhard sagt, der schon mehrmals hinzugezogen wurde. Anläßlich der Frage, ob das Christentum sich zur Einheit erst gebildet oder von einem Punkt ausgegangen, die Kestners *Agape* aufgeworfen hatte, schreibt Goethe: „Vielleicht irrt man nicht, wenn man beides zugiebt und ein pulsirendes Wechselverhältniß zwischen Disposition und Determination annimmt" (am 24. 12. 1819).

Es ergibt sich also folgendes Paradox in der Gestaltung der Charaktere: Zur Erscheinungsweise der einzelnen Figur gehört in hohem Grade die Beziehung zu anderen Figuren. Das ‚Ich' erschließt sich, indem es sich im ‚Du' spiegelt. „Wie jedes gegen sich selbst einen Bezug hat, so muß es auch gegen andre ein Verhältnis haben. Und das wird nach Verschiedenheit der Wesen verschieden sein" (Cotta VI, 340). Die Figuren der *Wahlverwandtschaften* nehmen dieses Problem zum Thema ihrer Unterhaltungen und machen sich Gedanken darüber, wie jene Elemente „einander suchen, sich anziehen, ergreifen, zerstören, verschlin-

---

von Natalie behalten hat: „Sie wollten noch nicht miteinander zusammenfließen; jenes hatte er sich gleichsam geschaffen, und dieses schien fast *ihn* umschaffen zu wollen" (Cotta VII, 600).

[7] Vgl. hierzu den Brief an Schiller vom 9. 12. 1796: „Nun muß ich aber gestehen, es ist mit dem, was man moralischen Charakter nennt, eine eigene Sache, wer kann sagen, wie sich jemand in einem neuen Verhältnis benehmen werde?"

[8] „Das Leben eines Menschen ist sein Charakter" (*Italienische Reise* Cotta IX, 664) ist in der Form „Die Geschichte des Menschen ist sein Charakter" (Cotta VII, 515) in die *Lehrjahre* eingegangen. Hier deutet sich das bis ans Ende Offene des Charakters an.

gen, aufzehren und sodann aus der innigsten Verbindung wieder in erneuter, neuer, unerwarteter Gestalt hervortreten" (Cotta VI, 344). Die Bezüge zu den anderen Figuren werden in den Charakter mit einbezogen und geben ihm ,relief'.

Zweierlei aber gehört ebenfalls dazu: Goethe hatte in dem oben zitierten Brief an Zelter von „Zufälligkeiten" gesprochen und von „Nachklängen"; in der Terminologie, wie sie bei der Interpretation der ersten Szene Anwendung fand: Zufall und Möglichkeit. Das unberechenbar Bestimmende, das zukünftig Offene. Damit steht man allerdings an der Grenze dessen, was noch „Charakter" heißen kann[9]. Allgemeiner gesprochen: auf dem schmalen Grat zwischen Sein und Werden. Niemand hat das besser erkannt als Georg Simmel:

> Ich lasse dahingestellt, ob er – Goethe – selbst ein theoretisches Bewußtsein über die Tiefe des Abgrundes hatte, der sich zwischen der künstlerischen Umgrenztheit und Selbstgenugsamkeit der ,Gestalt' und der Unendlichkeit des Werdens auftut, sobald das eine und das andere zur Dominante des Weltbildes wird. Er bringt die Gegensätze ganz nahe zusammen: ,Geprägte Form, die lebend sich entwickelt' – darin liegt das ganze Problem. Denn das ist ja eben die Frage, die diese Formulierung garnicht als Frage anerkennt: wie die Form l e b e n kann, wie das schon G e p r ä g t e sich noch e n t w i k - k e l n kann, oder ob überhaupt Geprägtheit und Entwicklung nicht eine Unvereinbarkeit sind[10].

Philosophisch nachvollziehen läßt sich dieses Ineinander nur schwer; in der Gestaltung von Charakter und Konfiguration ist es gegeben. „Die Gestalt erledigt das Problem, sie beantwortet das Unbeantwortbare" (Hofmannsthal, *Prosa IV*, 144 (1955)).

---

[9] Diese höchste Möglichkeit weitet Goethe im *West-östlichen Divan* ironisch aus. Dort wird der Charakter zu einer Folge von Masken, hinter denen sich in einem Spiel komplizierter Verhältnisse immer für den Eingeweihten sichtbar (vgl. „Wink" Cotta II, 32) das eine Antlitz verbirgt. Schlüsselgedicht für dieses eigentümliche Persönlichkeitsgesetz ist das oft zitierte, aber selten ganz bedachte „Volk und Knecht und Überwinder" (Cotta II, 97 ff). Wolfgang Kayser, *Kunst und Spiel*, Göttingen 1961, S. 47–64 geht dieser Problematik nach. Vgl. auch Karin Helm, *Goethes Verskunst im ,West-östlichen Divan'*, Diss. Göttingen, 1955.

[10] *Goethe*, Leipzig 1913, S. 81 f

Die vorliegende Darstellung hat versucht, das solcherart Gestaltete zu beschreiben.

Als nächstes sei nun ein Blick auf den „Zufall" in bezug auf den Charakter geworfen: Die erste Szene, sogar der ganze erste Akt, waren für diesen Zusammenhang symptomatisch. Spaßeshalber – vielleicht auch aus Langeweile – winden die Frauen Kränze. Der Herzog ist auf der Suche nach Tasso. Zufällig erblickt er den Kranz: Tasso wird gekrönt, der sich plötzlich entschlossen hat, sein Manuskript zu überreichen; auch daß Antonio gerade in diesem Augenblick kommt, ist Spiel eines bösen Zufalls. Keine dieser Figuren bestimmt durch ihren Willen den Gang der Handlung. Und wenn sie es versuchen, so mißlingt es kläglich. Sie agieren nicht nach Motiven, sie reagieren auf Situationen: ein für das Drama sehr moderner Gedanke. Nietzsche hat auch diese Rolle des „Zufalls" durchschaut:

> Das erscheint mir als einer meiner wesentlichsten Schritte und Fortschritte: ich lernte die Ursache des Handelns unterscheiden von der Ursache des So- und So-Handelns, des In-dieser-Richtung-, Auf-dieses-Ziel-hin-Handelns. Die erste Art Ursache ist ein Quantum von aufgestauter Kraft, welches darauf wartet, irgendwie, irgendwozu verbraucht zu werden; die zweite Art ist dagegen etwas, an dieser Kraft gemessen, ganz Unbedeutendes, ein kleiner Zufall zumeist, gemäß dem jenes Quantum sich nunmehr auf eine und bestimmte Weise ‚auslöst'. (II, 233)

Für das Drama besteht dieser Zufall meist im Hinzutreten einer neuen Figur[11]. Eine Figur wird zum Katalysator:

> Hat nicht die Ankunft dieses Manns allein
> Mein ganz Geschick zerstört, in *einer* Stunde? (2780–2781)
> Das ist mein Schicksal, daß nur gegen mich
> Sich jeglicher verändert, der für andre fest
> Und treu und sicher bleibt, sich leicht verändert
> Durch einen Hauch, in einem Augenblick. (2776–2779)

Indem Antonio hinzutritt, verwandelt sich Tassos innere Welt; die Prinzessin wird eine andere, je nachdem sie mit Leonore oder Tasso zusammen ist; der Charakter ist eine Funktion der Szene. Zufall der Konfiguration entscheidet über ihn. Erst das ganze

---

[11] *Wahlverwandtschaften:* „Nichts ist bedeutender in jedem Zustande als die Dazwischenkunft eines Dritten" (Cotta VI, 312).

Drama enthüllt, daß diese „Zufälle" Manifestationen eines Grund- und Lebensgesetzes sind. „Die Notwendigkeit ruft", sagt Gottfried Benn einmal, „und der Zufall antwortet"[12].

Das andere sind die „Möglichkeiten" der Figuren: Indem sie miteinander reden, einander widersprechen, einander mißverstehen, kommt das zur Sprache, was sie tun wollen, hätten tun können oder versäumt haben zu tun. Die Fülle ihrer Möglichkeiten gibt einer Figur mehr Dimensionen als eine geschlossene, planmäßig durchgeführte Tat: „ – also kein Tun, sondern ein Geschehen" (Nietzsche II, 921). Dies, daß die Möglichkeiten der Figuren ihr Tun sind, daß sie nicht handeln, sondern ein Geschehen sich an ihnen vollzieht, ist das Moderne an diesem klassischen Drama[13].

Nach diesen Überlegungen ist es deutlich geworden, daß eine Definition des goetheschen „Charakters im Drama" nicht vorsichtig genug unternommen werden kann. Immer wird sie nur durch ein Abgrenzen nach zwei Seiten hin möglich sein. Für das Verfahren ist eine Bemerkung Hofmannsthals aufschlußreich:

> Der Mensch ist unendlich, die Puppe ist eng begrenzt: zwischen Menschen fließt vieles herüber, hinüber, Puppen stehen scharf und reinlich gegeneinander. Die dramatische Figur ist immer zwischen beiden. (Prosa III, 43)

Hier ist scharf das Eigentümliche gefaßt, jenes Schweben zwischen zwei Kraftfeldern, dem „Ich" und dem „Du", geprägter Form und umgestaltender Kraft, Disposition und Determination, Totalität des Charakters als Funktion zwischen eigenem Wollen und bestimmendem Gegenüber. Die sich ineinander abspiegelnden Gebilde entschleiern aneinander und ineinander ein Ganzes, indem sie wechselweise Sonne und Mond, Lichtgeber und Lichtreflektor sind. Charakter und Konfiguration bedingen ein-

---

[12] *Gesammelte Werke*, Wiesbaden 1959, Bd. I, 73 f.

[13] Hofmannsthal an C. J. Burckhardt über einen Lustspielplan: „Ein modernes Lustspiel habe ich auch entworfen. Ganz von der Oberfläche her – die dümmste nichtigste Verknüpfung – nur so bleibt der Raum, das schillernde Gewebe (nicht der Charaktere, sondern der einander tausendfach kreuzenden Lebensmöglichkeiten: hierin liegt das unserer Zeit eigene) zu entfalten ..." (*Briefwechsel*, Frankfurt 1956, S. 212 am 10. 7. 1926).

ander[14]. Sie dienen einander. Die Konfiguration ist nie nur Stufe für neue Situationen, der Charakter nie nur Triebfeder für ein Tun. Im Spiel der Bezüge läßt sich das eine vom anderen nicht trennen. Es wäre ebensogut möglich, von der „Konfiguration als Charakter" zu sprechen – Caroline Herder berichtet an ihren Mann: „Der Dichter schildert einen ganzen Charakter, wie er ihm in seiner Seele erschienen ist; einen solchen ganzen Charakter besitzt ja aber ein einzelner Mensch nicht allein" (16. – 20. 3. 1789 Gräf II, 4, 309); das heißt aber: Goethe bedient sich der Kontrastierung zweier Figuren, um einen totalen Charakter zu enthüllen – wie zu sagen, es handle sich um den „Charakter als Konfiguration": in bezug auf jenes Ich Tassos, das als eine imaginäre Bühne die ganze Konfiguration aus sich entläßt (V, 5): das Viel-Seelenhafte des Dichtercharakters.

Darin liegt noch ein anderes beschlossen: Jede von Goethes Figuren hat eine unvergeßliche Individualität, niemand wird je die beiden Leonoren verwechseln, von Tasso und Antonio ganz zu schweigen, und doch ist die Luft, die sie atmen, der Tonfall, in dem sie sprechen, beinahe derselbe. Daß jeder einzelne unverwechselbar ist – daß aber auch die Art, wie sie zusammen sind, nicht anders gedacht werden kann: daß sie zusammengehören wie Licht und Schatten, beglaubigt die Untrennbarkeit von Charakter und Konfiguration. In seinem Rembrandt-Buch[14a] hat Georg Simmel diesen goetheschen „Raum" so charakterisiert:

Bei aller reichen, weitgespannten Individualisiertheit der goetheschen Gestalten sind sie doch alle von *einer* geistigen Atmosphäre umfaßt. Als ganz entscheidend verlangt er von den Charakteren in einem Dichtwerk, daß sie zwar bedeutend voneinander abstehen, aber doch immer unter ein Geschlecht gehören.

---

[14] Es wurde schon auf die Verwandtschaft der Goetheschen Dramenkunst zu Molière hingewiesen (die Freundschaftsangebot-Szene 1283 ff z. B. deutet sicher auf den Misanthropen I, 2). Wenn man Hofmannsthal folgt, so liegt auch hier eine Entsprechung: „Auch die Molièresche Komödie ruht nicht so sehr auf den Charakteren selbst als auf den Relationen der oft sehr typischen Figuren zueinander" (*Prosa IV*, 427 (1955)); ferner: „Nicht in den Gestalten liegt bei Molière das Eigentliche, sondern in den Relationen" (*Aufzeichnungen* (1959), S. 178).
[14a] Leipzig ²1912, S. 112.

Und noch ein Paradox: Zwar gehören die Figuren alle unter ein Geschlecht; das hindert aber nicht, daß man umgekehrt „Widersprüche" im einzelnen Charakter nachgewiesen hat, in dem Antonios namentlich, wo die Umarmung Tasso-Antonio (V, 5) nicht folgerichtig erscheinen wollte nach einer Szene wie der in II, 3; auch der Weltgeistliche und der Sekretär in der *Natürlichen Tochter* haben Anlaß zu solchen Überlegungen gegeben. „Sie lieben", hätte Musil von solchen Interpreten gesagt, „das ordentliche Nacheinander von Tatsachen, weil es einer Notwendigkeit gleichsieht . . ." (I, 665). Das Gegenargument, daß ein Charakter „lebensvoll" wird durch Widerspruch in sich selbst, ist zwar nicht von der Hand zu weisen[15]; aber bei Goethe ist der tiefere Grund ein anderer: Für ihn ist der Charakter weniger „Willkürzentrum" (Hofmannsthal, *Prosa III*, 358 (1952)); er konzipiert Charaktere vielmehr nach dem elliptischen Prinzip der Doppelbrennpunkte, so freilich, daß das Fluidum der Um-Welt (zu Beginn und Ende war es der ,Garten') dazu ins Gleichgewicht tritt. Diese Widersprüche innerhalb einer Figur mögen vom Logischen her so bedenklich sein, wie sie wollen[16], das individuelle Gesetz des „Charakters", sein organisches Ganze zerstören sie nicht[17].

---

[15] „Jede poetische Figur", sagt Grillparzer einmal, „enthält eine contradictio in adjecto zum deutlichen Beweis, daß die Logik nicht die Richterin der Kunst ist." Ferner Goethe zum Kanzler von Müller am 24. 4. 1830: „Ei, bin ich denn darum 80 Jahre alt geworden, daß ich immer dasselbe denken soll?"

[16] Vgl. den Bericht Sulpiz Boisserées: „Dieser Bruch sei es, der einem überall in der Geologie und in der ganzen Natur begegne. Wolle man ihn rein auflösen, so gehe es nicht, so verwirre man das Ganze, man müsse wissen, daß da noch etwas Unauflösbares sei, und es als solches zugeben, dann komme man durch " (Cotta XX, 171).

[17] Ein erhellendes Gegenbeispiel sind die „widersprüchlichen" Charaktere Grabbes. Sie offenbaren nicht ein organisches Gesetz der Persönlichkeit, die Grundpolarität alles Seienden, sondern dienen dem szenischen Effekt. Man erinnert sich des Exoten Berdoa im *Herzog Theodor von Gothland:* blutrünstiger Mut und Todesangst, zynische Bosheit und Preis der Allmacht Gottes: nur durch solche grotesken Ballungen erreichte Grabbe seine hypertrophischen Effekte. Ähnlich motiviert sind die abstoßenden und sympathischen Züge des Mollfels in *Scherz, Satire, Ironie und tiefere Bedeutung.* In den gleichen Zusammenhang gehört Jouve als mord-

Im Gegenteil. Sie geben den dramatischen Charakteren Goethes eine Breite und Fülle, die in psychologisch-strenger Folgerichtigkeit so nie zu erreichen wäre[18]. Der junge Schiller ist dabei das große Gegenbeispiel; in seiner Vorrede zum *Fiesko* schreibt er:

> Höhere Geister sehen die zarten Spinneweben einer Tat durch die ganze Dehnung des Weltsystems laufen, und vielleicht an die entlegensten Grenzen der Zukunft und Vergangenheit anhängen – wo der Mensch vielleicht nichts als das in freien Lüften schwebende Faktum sieht. Aber der Künstler wählt für das kurze Gesicht der Menschheit, die er belehren will, nicht für die scharfsichtige Allmacht, von der er lernt[19].

gieriger Henker einerseits, als Humorist auf dem Grèveplatz andererseits (in *Napoleon oder die hundert Tage*). Ist bei Goethe die Idee des Gleichgewichts tragender Grund für den Widerspruch der Charaktere, so bei Grabbe das Mißverhältnis als Mittel der Wirkungspotenzierung. Grabbe selbst wußte das sehr genau. In dem Aufsatz „Über die Shakespearo-Manie" tadelt er Goethes Genie „welches nur den liebenswürdigen Fehler besitzt, im Hoch-Tragischen und Tief-Komischen zu sehr von der Anmut, einem Begriff, der weniger umfassend ist als die Schönheit, sich zügeln lasse . . ." (*Sämtliche Werke*, Detmold 1874, S. 148 Bd. IV, hg. O. Blumenthal). Grabbe, wie sein Heinrich VI. auf dem Ätna Eis verschlingend, muß Goethes Kühle des Gleichgewichts der Kräfte als Anmut (und damit in seinem Sinne als „Schwäche") interpretieren. Bei Goethe wird der Widerspruch zum Ineinander-Abspiegeln.

[18] Ein treffendes Beispiel solch „psychologischer Inkonsequenz" (die der herkömmlichen Dramatik widerspricht) bietet auch der Meisterroman. Beim Tode Mignons (Cotta VII, 631 f) vermißt Schiller (im Brief vom 2. 7. 1796) ein gehöriges Eingehen auf dieses traurige Ereignis. Vielmehr wende sich Wilhelm sogleich ab und lasse sich von der geheimnisvollen Instrumententasche gefangennehmen. Für den Dramatiker Schiller ist diese Inkonsequenz ein Fehler. Für Goethes umfassendern Blick ist Mignon, kraft ihres Verhältnisses zu Wilhelm, ein Zustand Wilhelms selbst, der aufhört zu bestehen, als er sich Therese zuwendet. Daher „schwindet" Mignon in diesem Augenblick und Wilhelm, der aus diesem „state" (vgl. Hofmannsthal, *Aufzeichnungen* (1959) S. 223 f. „Zustände" nach Kassner, auf Blake zurückgehend, *Englische Dichter*, 1920, S. 73) heraustritt, hat keine Ursache, ihr nachzutrauern. Übrigens scheint Goethe die Stelle auf Schillers „Erinnerung" hin geändert zu haben.

[19] *Sämtliche Werke*, hg. Fricke-Göpfert, München 1958, I, 640

Schillers Charaktere existieren durch das, was sie sagen: Und sie sagen nur das für den Gang der Handlung Nötige. Die Goethes existieren in gleichem Maße durch die Figuren, mit denen sie zusammen sind. Und was sie sagen, ist nur ein Bruchteil dessen[20], was sie sind. So gut Schiller seine eigenen Absichten kennt, so deutlich vermag er die Goethes zu formulieren und vor dem Tribunal der Poesie zu rechtfertigen. Am Wilhelm Meister weiß er gerade diese Vielbezüglichkeit zu rühmen und ihn gegen Wilhelm von Humboldts Vorwurf der „Bestimmungslosigkeit" und „Gestaltlosigkeit" zu verteidigen:

> ... eben weil die Dinge um ihn her die Energien, er aber die Bildsamkeit darstellt und ausdrückt, so muß er ein ganz ander Verhältnis zu den Mitcharakteren haben, als der Held in anderen Romanen ... Freilich ist es für den Roman ein zarter und heikeliger Umstand, daß er, in Person des Meister, weder mit einer entschiedenen Individualität noch mit einer durchgeführten Idealität schließt, sondern mit einem Mitteldinge zwischen beiden. Der Charakter ist individual, aber nur den Schranken und nicht dem Gehalt nach, und er ist ideal, aber nur dem Vermögen nach. (an Goethe am 28. 11. 1796)

Will man diese Stelle für den Tasso beanspruchen, so muß man zwar den Vorwurf (vom 26. 12. 1797) hinnehmen, daß der Tasso wie Iphigenie „in das epische Feld hinüberschlagen"[21]; zugleich aber findet sich die Interpretation der letzten Szene bestätigt, die auf die Ausweitung des individuellen „Charakters" innerhalb der Konfiguration auf ein Generelles hin Gewicht legte. Gerade als ein „Mittelding" zwischen beidem, dem Individuellen und dem Allgemeinen, vermag so die dramatische Figur ihre eigene „Bildsamkeit" und die sie umgebenden „Energien" auf sich zu vereinigen. Der in beiden Richtungen begangene Weg: „Konfiguration als Charakter" – „Charakter als Konfiguration" zu er-

---

[20] Als die Weimarer Freunde noch Egmont selbst zu Wort kommen lassen möchten in Gegenwart der Erscheinung Klärchens, da hält Goethe ihnen die „weiblich zarte" Ansicht von Angelica Kauffmann entgegen: „daß das, was ihr noch mündlich von dem Helden erklärt wünschtet, in der Erscheinung implicite enthalten sei" (Cotta IX, 720).

[21] Was freilich auch als Lob gelten kann: „Wer die feineren vier Sinne der Kunst nicht hat, sucht alles mit dem gröbsten, dem fünften zu verstehen: dies ist der dramatische Sinn" (Nietzsche I, 924).

weisen, ist auch der Weg dieses janusblickenden Dramas, dem die Formel der Interpretation gilt: Der Anfang ist das Mögliche mit der Vollkommenheit des Wirklichen, der Schluß das Wirkliche mit der Offenheit auf ein neues Mögliche. Der Begriff der fortschreitenden Handlung liegt einer solchen Dramatik fern; Geschehen enthüllt sich. Hier agieren nicht Parteien gegeneinander, hier konstituiert sich das Drama aus der „bewegten Gruppe". Für dieses Phänomen gibt es noch einen anderen Begriff: den des Tanzes. In seiner höchsten Vollendung ist der Tanz nicht eine Folge von Momenten; er ist in jedem Augenblick als Ganzes gegenwärtig. „Die schöne Beweglichkeit der Übergänge", schreibt Goethe in *Der Tänzerin Grab* (Cotta XVII, 57)

> Die schöne Beweglichkeit der Übergänge, die wir an solchen Künstlerinnen bewundern, ist hier für einen Moment fixiert, so daß wir das Vergangene, Gegenwärtige und Zukünftige zugleich erblicken und schon dadurch in einen überirdischen Zustand versetzt werden.

An die Stelle der verfließenden Zeit tritt ein Ornament. Indem der Tanz einen Raum ausmißt, vollführt er seine Figuren. Seine Welt steht zwischen Zeit und Raum. Valéry nennt sie „une sorte d'espace-temps" (‚Philosophie de la danse' Pléjade I, 1391). Der Tanz gehorcht dem Gesetz der Musik[22]. Die Sprache der letzten Szene ist Musik. Sie vermag Bewegtes und Starres simultan erscheinen zu lassen: Harmonie und Kontrapunktik zugleich. An ihr hat die vorliegende Deutung die Möglichkeiten der Konfiguration abgelesen. An ihrem choreographischen Aufbau, Wörtern, Metaphern, Wortlandschaften, die einander in einer „danse verbale" (Valéry a. a. O. S. 1400) begegnen, offenbaren sich die Geheimnisse des Miteinander der Figuren.

---

[22] Hierzu die XIV. von Wilhelm Tischbeins Idyllen, namentlich die Sätze: „Alles, was uns bewegsam beglückte, Musik, Tanz und was sonst noch aus mannigfaltigen, lebendig beweglichen Elementen sich entwickelt, im Konstraste sich trennt, harmonisch wieder zusammenfließt, mag uns wohl beim Anblick dieses Bildes in Erinnerung treten. Dies sind gerade die schönsten Symbole, die eine vielfache Deutung zulassen, indes das dargestellte Bildliche immer dasselbe bleibt" (Cotta XVII, 538 f).

Das Grundgesetz dieses Dramas ist erlesenes Zeremoniell. Figuren treten aufeinander zu und entfernen sich wieder, sie ordnen sich zu Paaren, machen ihre Schritte allein. Indem sie miteinander da sind, vereinigen sie sich zu vorgeschriebenen Tanzfiguren; indem die Konfiguration sich verwandelt, vollendet sich der Tanz: Ein Gleichgewicht stellt sich her, an dem alle Figuren teilhaben. Über das Drama hinweg, vom Beginn zum Ende, vom Ende wiederum zum Beginn, blicken sie einander in die Augen. Das Wort, das auf ihren Lippen zu stehen scheint, ist ein Grundwort aller Form: Entsagung. Kunst und Gesellschaft beugen sich ihrem Gesetz. Konfiguration ist geformter gesellschaftlicher Raum.

ANHANG

EXKURS I

Der königliche Garten zu Aranjuez

Es gäbe eine Fülle von Möglichkeiten, durch ein Gegenbeispiel die Eigenart von Goethes szenischer Gestaltung hervorzuheben. Grillparzers *Jüdin von Toledo* etwa beginnt mit einer Gartenszene: jenem Garten – hilflosem Ausdruck seines guten Willens – den Alfons umgestalten ließ nach englischem Geschmack, seiner Gemahlin zuliebe, die dessen gar nicht gewahr wird, dem Garten, in dessen umhegten Bezirk unerlaubt jenes Elementare einbricht: „die schöne Jüdin zu des Königs Füßen"[1]. Man könnte auf den „Garten im altfranzösischen Stil" in Kleists *Prinz Friedrich von Homburg* hinweisen, jenen seltsam starren Hintergrund einer Traumwelt in der ersten Szene. Die Interpretation entscheidet sich für den Beginn von Schillers *Don Carlos*. Die Ähnlichkeiten sind verblüffend, noch verblüffender aber, wie dasselbe vollkommen andere Funktionen annimmt in dem Augenblick, da es in eine andere Sprachwelt versetzt wird.

Bei der Interpretation müssen die verschiedenen Fassungen berücksichtigt werden. Während so die in Leipzig 1802 erschienene Fassung die lakonische Szenenanweisung bringt: „Der königliche Garten in Aranjuez"[2], erweist sich das Thalia-Fragment (1785–1787) als besonders aufschlußreich. Die Dekoration von „Orangenalleen, Boskagen, Statuen, Urnen und springenden Wassern" a. a. O. II, 1101) dokumentiert den italienisch-französischen Gartengeschmack. Wie bei Goethe stehen zwei Statuen auf der Szene: Byblis und Kaunos. Ein „bestochener Zufall"[3] führt Carlos vor diese Figuren, er bleibt „nachdenkend" davor stehen. Beinahe

---

[1] Franz Grillparzer, *Sämtliche Werke*, München 1961, Bd. II, 1262.
[2] Friedrich Schiller, *Sämtliche Werke*, München ²1960, Band II, 9.
[3] Kommerell, *Jean Paul*, Frankfurt 1933, S. 124.

dasselbe scheint auch der Beginn des *Torquato Tasso* zu geben: Garten im geometrischen Stil, zwei Statuen, „nachdenkliche" Betrachter. Aber die Funktionen dieser Elemente sind grundverschieden. Die beiden Statuen dienen Schiller zu mythologischer Anspielung. Byblis, Tochter des Miletos, hatte eine verbrecherische Neigung zu ihrem Bruder Kaunos (Ovid, Met. 9, 450 ff). Bevor noch der Held die Szene betreten hat, setzt so, in den Statuen vorweggenommen, der Konflikt ein.[4] Er steht vor den Figuren und ihrem Charakter. Handlung ist schon da, bevor noch Figuren zu sprechen beginnen. Das eminent Dynamische eines solchen Beginns ist kaum zu übertreffen. Erst an dem gegebenen Konflikt entscheidet sich dann die schillersche Figur zu ihrem Charakter. In den Hermen von Vergil und Ariost dagegen ist kein Konflikt allegorisiert, sondern eine Atmosphäre vorweggenommen: zwei Geisteswelten, die einander begegnen, sich durchdringen, sich ineinander spiegeln.

Aber auch die Gartenlandschaft hat ihre Funktion in diesem frühen Fragment:[5]

> DOMINGO Der schönste Frühlingstag – die muntern Gärten –
> Und ringsherum die blumenvolle Flur –
> Der Himmel selbst wetteifert mit der Gegend,
> Die Kunst mit der Natur[6]. – Sie aufzuheitern,
> Gleich einem Paradies lacht weit und breit
> Das prächtige Aranjuez, und doch
> In Ihrem Aug nicht eine Spur der Freude?
> CARLOS In diesem lachenden Aranjuez
> Sieht Carlos nichts – als seine finstre Seele. (II, 1101 f)

Die Landschaft ist hier nicht Spiegel eines Ich, sondern Kontrast, der Spannung gebiert. Schillers Figuren sind aus dem Para-

---

[4] Diese frühe Fassung legt in stärkerem Maße Wert auf die Liebe Carlos' zur Königin.

[5] Bezeichnenderweise läßt die spätere Fassung der ersten Szene jeden Hinweis auf die Landschaft fallen: Das Hier und Jetzt der Szene ist nur Sprungbrett, die Figuren sind schon an ihr vorüber und über sie hinaus, wenn der Vorhang sich hebt. Charaktere entwickeln sich, indem sie zueinander reden, nicht aber indem sie sich wie bei Goethe in ihrer Umwelt und den sie umgebenden Figuren spiegelnd enthüllen. Schillers Figuren bewähren sich an Willensoperationen.

[6] Vgl. Schillers Rezension des Gartenkalenders auf das Jahr 1795, a. a. O. V, 884 ff.

dies vertrieben. Die Verhältnisse klären sich nicht durch Reflexe, sondern durch Aktionen, gedachte, geplante, in Verschwörung ausgebrütete. Dies, daß Landschaft nicht Atmosphäre schafft, sondern Vehikel dissonantischer Wirkungen ist, zeigt die „zwote Verwandlung" des Thalia Fragments nach ihrer Umgestaltung zum 3. Auftritt der endgültigen Fassung. In der frühen Form bildet die „Einsiedelei im Garten von Aranjuez" – eine typische Erscheinungsform des englischen Gartens, die sich von der streng französischen des 1. Auftritts abhebt – tatsächlich so etwas wie einen Spiegel der inneren Verfassung der Königin, die dem spanischen Zeremoniell fern steht. Sie meidet den streng abgezirkelten Garten. Sie fürchtet

> ... die glatten Buchenwände,
> Der Bäume banges Zeremoniell,
> Die starr und steif, und zierlich wie sein Hof,
> In trauriger Parade um mich gähnen!
> *Hier* grüßt mich meine ländliche Natur ... (II, 1119)

Diese Art der Gestaltung aber mißfällt Schiller. In der Spätfassung sieht die Szene so aus:

> KÖNIGIN Hier bin ich wie in meiner Welt. Dies Plätzchen
> Hab ich mir längst zum Liebling auserlesen.
> Hier grüßt mich meine ländliche Natur,
> Die Busenfreundin meiner jungen Jahre ...
> EBOLI   Wie einsam aber,
> Wie tot und traurig ist es hier! Man glaubt
> Sich in La Trappe.
> KÖNIGIN   Das Gegenteil vielmehr.
> Tot find ich es nur in Madrid. – Doch was
> Spricht unsre Herzogin dazu?
> OLIVAREZ   Ich bin
> Der Meinung, Ihre Majestät, daß es
> So Sitte war, den einen Monat hier,
> Den andern in dem Pardo auszuhalten,
> Den Winter in der Residenz, solange
> Es Könige in Spanien gegeben. (II, 22)

Das anaphorische „Hier" der Königin erinnert an das Leonores (72 ff) und ist doch etwas völlig anderes. Leonore sagt „Ja" zu der Landschaft der Prinzessin, und nur unmerklich enthüllen sich Nuancen der Auffassung. Das „Hier" der Königin ist insistierender Widerspruch. Die Landschaft wird nicht eigenständiger Gegenpol der Figur. Sie ist nur Vorwand für Schillers dialektisches Verfahren. Spruch und Widerspruch stoßen hart aufeinander. Die Herzogin wird zum Schiedsspruch aufgerufen und gibt ihn kraft ihres Amtes. Nicht spiegelnd-gegenseitiges Enthüllen, sondern aus dem Widerspruch herausdiskutierte Charaktere. Das lenkt zurück zur ersten Szene: Das Wort „Charakter" wird im Zusammenhang mit Schiller mit weit größerem Recht gebraucht als bei Goethe. Dort enthüllen sich Beziehungen zwischen Figuren in gegenseitigem Reflex. Hier bewähren sich Charaktere durch eine Folge von Entschlüssen. Und wo eine Möglichkeit zum Tun noch nicht geboten ist, gibt berichtetes Tun Gelegenheit zu Entscheidungen. Diese Funktion hat Domingos Anekdote (II, 10 ff): Ein dynamisches Moment steht am Anfang der schillerschen „Konfiguration". War bei Goethe das Widerspiel von Figur und Landschaft die Möglichkeit zur Enthüllung des Miteinander der Figuren, so wird bei Schiller die Anekdote zum Kristallisationspunkt. Für Goethe gibt es Geschichte von Welt und Seele, und erst in ihrer Beziehung vollendet sich die Figur. Für Schiller verengt sich das Vielfältige solcher Beziehungen[7] zur Abbreviatur einer Handlung. Diese Verkürzung leistet dreierlei: Das Gefälle des Dramas vergrößert sich unerhört in solcher Raffung eines seelischen Konflikts, der ein ganzes Drama füllen könnte, zu einem Gebilde von dreizehn Versen (53–65); indem blitzartig enthüllt wird, was war, spannt sich die Erwartung, was sein wird; indem eine Figur in ihrer Entscheidung innerhalb einer prägnanten Situation erscheint, kristallisiert die Konfiguration: PHILIPP – KÖNIGIN – DON CARLOS heißt die Figur dieses Spannungsverhältnisses.

Dadurch, daß dieses Ereignis berichtet, in berechnender Absicht arrangiert wird, tritt noch ein Element schillerscher Gestaltung hinzu: der Schein. Bei Goethe verweisen Schein und Sein

---

[7] Vgl. die Vorrede zum Fiesko: „Höhere Geister sehen die zarten Spinneweben einer Tat durch die ganze Dehnung des Weltsystems laufen, und vielleicht an die entlegensten Grenzen der Zukunft und Vergangenheit anhängen – wo der Mensch nichts als das in freien Lüften schwebende Faktum sieht. Aber der Künstler wählt für das kurze Gesicht der Menschheit, die er belehren will, nicht für die scharfsichtige Allmacht, von der er lernt" (a. a. O. I, 640).

aufeinander. Was eine Figur ist, kann nie ganz anders sein als das, was sie einer anderen zu sein scheint; und was einer scheint, wird nie ganz von dem widerlegt, was er schließlich ist. Bei Schiller wird der Schein zum Verfänglichsten, weil er im äußersten Fall das Wesen der Figur aufzehrt. Indem Domingos Anekdote den Schein einer Tat in die Szene projiziert, zwingt sie die Figuren, sich an diesem Schein zu messen. Sie zwingt ihnen eine Rolle auf. Die Figuren verstellen sich.

Aber auch dies wiederum ist grundverschieden von dem, was bei Goethe Verstellung heißt. Dort ist sie eine Bedingung des Gesellschaftlichen[8], dessen Rahmen zwar einschränkt, aber nie gesprengt zu werden braucht. Goethes Kunst erweist sich gerade dann am höchsten, wenn sie innerhalb einer Grenze Gestaltetes erscheinen läßt. Goethes Begriff des Gesellschaftlichen steht unter der Bedingung des ,Geltenlassens'. Der Schillers unter dem Zwang der ,Verführung'. Das Gesetzhafte ist Goethes oberstes Formprinzip. Nicht so bei Schiller: „Goethe und er stehen zueinander wie der Gärtner und der Schiffer"[9]. Schiller ist der Abenteurer und „Flibüstier" (III, 262 ff). „Die Legalität sitzt immer auf der Anklagebank", sagte einmal Max Kommerell.[10] Unter Schillers Händen wird das Gesellschaftliche unvermerkt zum Politischen:

DOMINGO Sie tun sehr wohl, mein Prinz, sich vorzusehn
      Mit Menschen – nur mit Unterscheidung. Stoßen Sie
      Nicht mit dem Heuchler auch den Freund zurück.
      Ich mein es gut mit Ihnen.
CARLOS   Lassen Sie
      Das meinen Vater ja nicht merken, Sonst
      Sind Sie um Ihren Purpur.

---

[8] Bedeutend in diesem Zusammenhang ist Goethes Bemerkung über den *Misanthropen* des Molière: „Hier stellt sich der reine Mensch dar, welcher bei gewonnener Bildung doch natürlich geblieben ist ... wir sehen ihn aber im Konflikt mit der sozialen Welt, in der man ohne Verstellung und Flachheit nicht umhergehen kann ..." (Cotta XV, 973).

[9] Hofmannsthal, *Schiller*, Prosa II, 152 (1959).

[10] *Geist und Buchstabe der Dichtung*, Frankfurt ³1944, S. 146 (,Schiller als Gestalter des handelnden Menschen'; für den ganzen Zusammenhang ist ebenso wichtig der Aufsatz ,Schiller als Psychologe' aus demselben Sammelband).

DOMINGO *(stutzt).*   Wie?
CARLOS   Nun ja.
    Versprach er Ihnen nicht den ersten Purpur,
    Den Spanien vergeben würde? (II, 11)

Hier ist der Punkt, wo Schiller der Landschaft nicht mehr bedarf. Hier geht es nicht in erster Linie um Nuancen einer komplizierten Individualität. Hier lauert hinter dem höfischen Ton die hochpolitische Absicht. Die Ideologie öffnet einen abstrakten Raum. Ihr ist das Universum gerade groß genug. „Hier ist der Deutsche in seiner Weltlosigkeit; aber aus dem Weltlosen ist die höchste Würde gezogen."[11]

Am Ende von Goethes erster Szene haben Figuren die Möglichkeiten ihres Miteinander enthüllt; am Ende von Schillers Anfangsszene steht die Geburt eines Entschlusses: der feste Wille des Infanten, Philipp „die fürchterlichste der Entdeckungen" (II, 13, Vers 126) nicht zu ersparen, jenes Carlos, „der nicht gesonnen ist zu müssen, Wo er zu wollen hat" (II, 33, Vers 723). Vor Beginn der ersten Szene Schillers lauert eine Tat: Byblis und Kaunos; an ihr erschaffen sich die Charaktere. Goethes Dramenbeginn gibt einander abspiegelnde Gebilde: Hermen, Landschaften, Figuren; am Ende der Szene haben sich Figuren und ihre Verhältnisse enthüllt.

EXKURS II

Werther

Die Landschaft im *Werther* ist weder Staffage noch objektiviertes Gegengewicht zu einem moralischen Raum. Sie ist Metapher einer inneren Welt; nur so läßt sich ihre Konsequenz, man ist versucht zu sagen: psychologische Konsequenz, verstehen. In ihr gibt es keinen Zufall; alles Erscheinende ist durch ein Moment der wertherschen Psyche motiviert. Die Briefe sind Zeugnisse eines Inneren, Gleichnisse eines inneren Zustandes. Die Folge

---

[11] Hofmannsthal *Prosa IV*, (1955) ‚Schillers Selbstcharakteristik'.

192

dieser Zustände ist in Hinsicht auf die Sonne-Mond-Vorstellung zu untersuchen.

Es seien zunächst die Zitate aneinandergesetzt, wie sie in der Reihenfolge des Textes erscheinen.

10. 5. 1771 Wenn das liebe Tal um mich dampft und die *hohe Sonne* an der Oberfläche der undurchdringlichen Finsternis meines Waldes ruht ... (Cotta VI, 135)

13. 5. 1771 *Homer* wird zum erstenmal genannt (Cotta VI, 136)

22. 5. 1771 ... und alle gleich interessiert sind, das *Licht dieser Sonne* noch eine Minute länger zu sehn ... (141)

16. 6. 1771 ... wie *hoch die Sonne* noch steht ... (148)
Die *Sonne* war noch eine Viertelstunde vom Gebirge (149)

17. 6. 1771 Es war der *herrlichste Sonnenaufgang* ... (157)
Seit der Zeit können *Sonne, Mond* und Sterne geruhig ihre Wirtschaft treiben, ich weiß weder, daß Tag noch daß Nacht ist, und die ganze Welt verliert sich um mich her ... (157)

21. 6. 1771 Wenn ich des Morgens mit *Sonnenaufgange* hinausgehe ... und ... ich meinen *Homer* lese ... (159)

10. 7. 1771 Neulich fragte mich einer, wie mir Ossian gefiele! (168)

18. 7. 1771 Man erzählt von dem Bononischen Steine, daß er, wenn man ihn in die *Sonne* legt, ihre Strahlen anzieht und eine Weile *bei Nacht leuchtet.* (171)

19. 7. 1771 ... ruf ich *morgens* aus, wenn ich ... mit aller Heiterkeit der *schönen Sonne* entgegenblicke ... (171)

18. 8. 1771 ... im *letzten roten Strahle der Sonne* ... (184)

30. 8. 1771 ... wenn der *hohe Vollmond* über mir steht ... (189)

10. 9. 1771 ... sah der *Sonne* nach ... die über dem sanften Fluß *unterging.* (190)
... als der *Mond* hinter dem buschigen Hügel *aufging* ... (191)
... die schöne Wirkung des *Mondenlichtes* ... (191)
im *Mondenlichte* (191)
im *Mondscheine* (194)

20. 1. 1772 Des Abends nehme ich mir vor, den *Sonnenaufgang* zu genießen, und *komme nicht aus dem Bette;* am Tage hoffe ich, mich des *Mondscheins* zu erfreuen, und *bleibe in meiner Stube.* (201)
Die *Sonne geht herrlich unter* ... (201)

8. 2. 1772 Geht die *Sonne des Morgens* auf und verspricht einen feinen Tag, erwehr ich mir niemals auszurufen: Da haben sie doch wieder ein himmlisches Gut, *worum sie einander bringen können!* (202)

193

13. 3. 1772	... dort vom Hügel die *Sonne untergehen* zu sehen und dabei in meinem *Homer* ... zu lesen ... (205)
12. 10. 1772	*Ossian* hat in meinem Herzen den *Homer* verdrängt ... im dämmernden Lichte des *Mondes* ... (220)
	... der *Mond* ... (221)
3. 11. 1772	... sehe die *Sonne* wieder und bin elend ... (223)
	... sehe, wie die *Morgensonne* ... den Nebel durchbricht ... – o! wenn da diese herrliche Natur so starr vor mir steht *wie ein lackiertes Bildchen* ... (224)
12. 12. 1772	Und wenn der Mond wieder hervortrat ... (240)
	Der *Vergangenheit Sonnenstrahl* (240)
	In der *Ossian*-Lektüre erscheint das Wort ‚Mond‘ siebenmal (250–258).
Abschieds- brief:	Die Augen „sollen, ach, *die Sonne nicht mehr sehen.*" (259)

Die Ähnlichkeit zu *Torquato Tasso* ist nicht zu verkennen; zwei Dichter erscheinen als Repräsentanten zweier Welten: Homer und Ossian. Ihnen zugeordnet erweisen sich die Gestirne: die Sonne Homers, die Mondwelt Ossians. So weit gehen die Korrespondenzen. Viel gewichtiger ist das, wodurch *Werther* und *Tasso* sich unterscheiden. Namentlich: Alles „Gegenständliche", das sich im *Werther* entfaltet, ist reine Innerlichkeit: „Dann lese ich einen Dichter der Vorzeit, und es ist mir, als säh ich in mein eignes Herz" (am 26. 11. 1772). Diese innere Polarität Homer-Ossian entfaltet sich zum „Doppelchor" (Jean Paul) der Sonnen- und Mondlandschaft. Und dann: Die Verhältnisse der Gestirne zu der Figur sind fest. Werther bedient sich der Metapher der äußeren Welt[12], um in ihr sein Inneres zu spiegeln. Jeder Brief ist ja als ein gestaltetes, von Werther gestaltetes Ganze zu nehmen;

---

[12] Jean Pauls *Vorschule der Ästhetik* (a. a. O.) rühmt den „Doppelstern und Doppelchor" der beiden Werther-Landschaften (vom 10. 5. 1771 und 3. 11. 1772) und fährt fort: „Es gibt Gefühle der Menschenbrust, welche unaussprechlich bleiben, bis man die ganze körperliche Nachbarschaft der Natur, worin sie wie Düfte entstanden, als Wörter zu ihrer Beschreibung gebraucht" (304). Jean Pauls Wahlverwandtschaft zu Goethe bezieht sich auf das Frühwerk: am *Wilhelm Meister* bezaubert ihn noch das werthernahe Paar Mignon-Harfner. Stifter ist der Landschaft der *Wanderjahre* am nächsten verwandt. Wollte man das Verhältnis von Jean Paul und Adalbert Stifter darstellen, so wäre es nicht ungeschickt, von dem Verhältnis beider Autoren zu Goethe auszugehen.

freilich als das Werk eines Dilettanten, „einer Halbnatur mit Dilettantenkräften" (Hofmannsthal, *Prosa I*, 8). Er empfindet Wirkungen und sucht nach Wirkungen zu gestalten; dies aber ist Goethes Definition des Dilettanten[13], daß er „Phantasie und Technik unmittelbar verbinden" (Hecker 1126) möchte[14]. Die ersten Briefe stehen im Zeichen des Sonnenaufgangs; Werther kann sich nicht genug tun, ihn immer wieder darzustellen. Dann fällt der Name Ossian; das Licht der Sonne neigt sich der „Nachtseite" zu im Phänomen des Bononischen Steins, es ist die Zeit der Sonnenuntergänge. Mondseligkeit wird Thema der Briefe (10. 9. 1771). Ein Ressentiment gegen das Motiv ‚Sonne‘ macht sich breit (20. 1. 1771; 8. 2. 1772). Am 12. 10. 1772 ist die Wende der Sonne zum Mond, von Homer zu Ossian vollzogen. Die Sonne bereitet ihm körperliche Qual (3. 11. 1772). Auch das erstirbt; ein „lackiert" Bildchen noch und dann Finsternis.

Und noch eines unterscheidet den *Werther* vom *Tasso:* In dem Briefroman sind Sonne und Mond Repräsentanten von Wertwelten; der Weg geht vom Hellen ins Dunkle, eine „Krankheit zum Tode" (Cotta VI, 181). Im *Tasso* enthüllt sich die jeweilige Bedeutung erst aus der einzelnen Konfiguration und kann schon in der nächsten genau das Gegenteil meinen. Im Roman ist die Bedeutung konstant. Leitmotivisch spielt Werther seinem Leser die Begriffe zu: „seinen Homer", „Sonne" – „Ossian", „Mond", und dieser weiß, woran er ist. Es handelt sich um Modewörter, Modestimmungen. Man vergleiche, wie Lichtenberg sich über die Mondschwärmerei[15] und die Homerlektüre[16] mokiert. Jeder-

---

13 Vgl. dazu das Schema WA I, 47, 299–326.

14 Vgl. dazu das Ende des Werther-Briefs vom 10. 5. 1771.

15 Er tadelt den Klopstockischen Wortschatz als veraltet: „Der Sturm am Berge, das Rauschen des Eichenwaldes und das Silbergewölke sind alles ganz gute Sachen, aber neue Bilder sind besser" (*Werke*, Baden-Baden o. J. (Holle-Verlag) hg. Grenzmann, S. 388). Vgl. dazu *Werther* Cotta VI, 156 f. Dazu vor allem Herbert Schöffler, *Lichtenberg*, Göttingen 1956, Kapitel ‚Die Frauen und Lichtenberg‘ S. 31 ff.

16 „Wenn Werther *seinen* Homer (ein albernes Modepronomen) wirklich verstanden hat, so kann er sicherlich der Geck nicht gewesen (sein), den Goethe aus ihm macht" (ebd. 387) und: „Er las immer

mann wußte, was sie bedeuteten; es sind Versatzstücke. Daß sich schon Goethe dessen bewußt war, beweist die in jedem Brief mitklingende, zuweilen ironische, zuweilen kritische Stimme des Freundes Wilhelm.

EXKURS III

West-östlicher Divan

Nach dem Blick auf eine Vorstufe des Sonne-Mond-Verhältnisses in den *Leiden des jungen Werther* sei dem „jedesmaligen Umbilden eines alten Bildes"[17] auch noch in einem Gedicht des *Westöstlichen Divan* nachgespürt. Das folgende bietet sich an:

> SULEIKA   Die Sonne kommt! Ein Prachterscheinen!
> Der Sichelmond umklammert sie.
> Wer konnte solch ein Paar vereinen?
> Dies Rätsel, wie erklärt sichs? wie?
> HATEM   Der Sultan konnt es, er vermählte
> Das allerhöchste Weltenpaar,
> Um zu bezeichnen Auserwählte,
> Die Tapfersten der treuen Schar.
> Auch seis ein Bild von unsrer Wonne!
> Schon seh ich wieder mich und dich:
> Du nennst mich, Liebchen, deine Sonne,
> Komm, süßer Mond, umklammre mich! (Cotta II, 92–93)

Hier ist eine kleine Szene gestellt, ein Miniaturdrama sozusagen in Stimme und Gegenstimme[18]. Auf den ersten Blick erscheint dieses Triptychon spielerisch-unkompliziert: Suleika versteht das Zugleich von Sonne und Mond nicht. Hatem sagt: Durch die Macht des Sultans werden beide vereint; schließlich deutet er dieses Bild als Gleichnis ihres Verhältnisses. Wenn man aber

---

Agamemnon statt ‚angenommen‘, so sehr hatte er den Homer gelesen." (S. 145).

[17] Jean Paul a. a. O. S. 307.

[18] Es ist kein Zufall, daß sich das Doppelgestirn Sonne–Mond gerne in Dramennähe bewegt. Auch der Werther, als Briefroman, gehört in das „dramatische Fach": „So sind die Romane in Briefen völlig dramatisch ..." (Goethe an Schiller am 23. 12. 1797).

weiß, daß es sich in dem Doppelbild um einen Orden handelt[19], der Sonne und Mond zugleich darstellt, enhüllt sich das hintergründige Spiel. In der Mitte des Gedichtes steht der Herrscher, der souverän über alle Elemente des Wirklichen gebietet. Er ist Sultan, Dichter, Orientale, Goethe: wie man will. Im Divan blicken alle hinter allen Masken hervor[20]. Der Dichter und Gedankenfürst kann auch Sonne und Mond zugleich erscheinen lassen – was weder im *Werther* noch im *Tasso* möglich war. Im Orden, den er verleiht, und der Sonne und Mond enthält – der Orden ist zugleich das Gedicht, als Doppelmedaillon Suleika-Hatem – ist Reales und Geistiges zugleich: das Gestirnpaar und das Symbol fürstlicher Auszeichnung. Der Orden ist etwas Künstliches, in dem Geist und Welt sich spiegeln. Goethe ist Regisseur und Schauspieler zugleich, als Herrscher arrangiert er in spielerischer Ironie die Konfiguration, als Hatem ist er zugleich Mitspieler, Gegenpol, Sonne. Hier deutet kein Gestirnpaar mehr auf irdische Konfiguration, hier sind die Figuren Gestirne – „Ist es möglich, Stern der Sterne..." (Cotta II, 110) – die Gestirne Orden, der Orden wieder ein Bild der Figuren. Hier sind Masken und Augen, die hinter ihnen hervorblicken („Wink" Cotta II, 32), hier gibt es keine festen Beziehungen wie im *Werther,* keine aufeinander ausgerichteten Welten, hier, in einem Fluidum des Geistigen deutet alles auf alles. Keine Figuren mehr, sondern Maskenwechsel: „Nun mit Hatem wärs zu Ende; doch schon hab ich umgelost" (Cotta II, 98). Sonne und Mond sind „orientalisiert", so schreibt Goethe an Zelter am 17. 4. 1815:

Das Orientalisieren finde ich sehr gefährlich, denn eh man sich's versieht, geht das derbste Gedicht, wie ein Luftballon für lauter ratio-

---

[19] Das Gedicht ist nur verständlich, wenn man die Vorgeschichte kennt. Mit dem Zugleich von Sonne und Mond ist ein türkischer Orden gemeint, den Marianne von Willemer auf der Frankfurter Messe gekauft und dann Goethe verehrt hatte. Der Orden zeigt die Sonne, vom Halbmond umklammert. Vgl. Max Rychners Erläuterungen zum *West-östlichen Divan,* Manesse Bibliothek Zürich 1952, S. 510.

[20] Goethe an Sartorius am 23. 2. 1818: „Gelangt dieser Aftermahometaner dereinst zu Ihnen, so werden Sie ihn in seiner Maskenhülle freundlich aufnehmen, indem Sie einen wohlbekannten Freund dahinter nicht verkennen."

nellem und spirituellem Gas, womit es sich anfüllt, uns aus den
Händen und in alle Lüfte. Diese Behandlung von Metapher und Figur in ihrem Doppelspiel ist die freieste, und man ist versucht zu sagen: die höchste
Art goethescher Konfiguration, die *Faust II* wieder ins bühnen-
haft Dramatische transponiert. Die Leuchtkraft des Realen, die
Beziehungsfülle des reinen Geistes, das ironische Schalten des
„oberen Leitenden" mit Figuren und Konfigurationen. Die sich
ineinander abspiegelnden Gebilde sind zum Spiel der Figuren
geworden: ein ironisch- bedeutendes Bäumchen-Wechsel-Dich.

Diese mohamedanische Religion, Mythologie, Sitte geben Raum einer
Poesie, wie sie meinen Jahren ziemt. Unbedingtes Ergeben in den
unergründlichen Willen Gottes, heiterer Überblick des beweglichen,
immer kreis- und spiralartig wiederkehrenden Erdetreibens, Liebe,
Neigung, zwischen zwey Welten schwebend, alles Reale geläutert,
sich symbolisch auflösend. Was will der Grosspapa weiter? (An Zelter am 11. 5. 1820)

Exkurs iv

Materialien zum Schiffahrtsmotiv

Aus dem Umkreis des Tasso sei zunächst die *Iphigenie* erwähnt.
Das Schiffahrtsmotiv zieht sich durch das ganze Drama; IV, 3
beruft Iphigenies Monolog eine düstere Vision:

> Den festen Boden deiner Einsamkeit
> Mußt du verlassen! Wieder eingeschifft,
> Ergreifen dich die Wellen schaukelnd, trüb
> Und bang verkennest du die Welt und dich. (Cotta V, 815)

Fast immer, so wird sich zeigen, mischt sich dieser düstere Neben-
aspekt in das Motiv der „Seefahrt"; aber immer hellt sich die
Vorstellung auf. Beide Seiten sind zugleich da:

> Es sehnet jede Faust sich nach dem Ruder,
> Und selbst ein Wind erhob vom Lande lispelnd,
> Von allen gleich bemerkt, die holden Schwingen. (Cotta V,
> 816)
> ... kaum naht ein lang erflehtes Schiff,
> Mich in den Port der Vaterwelt zu leiten (Cotta V, 821)
> ... O wende dich zu uns und gib

Ein holdes Wort des Abschieds mir zurück!
Dann schwellt der Wind die Segel sanfter an,
Und Tränen fließen lindernder vom Auge
Des Scheidenden ... (Cotta V, 837)

Schon bei diesem ersten Beispiel sind alle wichtigen Momente
vereinigt: Letztliche Rettung, Entsagung, lösende Harmonie.
In der *Natürlichen Tochter* findet man zunächst die Ausfahrt
unter günstigen Auspizien:

> Dem günstgen Wind gehorcht die Flotte schon,
> Die Segel schwellen, alles eilt hinab.
> Die Scheidenden umarmen tränend sich ... (Cotta V, 1036)

„Still entsagend" (S. 1038) scheint Eugenie sich von der Heimat
zu lösen; dann erhöht sich die Bedrängnis:

> Schiffbrüchig faß ich noch die letzte Planke!
> Dich halt ich fest und sage wider Willen
> Zum letztenmal ... (Cotta V, 1053)
> Nun bist du, Boden meines Vaterlands,
> Mir erst ein Heiligtum, nun fühl ich erst
> Den dringendsten Beruf, mich anzuklammern.
> Ich lasse dich nicht los ...
> Wo find ich jenen gutgesinnten Mann,
> Der mir die Hand so traulich angeboten? (Cotta V, 1057)
> Entsagung der Entsagenden zu weihen ... (Cotta V, 1059)

Die Nähe dieser Bilder zu *Torquato Tasso* ist unverkennbar:
Scheitern, Festklammern, endlich Resignation, das Sich-Begnügen
mit Wenigstem. Doch am Ende steht „Vertrauen" und „Wohllaut" (Cotta V, 1061): Musik der Entsagung.

Pandora ist dann besonders wichtig:

> PROMETHEUS zu PHILEROS
> Gerichteter! Dort ragen Felsen weit hinaus
> Nach Land und See, dort stürzen billig wir hinab
> Den Tobenden ... (Cotta IV, 877)

Hier gesellt sich zu der Vorstellung der „Welle" der „Fels". Der
Untergang scheint unausweichlich. Phileros stürzt ab. Und dann:

> Eos   Dort! er taucht in Flutenmitte
> Schon hervor der starke Schwimmer:
> Denn ihn läßt die Lust zu leben
> Nicht, den Jüngling, untergehn. (Cotta IV, 897)

Diesem Vorstellungsbereich sehr nahe sind die *Wahlverwandt-schaften;* die beiden Nachbarskinder stürzen vom Schiff ins Wasser – und werden gerettet (Cotta VI, 535). Der Sturz des Felix am Ende der *Wanderjahre* von „schroffstem Rande" hinab ins Wasser, und seine glückliche Rettung vom Boot aus gehören nicht weniger hierher.

Ein Blick auf die Gedichte: Das Diptychon „Meeresstille" – „Glückliche Fahrt" von 1795/96 vereinigt beispielhaft beide Aspekte: das Bedrohliche („Todesstille", Cotta 1, 51) und die Rettung („Schon naht sich das Land", Cotta I, 52). Eine nächste Station: *Alexis und Dora* vom Mai 1796. Die Bildwelt nähert sich sehr der des *Tasso:*

> Sende die schwankenden Wolken mir nach! Im nächtlichen Dunkel
> Treffe dein leuchtender Blitz diesen unglücklichen Mast!
> Streue die Planken umher und gib der tobenden Welle
> Diese Waren ...
> Wie sich Jammer und Glück wechseln in liebender Brust (Cotta I, 193)

Die Kantate *Rinaldo* vom März 1811 ist voll von Motiven glücklicher, wenn auch bedrohter Meerfahrt: Cotta I, 290, 293, 295. Schließlich „Seefahrt" wiederum von 1776:

> Herrschend blickt er auf die grimme Tiefe
> Und vertrauet, scheiternd oder landend,
> Seinen Göttern. (Cotta I, 317)

Sturm, Wind, Wellen, aber daneben festes, vertrauendes Ausharren.

Ferner sei einiges aus der *Italienischen Reise* herangezogen, die ja die unmittelbare Nachbarschaft des *Torquato Tasso* bildet. Sie steuert vor allem ein wichtiges Motiv bei: den „Fasanentraum". Unter diesem Apekt hat Goethe seinen eigenen Aufenthalt in Italien gesehen:

> 19. 10. 1786   Es träumte mir nämlich, ich landete mit einem ziemlich großen Kahn an einer fruchtbaren, reich bewachsenen Insel, von der mir bewußt war, daß daselbst die schönsten Fasanen zu haben seien ... Diese brachte man mir schockweise ins Schiff ... So durchschnitten wir die ruhige Flut und ich nannte mir indessen schon die Freunde, denen ich von diesen bunten Schätzen mitteilen wollte. Zuletzt in einem großen Hafen landend ...

Hier fehlt das Bedrohliche noch, ein „Wahnbild", in dem Goethe zu seinem „übrigen Leben und Schicksalen" „Analogie" findet (ebd.). Unter dem 28. 10. 1786 schreibt er dann:

> Ich wüßte nichts, als daß ich mit meinem Fasanenkahn glücklich zu Hause landen und meine Freunde gesund, froh und wohlwollend antreffen möge. (Cotta IX, 325)

21. 2. 1787 Auch ich steure auf einem leidenschaftlich bewegten Meere dem Hafen zu, und halte ich die Glut des Leuchtturms nur scharf im Auge, wenn sie mir auch den Platz zu verändern scheint, so werde ich doch zuletzt am Ufer genesen. (Cotta IX, 387)

29. 3. 1787 Es ist denn doch, als wenn ich mein Fasanenschiff nirgends als bei euch ausladen könnte. (Am folgenden Tag liegt Goethe seekrank in der Kabine und denkt über Tasso nach!) (Cotta IX, 444)

22. 9. 1787 Wie manches Gute werd' ich mitbringen, wenn ich mit meinem Schiffchen zurückkehre ... (Cotta IX, 650)

Hier ist ihm die Vorstellung des „Glücklichen Landens" schon so geläufig geworden, daß er den Talisman – die Fasanen – gar nicht mehr erwähnt.

In den *Tages- und Jahresheften* findet sich dann folgende Stelle:

> Und so hielt ich für meine Person wenigstens mich immer fest an diese Studien wie an einem Balken im Schiffbruch. (Cotta VIII, 980)

Zum Schluß noch einige Briefzitate:

> Ich schwebe im Rauschtaumel, nicht im Wogensturm, doch ists nicht eins welcher uns an Stein schmettert? – Wohl denen die Trähnen haben. – Ein Wort! Laß meine Briefe nicht sehen! (an F. H. Jacobi 13./14. 8. 1774)

Dieses Zeugnis ist besonders wertvoll: Es steht auf der Grenzscheide zwischen Werther und Tasso. Rauschtaumel und Zerschmettern: das ist Werther. Die „Trähne" ist dann Tassos Erlösung im Wort:

> Die Träne hat uns die Natur verliehen (3427)
> Und wenn der Mensch in seiner Qual verstummt,
> Gab mir ein Gott zu sagen, wie ich leide. (3432–3433)

Wer denkt, wenn er diese Stelle zitiert, daran, daß schon 1774 Goethe selbst, ein präfigurierter Antonio, mit der kritischen Gegenstimme gewarnt hatte: „Laß meine Briefe nicht sehen!" Ihm, wie schon Wilhelm im *Werther*, war nicht recht geheuer bei diesem „Rauschtaumel". Dazu gehört dann auch der Brief von Mitte August 1774 an Lavater:

Ich habe mein Schifflein abermals geflickt und wag's weiter.

und an denselben:

Ich lerne täglich mehr steuern auf der Woge der Menschheit. Bin tief in der See. (am 31. 12. 1775)
Dem, der sich mit den Wellen herumarbeitet ...
(an Kraft am 2. 11. 1778)
Viel Glück zur neuen Bekanntschafft der schönen Engländerin, wenn anders Glück genannt werden kann, wieder auf ein gefährliches Meer gesetzt zu werden. (an Carl August am 15. 8. 1785)
Es ist eine verfluchte Art von Schiffahrt; wo man oft bey seichten Flecken aussteigen und den Kahn der einen tragen soll ziehen muss. (an F. H. Jacobi am 26. 9. 1785)

Die Stellen aus Italien ähneln den schon angeführten aus der *Italienischen Reise:*

Wenn ich nur erst mit meinem Schifflein wieder lande
(an Charlotte von Stein am 13./17. 2. 87)

Ein seltener Fall ist der Brief an Schiller von 27. 6. 1797, der den alten Topos „Dichten als Schiffahrt" aufnimmt:

Wir wollen abwarten, an welches Ufer der Genius das Schifflein treibt.
ferner an Schiller am 5. 7. 1803:
Welcher Lebemann möchte gern, wie wir andern (wunderlichen) Argonauten, den eignen Kahn über die Isthmen schleppen?
an F. A. Wolf am 28. 11. 1806:
Denn der Boden schwankt überall und im Sturm ist es ziemlich gleich, auf welchem Schiff der Flotte man sich befindet.
an Graf Brühl am 2. 1. 1825:
(das Theatergeschäft) einer Seefahrt zu vergleichen
an Sulpiz Boisserée am 15. 9. 1826:
Man muß nicht irre noch zaghaft werden, wenn man bey'm Ausfahren aus dem Hafen auf eine Sandbank stößt; mit einiger Anstrengung gelangt man doch zuletzt in See.
an C. F. von Reinhard am 20. 9. 1826:
Übrigens ist das Weltwesen so groß und erstaunlich, dass ich mir auf meinem kleinen Boote durch die grosse Kriegsflotte wie mich durchwindend erscheine.
an Wilhelm von Humboldt am 22. 10. 1826:

Ich für meine Person habe mich nicht zu beklagen: ein Schiff, das nicht mehr die hohe See hält, ist zu einem Küstenfahrer vielleicht immer noch nütze.

an F. von Elsholtz am 1. 11. 1826:
Es soll mich freuen, eine so verdienstliche Arbeit vom poetischen Stapel auf das Theatermeer auslaufen zu sehen.

an C. G. Carus am 8. 6. 1828:
Ein alter Schiffer, der sein ganzes Leben auf dem Ocean der Natur mit Hin- und Widerfahren von Insel zu Insel zugebracht ... auf sein nothwendigstes Ruder-, Segel- oder Steuergeschäft aufmerksam
. . .
dasselbe nochmals an den Grafen Sternberg am 10. 6. 1828

an Joh. Diederich Gries am 2. 6. 1827:
Höchst vergnügsam ist es zu schauen, wie sich jene buntbewimpelte südliche Lustjacht so heiter und freundlich auf dem Elemente unsrer ernsten Sprache bewegt.

an Zelter am 25. 12. 1829:
... daß du auf dem musikalischen Ocean glücklich schiffest und herrschest ...

an denselben am 12. 2. 1829:
Da nicht nur meine Matrosen auf dem Mastkorb, sondern ich selbst Land erblicke und vor mir sehe ...

In den Briefen findet sich außerdem noch ein hübsches Nebenmotiv, das die positive Seite besonders hervorkehrt, das von den „Schwimmwämsern", mit denen Goethe sich oben zu halten gedenkt:

an Knebel am 3. 2. 1782:
Die Stein hält mich wie ein Korckwamms über dem Wasser, dass ich mich auch mit Willen nicht ersäufen könnte.

an Frau von Stein am 9. 8. 1782:
Cervantes hält mich iezo über den Ackten wie ein Korckwamms den Schwimmenden.

an Sulpiz Boisserée am 24. 6. 1816:
Was ernste Liebhaberey, ja auch die leichteren und grillichern (vulgo Steckenpferde genannt), dem armen, schwereren, leichtersauflichen Menschen für willkommene Schwimmwämser sind, hab' ich in diesen Tagen recht erfahren.

an denselben am 22. 3. 1831:
Weil ich aber nun einmal in der Schnurre bin, Sie von den Schwimmwämmsern zu unterhalten, die mich in meinem Elemente emportragen ...

ähnlich noch an Zelter am 31. 3. 1831

LITERATURHINWEISE

I.

1. Die von Goethe stammenden Zitate entsprechen der *Neuen Ge-samtausgabe von Goethes Werken* im Cotta-Verlag (o. J.) in 22 Bänden, Stuttgart (soweit erschienen zitiert als ‚Cotta' mit Band-und Seitenzahl.) *Torquato Tasso* wird nach den Versnummern die-ser Ausgabe zitiert.

2. Die naturwissenschaftlichen Schriften sind, sofern sie sich noch nicht aus der Cotta-Ausgabe zitieren lassen, nach den Bänden 16 und 17 der *Artemis-Gedenk-Ausgabe*, Zürich 1949 und 1953 (mit AGA) zitiert. Was dort nicht abgedruckt ist, erscheint unter WA II (s. u.).

3. Im übrigen beziehen sich die Zitate auf die *Weimarer Ausgabe* (Böhlau) 1888 ff, besonders die Briefe angehend (WA IV), und ge-gelegentlich die Naturwissenschaftlichen Schriften (WA II) oder sonst nicht abgedruckte Lesarten (WA I).

4. Goethes Aphorismen sind zitiert nach *Goethes Maximen und Re-flexionen,* hg. Max Hecker, Schriften der Goethe-Gesellschaft Bd. 21 Weimar 1907 (zitiert als ‚Hecker . . .'). Die Zahlen beziehen sich auf die Numerierung der Aphorismen, wie sie auch die Cotta-Aus-gabe wieder übernommen hat.

5. Der Goethe-Schiller Briefwechsel wird zitiert nach der Ausgabe des Insel-Verlags, Leipzig 1955, 3 Bde.

6. Äußerungen Goethes über seine Dichtungen sind zitiert nach Hans Gerhard Gräf *Goethe über seine Dichtungen,* Frankfurt 1908.

7. Die *Unterhaltungen mit Goethe* des Kanzlers von Müller erscheinen nach der kleinen Ausgabe von Ernst Grumach, Weimar 1959.

8. J. P. Eckermanns *Gespräche mit Goethe* sind zitiert nach der Aus-gabe Leipzig ²²1939, hg. H. H. Houben.

9. Die sonstigen Gespräche stammen aus *Goethes Gesprächen,* hg. von Flodoard von Biedermann, Leipzig 1909 ff.

II.

Hofmannsthal, Hugo von. *Gesammelte Werke in Einzelausgaben,* hg. Herbert Steiner, Stockholm 1946 ff (zitiert nach Bandtitel).

Musil, Robert. *Gesammelte Werke in Einzelausgaben,* Hamburg 1952 ff, *Der Mann ohne Eigenschaften* (zitiert als ‚Musil I'), *Prosa, Dramen, Späte Briefe* (‚Musil II') und *Tagebücher, Aphorismen, Essays und Reden* (‚Musil III').

Nietzsche, Friedrich. *Werke in drei Bänden,* hg. Karl Schlechta, Mün-chen 1954 ff, (zitiert als ‚Nietzsche I, II III').

III.

Adorno, Theodor W. *Noten zur Literatur I und II*, Berlin—Frankfurt 1958—1961.

Baumann, Gerhart. *Maxime und Reflexion als Stilform bei Goethe*, Diss. Freiburg 1947.

—. *Franz Grillparzer*, Freiburg—Wien 1954.

Beik, Kazimir. *Zur Entstehungsgeschichte von Goethes Torquato Tasso*, Leipzig 1918.

Blume, Bernhard. *Das Bild des Schiffbruchs in der Romantik*, Jb. d. Dt. Schillergesellschaft 2 (1958), S. 145—161.

—. *Die Kahnfahrt*, ein Beitrag zur Motivgeschichte des 18. Jahrhunderts, Euphorion 51. Bd. 1957, S. 355—384.

Boucke, Ewald A. *Wort und Bedeutung in Goethes Sprache*, Berlin 1901.

Cassirer, Ernst. *Freiheit und Form*, Berlin ²1918; daraus das Kapitel ,Goethe'.

Carus, C. G. *Goethe*, hg. Marx, Leipzig o. J.

Curtius, Ernst Robert. *Kritische Essays zur Europäischen Literatur*, Bern ²1954; daraus Kapitel 3, 4, 5.

—. *Europäische Literatur und Lateinisches Mittelalter*, Bern ²1954. (zitiert als ,ELLM').

Emrich, Wilhelm. *Die Symbolik von Faust II*, Berlin 1943.

—. *Symbolinterpretation*, Euphorion Bd. 47 (1953) S. 38 ff.

—. *Das Problem der Symbolinterpretation*, DVjs. Jg. 26. (1952) S. 331 ff.

Gaede, Werner. *Goethes Torquato Tasso im Urteil von Mit- und Nachwelt*, Diss. München 1931.

Grimm, Herman. *Goethe-Vorlesungen*, Stuttgart 1903.

—. *Leonore von Este* in Deutsche Rundschau, Bd. 73 (1892) S. 202 ff.

Gundolf, Friedrich. *Goethe*, Berlin 1916.

Hildebrandt, Kurt. *Goethes Naturerkenntnis*, Hamburg 1947.

Kayser, Wolfgang. *Geschichte des deutschen Verses*, Bern und München 1960.

—. *Kunst und Spiel*, Göttingen 1961.

Kunz, Josef. Kommentar zu *Torquato Tasso* in Bd. 4 von *Goethes Werken*, Hamburg 1952.

Lausberg, Heinrich. *Handbuch der literarischen Rhetorik*, München 1960, 2 Bände.

Lukácz, Georg von. *Zur Soziologie des modernen Dramas*, in Archiv für Sozialwissenschaft und Sozialpolitik, Tübingen 1914, 28. Band, 2. Heft.

Mantey, Johannes. *Der Sprachstil in Goethes Torquato Tasso*, Diss. Berlin 1959.

Maurer, Friedrich. *Goethes Sprache*, Erlangen 1932.

Meinecke, Friedrich. *Die Entstehung des Historismus*, Bd. 2, Kapitel 10 (Goethe), München—Berlin 1936.

Moriz, Karl Philipp. *Versuch einer deutschen Prosodie*, Berlin 1786.

Peacock, Ronald. *Goethe's version of poetic drama*. Pubs. of the Engl. G'Soc. NS. 16 (1947), p. 29–53.

Rasch, Wolfdietrich. *Goethes Torquato Tasso — Die Tragödie des Dichters*, Stuttgart 1954.

Rehm, Walter. *Griechentum und Goethezeit*, Leipzig 1936.

Reinhard, Karl. *Von Werken und Formen*, Godesberg 1948.

Requad, Paul. *Lichtenberg*, Hameln 1948.

Roethe, Gustav. *Der Ausgang des Tasso*, in ‚Funde und Forschungen‘, Festgabe für J. Wahle, 1921.

Rueff, Hans. *Zur Entstehungsgeschichte von Goethes Torquato Tasso*, Marburg 1910.

Scheidemantel, Eduard. *Zur Entstehungsgeschichte von Goethes Torquato Tasso*, Weimar 1896.

—. *Neues zur Entstehungsgeschichte von Goethes Torquato Tasso*. GJb. Bd. 18, S. 165 ff.

Schöffler, Herbert. *Die Leiden des jungen Werther*, Frankfurt 1938.

Silz, Walter. *Ambivalences in Goethe's Tasso*, The Germanic Review XXXI (4. 12. 1956).

Simmel, Georg. *Goethe*, Leipzig 1913.

—. *Philosophische Kultur*, Potsdam ³1923.

—. *Fragmente und Aufsätze*, München 1923.

Snell, Bruno. *Die Entdeckung des Geistes*, Hamburg 1955.

Spitzer, Leo. *Romanische Stil- und Literaturstudien I*, daraus: ‚Die klassische Dämpfung in Racines Stil‘, München 1928.

Staiger, Emil. *Goethe*, 3 Bde, Zürich 1957 ff.

Staiger, Emil. *Goethes ‚Torquato Tasso‘*. Vortrag. Jb. der liter. Vereinigung Winterthur. 20. Gabe (1946), S. 96–127.

Stammen, Theo. *Goethes ‚Natürliche Tochter‘ — Zur Morphologie des Politischen in Goethes Drama*, Diss. Freiburg 1961.

Szondi, Peter. *Theorie des modernen Dramas*, Frankfurt 1956.

Weidmann, J. *Parallelismus und Antithese in Goethes Torquato Tasso*, Diss. Greifswald 1911.

ERRATA

S. 69, 5. Zeile von oben: lies *Shaftesbury* statt Saftesbury

S. 72 Mitte, 1. Zeile des Zitats: lies *iezt* statt ietz

S. 85, Anm. 6 entfällt die 3. Zeile des Zitats

S. 120, 2. Zeile von unten: lies *senz'ira* statt senzira